国外全民阅读法律政策译介

中国新闻出版研究院
江苏省全民阅读办　编

译林出版社

图书在版编目(CIP)数据

国外全民阅读法律政策译介 / 中国新闻出版研究院，江苏省全民阅读办编. —南京：译林出版社，2015.7
ISBN 978-7-5447-5410-1

Ⅰ. ①国… Ⅱ. ①中… ②江… Ⅲ. ①阅读-立法-研究-国外 Ⅳ. ①D912.104

中国版本图书馆CIP数据核字（2015）第062117号

书　　名	国外全民阅读法律政策译介
编　　者	中国新闻出版研究院　江苏省全民阅读办
责任编辑	何本国
出版发行	凤凰出版传媒股份有限公司 译林出版社
出版社地址	南京市湖南路1号A楼，邮编：210009
电子邮箱	yilin@yilin.com
出版社网址	http://www.yilin.com
经　　销	凤凰出版传媒股份有限公司
印　　刷	江苏凤凰盐城印刷有限公司
开　　本	880毫米×1240毫米　1/32
印　　张	15.5
插　　页	2
字　　数	338千
版　　次	2015年7月第1版　2015年7月第1次印刷
书　　号	ISBN 978-7-5447-5410-1
定　　价	68.00元

译林版图书若有印装错误可向出版社调换
（电话：025-83658316）

主　编：魏玉山　周　琪

副主编：曹玉梅　沈　辉

编　委：徐升国　张文彦　王建萍

　　　　孙　敏　顾爱彬　袁　楠

目录

前言

书籍是人类知识的宝库，是文化传承的钥匙和文明进步的阶梯。崇文重教、书香传家是中华民族的优良传统，并由此滋养了博大精深的阅读文化。倡导全民阅读、建设学习型社会是关乎国民素质、关乎综合国力、关乎民族未来的大事。党的十八大历史性地把“开展全民阅读活动”写入报告。国务院《政府工作报告》连续两年提出“倡导全民阅读”。习近平总书记向全党全社会发出了“中国要永远做一个学习大国”、“依靠学习走向未来”的号召，强调“学习是文明传承之途，人生成长之梯，政党巩固之基，国家兴盛之要”，“读书可以让人保持思想活力，让人得到智慧启发，让人滋养浩然之气”。国务院总理李克强指出：“我们国家全民的阅读量能够逐年增加，这也是我们社会进步、文明程度提高的十分重要的标志。”从中央到地方，推进全民阅读、建设书香中国的热潮蓬勃兴起，涌现出“书香中国·北京阅读季”、“书香中国·上海周”、“江苏读书节”、“书香荆楚”、“书香八闽”、“三湘读书月”、“南国书香节”、“深圳读书月”等品牌活动，积累了宝贵的实践经验。这些都标志着我国全民阅读进入了一个新的阶段。

从现在起到2020年，是我国全面建设小康社会的关键时期，是实现中华民族伟大复兴中国梦的重要阶段。依法促进全民阅读、加快建设书香中国，站在国家战略的高度持续推进，是培养全民终身阅读习惯，提高全民整体阅读能力，促进全民共享文化发展成果，激发全民族创新能力和创造活力，实现科学文化建设和精神文明建设新提升的必然要求，是弘扬社会主义核心价值观，以文化人、以文育人，促进人的全面发展和现代化建设，培育“梦之队”、实现中国梦的重要途径，也是运用法治思维和法治方式，在法治轨道上推进全民阅读，促进国家治理体系和治理能力现代化的重要举措。

近年来，一些全国“两会”代表、委员多次就全民阅读立法问题建言献策，专家学者、新闻出版和图书馆工作者、民间阅读促进组织积极响应，盼望通过制定相关法规制度，将全民阅读尽快提升为保障公民基本文化权利、提高国民文明素质、增进国家文化创新能力的国家战略，呼吁通过立法解决领导体制不顺，阅读资源和设施不足、不均衡，阅读内容良莠不齐，全民阅读工作缺乏统一规划、组织保障和经费支持等问题。国家有关部门高度重视、大力推进，全民阅读立法从构想走向实践。2013年，全民阅读立法列入国家立法工作计划。《全民阅读促进条例》起草工作正式展开，经过多次召开专家研讨会、在全国广泛调研、征求意见，草案数易其稿，思路日益成熟，带动了各地的全民阅读立法工作。

令人欣喜的是，不到两年的时间，全民阅读立法在地方取得了突破。2014年11月27日，《江苏省人民代表大会常务委员会关于促进全民阅读的决定》通过，并于2015年1月1日开始实施。2014年12月6日，《湖北省全民阅读促进办法》正式公布，并于2015年3月

1 日开始实施。2015 年 3 月 31 日，《辽宁省人民代表大会常务委员会关于促进全民阅读的决定》通过。《深圳经济特区全民阅读促进条例（草案）》目前已提请市人大常委会审议。这些地方的创制性立法，总结了多年来开展全民阅读的实践经验，把促进全民阅读的成熟做法上升为法规和规章，具有较强的针对性和可操作性，对于加快全民阅读法治建设、建立巩固全民阅读工作长效机制具有示范意义，也为国家《全民阅读促进条例》的制定提供了有益经验。

江苏在推进全民阅读地方立法的进程中，广泛借鉴了国外全民阅读法律政策，并作为一项重要课题立项研究，纳入重点出版项目予以资助。该项目得到国家新闻出版广电总局领导的高度重视和大力支持。中国新闻出版研究院和江苏省全民阅读办组织专门力量，收集翻译了国外全民阅读法律政策资料，将研究成果编撰成书。惟愿本书能为我国依法推进全民阅读提供一些有益借鉴，为从事全民阅读研究和推广的工作者提供一些有益参考。

中国新闻出版研究院　江苏省全民阅读办

2015 年 6 月

韩　　国

阅读文化振兴法
阅读文化振兴法施行令
首尔特别市图书馆及阅读文化振兴条例
釜山广域市阅读文化振兴条例

导言

韩国是我国的近邻，成立于1948年8月15日"二战"的废墟之中。该国山地居多，资源匮乏，经济和文化发展的先天基础并不优良，但却能在战后短短几十年间快速腾飞，电子、汽车等产业居于世界前列，"韩流"引领着世界潮流。这与"二战"之后韩国尽快确立了文化立国战略有着莫大的关系，而政府所大力推进的全民阅读活动，则是文化立国战略中的重要一环。

追溯到20世纪60年代，作为韩国全民阅读活动的起步阶段，整个社会掀起了关于"为提高素质而阅读"的政策热潮，由政府主导，兴起了"阅读大著书运动""图书馆阅读运动""乡村文库运动"等大规模阅读促进活动，缓解了城乡阅读设施与资源的不均衡现象，阅读运动也借此扩散到了田间地头。政府的大力倡导，极大地激发了社会各界探讨与实践的热情。不仅出版界、图书馆与各类文化团体身体力行开展了大量阅读活动，在学校教育领域，阅读教育也逐渐深入，越来越具体，自发衍生出了"儿童阅读""学习阅读"和"教学阅读"等概念。"母子阅读社团""儿童图书研究会"等民间阅读团体亦开始在20世纪80年代开始勃兴，后者后来将英国的阅读起跑线

计划 (Book Start) 引进国内。

1991 年,韩国首次出现专门负责阅读教育的机构——“Hanuri 阅读文化大学”。1993 年,韩国开始实施全国综合读书指标调查“国民阅读情况调查”,该调查在 2008 年被认定为国家认证统计,每年开展。①

对阅读的促进与保障,最初可见于韩国图书馆法系之中。1963 年韩国颁布了《图书馆法》,1991 年颁布《图书馆振兴法》,此后多次修订,其中 1994 年修订为《图书馆及读书振兴法》。2008 年 6 月,教育科学技术部还专门制定了《学校图书馆振兴条例》。在 1994 年的《图书馆及读书振兴法》中,我们已经看到了为促进读书而进行法律规定的雏形,出现了设立“文库”与设立“读书振兴基金”“读书月”等“读书振兴”的内容,以求实现振兴国民阅读的愿景。②

2007 年,“读书振兴”正式从图书馆的法律框架下分离出来,由国会通过设立了《读书文化振兴法》,又经 2009 年、2013 年 3 月两次修订成为今天的《阅读文化振兴法》。回顾 1994 至 2013 年的阅读立法进程,可以看到,读书振兴委员会、读书振兴、读书月等重要内容都延续下来,所不同的是,“阅读”从具体活动、基础建设层面上升到了文化的高度,国民阅读的重要意义得到了进一步地凸显。

《阅读文化振兴法》有配套施行的“总统令”,以规定该法之中的委托事宜及其施行相关事项。韩国政府于 1995 年设置了“阅读文化奖”,每年评定一次,作为阅读文化振兴领域 (包括图书馆界、全民

① [韩国] 朴朦救:《韩国国民阅读运动的成果与反思》,在中韩第十五届出版文化研讨会上的发言,2013年8月15日。

② [韩国] 李炳穆:《韩国图书馆法》(太贤淑译),载《图书情报工作》,2008年第6期。

阅读运动、团体阅读活动等)最高奖项。各地方政府也有的设置了本地的“阅读文化奖”,还有民间组织主办的相关奖项。有些学校也会在本校组织“阅读文化奖”,奖励热爱读书及积极参与读书活动的学生。

为了落实《阅读文化振兴法》第二章中“制定阅读文化振兴基本计划等”的规定,文化体育观光部长官主导每五年出台的国家基本计划“阅读文化振兴基本计划”,迄今已经出台了两个五年计划:《阅读文化振兴基本计划(2009—2013)》、《阅读文化振兴基本计划(2014—2018)》。地方自治机构也制定了本地的基本计划,并按照年度制定并实行。

在国家立法的带动下,韩国许多市、区都设立了本地区的阅读文化振兴条例与计划,这些法规在保障全民阅读促进机制的稳定性的同时,也增强了机制内部的不断繁衍和创新能力。本书编者特请刘占凤博士翻译了韩国《阅读文化振兴法》及其施行令,并请其遴选、翻译了该国具有代表性的全民阅读地方法规《首尔特别市图书馆及阅读文化振兴条例》和《釜山广域市阅读文化振兴条例》。

(张文彦)

阅读文化振兴法

（第 11690 号法律，2013 年 3 月 23 日，他法修订）

文化体育观光部（出版印刷产业科），02—3704—9638

第一章　总则

第一条（目的）

此法规定与振兴阅读文化相关的基本事项，致力于提高国民智力水平，逐步培养健全的情感，并为国民打造终身教育环境，从而提升国家经济竞争力，保障国民享有平等的阅读活动机会，改善国民整体生活质量。

第二条（定义）

此法中相关用语的定义如下：

1.“阅读文化”是指以阅读文字内容为活动中心，由此形成的精神层面的文化活动及精神产物；

2.“阅读资料”是指由文字构成的图书、连续刊行物等印刷资料，以及视听资料、电子资料、为残疾人服务的特殊资料等；

3.“阅读障碍者”是指因视觉障碍或老龄化等身体问题导致无法利用资料的人；

4.“阅读学校”是指依据《初・中等教育法》设立的学校。

第三条（国家及地方自治团体的义务）

国家和地方自治团体有义务制定并实施与振兴阅读文化相关的

政策。

第四条（与其他法律的关系）

其他法律法规中涉及的特殊规定除外，振兴阅读文化依照本法执行。

第二章　制定阅读文化振兴基本计划等

第五条（阅读文化振兴基本计划）

1. 文化体育观光部部长与相关中央行政机关每隔五年进行商讨，制定并施行振兴阅读文化基本计划（以下简称“基本计划”）。（2008 年 2 月 29 日、2009 年 3 月 5 日修订）

2. 基本计划应包括以下几点内容：

（1）振兴阅读文化政策的基本方向和目标；

（2）完善图书馆等振兴阅读文化所需的设施，并确保读书资料；

（3）改善阅读障碍者及社会中心阶层之外人群的阅读环境；

（4）调配培养、保护、奖励阅读活动所需的各项资源；

（5）保障振兴阅读文化所需的阅读资料的生产及流通；

（6）为振兴阅读文化而进行的调查及研究；

（7）除此之外被认定为振兴阅读文化所需的其他内容。

3. 有关基本计划的制定及施行，在文化体育观光部做出要求时，如无其他特殊情况，相关机关或团体必须给予配合。（2008 年 2 月 29 日修订）

4. 有关制定基本计划的步骤等相关事项依据总统令决定。

第六条（年度施行计划）

1. 文化体育观光部部长，相关中央行政机关负责人，特别市、广域市市长，各道知事，以及特别自治道知事（以下称“市、道知事”），必须依照基本计划制定年度施行计划。（2008 年 2 月 29 日修订）

2. 有关年度施行计划的制定及执行，在文化体育观光部、相关中央行政机关，以及市、道知事做出要求时，如无其他特殊情况，相关机关或团体必须给予配合。（2008 年 2 月 29 日修订）

3. 依照第 1 项规定，年度施行计划的制定及执行的相关必要事项由总统令决定。

第三章　删除[①]（2009 年 3 月 5 日）

第七条　删除（2009 年 3 月 5 日）

第四章　阅读振兴

第八条（提供阅读教育机会）

国家及地方自治团体必须努力向全体国民提供平等的阅读教育机会。

第九条（地方的阅读振兴）

1. 为使本地区居民将阅读活动日常化，地方自治团体的负责人必须提供所需的一系列设施，保障振兴阅读计划实施的必备条件。

2. 地方自治团体负责人必须保证每年至少举办一次有关阅读的活动，并支持与振兴阅读相关的机构或团体举办该活动。

① 此为立法修订所做的删除。

第十条（学校的阅读振兴）

1. 为使全体国民在接受学校教育的过程中充分享受到阅读文化振兴计划所带来的福利，教育部部长必须努力提高国民的阅读及书写等与语言有关的能力。（2008 年 2 月 29 日、2013 年 3 月 23 日修订）

2. 为了振兴学校读书文化，教育部部长必须制定并施行包括以下各项在内的政策（2008 年 2 月 29 日、2013 年 3 月 23 日修订）：

（1）为使学校读书教育更具活力，必须制定并实施相关各项举措；

（2）学校图书馆设施的扩充及环境的改善；

（3）确保学校阅读资料充足并配备指导学生阅读的相关教师力量；

（4）研发并普及与阅读教育相关的教育内容及课程；

（5）振兴学校阅读文化的其他必要事项。

3. 为保障学生将读书活动日常化，学校负责人必须鼓励各项阅读活动的展开，并提供建造及运营图书馆所需的各项资源。

4. 学校负责人要保证阅读活动和图书馆活动有机地联系在一起。

5. 为保证学校阅读的日常化，学校负责人要在学校内配备一名以上的图书管理员或专门负责阅读活动的教师。

第十一条（职场的阅读振兴）

1. 国家与地方自治团体应合力寻求并制定激活职场阅读活动所需的政策。

2. 为更好激发职场阅读活动，国家及地方自治团体应鼓励职场内部开展阅读活动，并寻求培养定期开展此类活动的方法。

第十二条（阅读月活动等）

1. 国家为提升国民阅读兴趣，促进阅读生活化，引导国民积极参与阅读文化振兴活动，必须设定读书月。

2. 国家及地方自治团体对于对振兴阅读活动做出贡献或有实际业绩的人可以进行表彰或颁发奖金。

3. 第 1 项及第 2 项中涉及的读书月的设定、与阅读相关的活动、对个人的表彰及奖金支付等相关必要事项根据总统令来决定。

第五章　附则

第十三条（与相关机关的合作）

国家及地方自治团体为更加顺利地推行基本计划，应加强与图书馆、学校等文化、教育机构间的合作。

第十四条（行政及财政上的措施）

国家及地方自治团体为推进阅读文化振兴事业的发展，须从行政上、财政上以及其他方面制定相应措施。

第十五条（年度报告）

政府每年就读书振兴计划的相关施行情况须制定报告书，并于定期国会召开前向国会提交报告书。

（周　静译）

阅读文化振兴法施行令

（总统令第 24314 号，2013 年 1 月 16 日部分修订）

第一条　目的

本令的目的是规定《阅读文化振兴法》中的委托事宜及其相关施行事项。

第二条　阅读文化振兴基本计划的通报

根据《阅读文化振兴法》第五条之规定，文化体育观光部部长在制定、变更有关阅读文化振兴的基本计划时，要向有关中央行政机构负责人、特别市市长、广域市市长、道知事以及特别自治道知事等进行通报。

第三条　年度施行计划的制定、实施

1. 根据《阅读文化振兴法》第六条第 1 项之规定，年度施行计划应包括以下各项内容：

（1）当年阅读文化振兴政策的促进方向和目标，以及为了实现它们的战略开展的课题；

（2）按开展的课题分类，详细的施行计划；

（3）除上述外，有关振兴阅读文化的必要事宜。

2. 相关中央行政机构负责人和市、道知事在每年 3 月末之前，将上一年度计划的施行结果和本年度的施行计划汇报给文化体育观光部部长。

第四条　阅读振兴委员会审议事项

《阅读文化振兴法》第七条第1项第4小项中规定的“由总统令决定”是指以下各项事宜：

1. 为了振兴阅读文化，开发人力资源；

2. 为了振兴阅读文化，扶持和支援有关团体。

第五条　阅读振兴委员会的构成

根据《阅读文化振兴法》第七条第1项之规定，阅读振兴委员会的委员从下列人员中选出，由文化体育观光部部长予以任命：

1. 教育界、出版界、图书馆界、舆论界等相关机构或团体的成员；

2. 具有丰富的阅读文化振兴专门知识和经验的人员。

第六条　委员长的职责

1. 根据《阅读文化振兴法》第七条第4项之规定，委员会选举出的委员长代表委员会，总管委员会的事务。

2. 委员长因不可抗力无法履行委员长职责时，在现任的委员中按年龄顺序，由年长者代行委员长职责。

第七条　阅读振兴委员会会议

1. 委员会委员长负责召集会议，并任议长。

2. 在职委员过半数以上出席方可召开会议，出席委员过半数以上同意才能通过表决。

3. 为了委员会的事务顺利进行，在必要的情况下，可以邀请有关行政机构的公务员或有关专家列席会议、倾听表决，也可以请求相关机构和团体提供资料和意见。

4. 对于出席会议的委员会委员和有关机构公务员、有关专家，可以在预算许可的范围内，支付除津贴和差旅费外的必要经费。但是，自身为公务员的委员，在出席与其所管业务有直接关联的会议的情况下，不予支付。

5. 除第 1 项到第 4 项规定的事项之外，委员会的构成、运作等有关必要事宜，必须经委员会议决，委员长裁定。

第八条　专门委员

为了对阅读振兴进行相关研究和调查，委员会中要设置五名以内的专门委员。

第九条　干事

为了处理委员会的日常事务，需在委员会设置干事一名，由文化体育观光部部长在其所属公务员中选定任命。

第十条　工作单位的阅读振兴

根据《阅读文化振兴法》第十一条第 1 项之规定，在活跃工作单位的阅读活动方面的必要对策里包括以下各项事宜：

1. 为活跃工作单位的阅读活动，有关设施和环境的改善事宜；

2. 对工作单位的阅读及阅读教育项目的支援事宜；

3. 为活跃工作单位的阅读活动，阅读资料的普及和支援事宜；

4. 除上述外，有关促进工作单位阅读活动的其他必要事宜。

第十一条　读书月

1. 根据《阅读文化振兴法》第十二条第 1 项之规定，每年 9 月为读书月。

2. 根据上面第 1 项，为推广读书月，国家、地方政府、公共机构、阅读相关团体、学校及单位等要根据自身情况，开展如下多种多样的阅读活动：

（1）有关阅读文化振兴的研究、讲座等学术活动；

（2）举办作文大赛、演讲会等相关活动；

（3）振兴阅读文化的各种活动；

（4）通过大众媒体进行的启蒙和宣传活动；

（5）打造阅读环境的活动。

第十二条　颁奖

1. 根据《阅读文化振兴法》第十二条第 2 项之规定，国家颁发的奖项是阅读文化奖。

2. 阅读文化奖的颁发根据《政府表彰规定》来施行。

附　　则

本次总统令自颁布之日起正式施行。

（刘占凤译）

首尔特别市图书馆及阅读文化振兴条例

（2012 年 3 月 25 日执行）

（首尔特别市条例第 5272 号，2012 年 3 月 15 日修订）

第一章 总则

第一条（目标）

本条例制定的目的是参照《图书馆法》和《阅读文化振兴法》中的约定事宜，对首尔特别市的图书馆和阅读文化振兴方面必要的事宜进行规范。

第二条（定义）

本条例中所使用的用语含义如下：

1. 首尔特别市代表图书馆（以下称“代表图书馆”）：指根据《图书馆法》（以下简称“法律”）第二十二条而设置的图书馆，是首尔特别市（以下简称“市”）制定图书馆政策并实行，且提供相关服务的图书馆及其分馆；

2. “知识信息弱势阶层”是指以下人群：

（1）《残障人福利法》中规定的残障人士；

（2）《国民基础生活保障法》中规定的受众；

（3）《多文化家庭支援法》中规定的多文化家庭（涉外婚姻家庭）；

（4）有关缩小信息差距的法律规定的信息弱势群体；

（5）65 岁以上的老年人；

（6）不识字的人群。

第三条（适用范围）

本条例适用于法律第二条的图书馆和法律第三条中所指设施中位于本市的设施。

第四条（责任）

首尔特别市市长（以下简称“市长”）将致力于使市民自由平等地获取知识信息，为此要扩大图书馆的服务，并为此制定相应的实施政策。

第二章　代表图书馆

第五条（设立）

1. 根据法律第二十二条，市长要设置代表图书馆。

2. 为了知识信息的完整传播和本地图书馆的均衡发展，根据必要情况，可按照地区或分类，设置代表图书馆的分馆。

3. 为了使代表图书馆有效运营，应设立代表图书馆运营委员会。

4. 此外，有关代表图书馆的组织和运营，应该按需求另外制定细则。

第六条（业务）

1. 根据法律第二十三条之规定，代表图书馆具体负责以下业务：

（1）综合性资料的收集、整理、保存和提供；

（2）支持公共图书馆和协作事业；

（3）对图书馆业务的调查研究；

（4）支持资料收集，妥善保存从其他图书馆移来的资料；

（5）协助国立中央图书馆的资料收集活动，支持协作；

（6）市长因图书馆政策而确定的其他业务。

2. 首尔特别市代表图书馆馆长（以下称“代表图书馆馆长”）在每年 11 月末之前，将以下事宜向市长做综合汇报：

（1）下一年度的图书馆运营计划；

（2）图书馆之间的协作以及和国立中央图书馆的合作情况；

（3）公共图书馆的建立和共同永存书库的运营情况；

（4）协助公共图书馆和促进缩小地区差距的成绩；

（5）图书馆活动的评价以及实况调查的分析结果。

第七条（文件和资料上交要求）

代表图书馆馆长在处理业务时，必要的情况下，会要求相关的行政机构或团体上交文件或档案，此时若无特殊情况，相关机构应予以协助。

第八条（资料的上交）

1. 根据法律第二十六条之规定，自治区与以下机构在制作发行资料文件时，应在发行之日起 30 日之内向代表图书馆上交 2 份资料文件：

（1）市以及首尔特别市教育厅（以下称“教育厅”）及其下属行政机构；

（2）市属事业单位和国有企业；

（3）市内投资人、捐赠人法人；

（4）接受市财政支持，发行制作资料的国家机构和法人、个人、团体。

2. 根据第 1 项须向代表图书馆上交的资料具体如下：

（1）图书；

（2）连续出版物；

（3）乐谱、地图及活页式资料；

（4）缩微形式的资料和电子资料；

（5）幻灯片、唱片、磁带、录像带等视听资料；

（6）按照《出版文化产业振兴法》第二条第 6 项之规定，电子出版物中的软盘、光盘、数字光盘等有形物；

（7）点字资料、录音资料等为视觉障碍者提供的特殊资料；

（8）随着市场环境变化，出现的新形式的、被市场认可的新记录载体。

第三章　图书馆信息服务委员会

第九条（市综合规划和图书馆发展施行计划的制定）

1. 市长以法律第十四条之图书馆发展综合规划为基础，制定包括以下事项的首尔特别市图书馆发展综合规划（以下称“市综合规划”）：

（1）图书馆政策目标；

（2）图书馆运营现状；

（3）图书馆发展方向和促进方法；

（4）其他有关图书馆政策的必要事项。

2. 市长根据法律第十五条之规定，制定包括下列事项在内的图书馆年度发展规划，须在每年 12 月末之前制定并督促执行：

（1）该年度事业推进方向；

（2）主要领域的事业推进方向；

（3）主要领域的具体实施计划；

（4）其他有关事业推进的事项。

第十条（图书馆信息服务委员会的设立）

按照法律第二十四条之规定，为了审议有关本地图书馆均衡发展和缩小地区知识信息差距的重要事宜，首尔特别市特别设立图书馆信息服务委员会（以下简称“图书馆委员会”）。

第十一条（机能）

图书馆委员会审议以下事项：

1. 有关制定市综合规划和图书馆发展实施规划的事宜；
2. 有关图书馆均衡发展的事宜；
3. 有关缩小图书馆知识信息差距的事宜；
4. 为了图书馆政策，图书馆委员会认为必要的其他事宜。

第十二条（构成）

1. 图书馆委员会由委员长 1 名、副委员长 1 名以及 15 名左右的委员构成。

2. 图书馆委员会的委员长（以下简称“委员长”）由市长兼任，副委员长由代表图书馆馆长担任。

3. 当然委员是市长、代表图书馆馆长、图书馆业务负责人、教育厅图书馆业务负责人。其他可变动委员如下：

（1）首尔特别市的议员 1 名；

（2）公立公共图书馆的馆长中选取 3 名；

（3）大学图书馆、学校图书馆、专门图书馆、残障人士图书馆等相关机构人员 3 名；

（4）对图书馆具备专业知识和丰富阅历的人中经过委员长委任的人士。

4. 委员长不能履行职务或其他必要情况下，由副委员长代行委员长职务。

第十三条（委员的任期）

1. 委任委员的任期为 2 年，可连任一次。

2. 委员在因事故不能履行职务责任或缺位时，委员长应任命除自身以外的新的委员，新委员的任期承接前任委员的剩余任期。

第十四条（会议）

1. 会议分为定期会议和临时会议，定期会议每年召开一次，临时会议可应委员长或三分之一以上的在任委员的要求召开。

2. 委员长代表图书馆委员会，担任会议的主席。

3. 委员长召集会议的时候，需在会议召开 2 天前，提前将会议的时间、地点、议程等以书面形式通知各位委员，但紧急情况除外。

4. 图书馆委员会的会议在在任委员过半数出席的情况下，可以提出议案，出席委员过半数赞成时可以通过议案。

第十五条（委员的解职）

在下列情况下，委员长有权解除尚在任期中的委员的委员资格：

1. 委员在任期中死亡；

2. 委员罹患需要长期治疗的疾病，或者因其他原因无法履行职责时；

3. 委员被认定为因道德败坏等原因不适合再担任职务时。

第十六条（干事和书记）

1. 为了处理图书馆委员会的事务，设置干事和书记各 1 名。

2. 干事是图书馆业务负责人，书记是图书馆业务办事员。

第十七条（实务委员会）

1. 为了有效地执行决议，委员长有权在必要的情况下，在图书馆委员会设立实务委员会。

2. 有关实务委员会的设置和运营的具体事宜，须经图书馆委员会议决，委员长裁定。

3. 设置实务委员会时，实务委员会委员长由图书馆委员会委员长在图书馆委员会委员中选择委任。

4. 实务委员会具有以下机能：

（1）对图书馆委员会将要商定的事项进行事前探讨、调整等；

（2）对图书馆委员会将要商定的事项进行专门性调查、研究，出具探讨意见书；

（3）图书馆委员会委任的其他事宜。

第十八条（听取意见）

为了议案的审议，图书馆委员会和实务委员会在必要时可以请相关利害关系者或专家出席图书馆委员会或实务委员会，并听取他们的发言。

第十九条（津贴和旅费）

对于图书馆委员会委员、实务委员会委员，以及为了陈述意见而出席会议的有关专家，应在一定预算范围内支付津贴和旅费。但是，出席与其所管辖业务直接关联的图书馆委员是公务员时除外。

第二十条（运营细则）

在此条例之外有关图书馆委员会运营的其他必要事宜，经图书馆委员会议决，委员长裁定。

第四章　图书馆支援

第二十一条（公共图书馆的设立、扶育）

市长应设立并扶育公共图书馆。

第二十二条（公共图书馆的运营支援）

1. 市长应为公共图书馆的设施改善和成立提供一部分的经费保障。

2. 市长应为公共图书馆的资料购入费等提供一部分的经费保障。

第二十三条（支持缩小知识信息差距）

市长根据法律第四十四条之规定，为了提高知识信息弱势群体的知识水平，对于公共图书馆为知识弱势群体提供的服务、资料制作或购买、设施改善、机器购入等方面给予财政上的支援。

第二十四条（支持学校图书馆）

市长应在学校图书馆运营时，在必需的资料购入费等运营费方面给予一定保障。

第二十五条（图书馆协作事业）

1. 市长应为增进市民利用图书馆的便利性，实施图书馆协作事业。

2. 市长应致力于加强各教育监督和自治区厅长设立的公共图书馆之间的相互合作。

第二十六条（制定阅读文化振兴年度规划）

市长应遵照《阅读文化振兴法》第六条之规定，制定包括下列事宜的阅读文化振兴年度实施规划（以下称“阅读文化振兴实施规划”），并推进实施：

1. 该年度阅读文化振兴政策的推进方向和目标以及为达成这些而实施的战略和推进过程；

2. 按推进主题分类的详细实施计划。

第二十七条（地区的阅读文化振兴）

1. 为了活跃市民的阅读活动，市长应努力创造良好的阅读环境，支持阅读文化振兴事业，与阅读相关的机构或团体也应该支持。

2. 市长应遵照《阅读文化振兴法》第九条之规定，每年举办一次以上的与阅读相关的活动，与阅读振兴相关的机构团体也应该支持活动的举办。

第二十八条（工作单位的阅读文化振兴）

市长应遵照《阅读文化振兴法》第十条之规定，为活跃工作单位的阅读活动，制定包括下列事宜的政策：

1. 为活跃工作单位的阅读活动而改善设施环境；
2. 支持工作单位的阅读及阅读教育项目运营；
3. 为活跃工作单位的阅读活动，支持阅读资料的普及；
4. 此外的与促进工作单位阅读文化振兴有关的其他必要事宜。

第二十九条（学校的阅读文化振兴）

为活跃学校内阅读活动以及阅读教育，市长可以强制制定一些必要的要求，将其委托给教监执行。

第三十条（知识信息弱势群体的阅读文化振兴）

为促进知识信息弱势群体的阅读活动，市长可以强制制定一些必要的要求，促进相关事业发展。

第六章　附则

第三十一条（图书馆的协作）

本地的所有图书馆，为增进市民利用图书馆设施的便利性，以及缩小知识信息的差距，应该鼎力合作。按照市综合规划、图书馆发展实施计划、阅读文化振兴实施规划等政策，积极地促进图书馆之间的协作。

第三十二条（事务的委任等）

市长可将其权限内的某些事务，委托给区厅长或教育监督、公共团体以及法人等。在此情况下，市长为了其委托的事务，应给予包括业务费在内的经费支持。

第三十三条（表彰等）

市长可对在阅读文化振兴方面做出成绩的人给予奖赏或表彰。

（刘占凤译）

釜山广域市阅读文化振兴条例

第一条（目标）

本条例遵照《阅读文化振兴法》第三条之规定，制定振兴阅读文化的必要措施，以加强阅读文化振兴、提高地区竞争力、保障市民均等的阅读机会、提高市民生活品质为目标。

第二条（阅读文化振兴实施计划）

釜山广域市市长（以下简称“市长”）应制定以下事项的阅读文化振兴年度实施计划：

1. 阅读文化振兴条例的基本方向和目标；
2. 为振兴阅读文化，改善图书馆等设施，保障阅读资料；
3. 阅读障碍者、多文化家庭（涉外婚姻家庭）等弱势群体的阅读环境改善；
4. 除此之外，振兴阅读文化的其他必要事项。

第三条（地区的阅读文化振兴）

为促进市民阅读活动的活跃发展，市长要制定以下事项的促进政策，相关机构和团体也要积极给予支持：

1. 地区内，支持扩充与阅读相关基础设施建设；
2. 阅读相关的活动；
3. 除此之外，与振兴地区阅读文化相关的必要事项。

第四条（工作单位的阅读文化振兴）

为促进工作单位阅读活动的活跃发展，市长要制定实施以下事项的促进政策：

1. 阅读设施和环境改善的相关事项；
2. 阅读集会和阅读教育运营相关的支援；
3. 阅读资料的普及和支援的相关事项；
4. 除此之外，与促进职场阅读文化相关的其他必要事项。

第五条（弱势群体的阅读文化振兴）

为促进弱势群体阅读活动的活跃发展，市长要制定实施以下事项的促进政策：

1. 与支持视觉障碍人士、老年人等阅读障碍者的阅读活动相关的事项；
2. 支持多文化家庭阅读文化活动的相关事项；
3. 除此之外，与促进弱势群体阅读文化振兴相关的其他必要事项。

第六条（阅读文化活动）

为活跃市民们的阅读生活，市长要活用多种多样的媒体，开展“读书月”等各种读书活动。

第七条（发展区域内中小书店和特色书店）

1. 市长应为发展活跃釜山广域市地区内（以下称“市内”）的中小书店和特色书店而努力。

2. 市长应为发展市内的书店而制定措施，对于相关的机构或团体在财政预算内尽力给予阅读文化活动经费支援。

第八条（和图书馆的合作）

根据上面第二条，为使阅读文化振兴实施计划圆满完成，市长应在下列事宜中和釜山广域市内的图书馆鼎力合作：

1. 公共图书馆的资料购入费等经费支援；

2. 为增进市民利用图书馆的便利性，支持图书馆；

3. 除此之外，与振兴阅读文化相关的其他必要事项。

（刘占凤译）

日　本

少年儿童读书活动推进法
推进少年儿童读书活动基本规划
文字及印刷品文化振兴法

导言

日本的教育水平之高、文盲率之低以及对阅读的热爱之深举世闻名。自19世纪70年代明治维新以来，日本的经济、军事、文化开始迈向亚洲前列。日本学习西方，加强国民教育，迅速提高了国民文化素养，其中就包括对西方阅读公共服务、推广理念的借鉴。

2013年10月8日，经济合作与发展组织发布了首次“国际成人能力评估计划”调查报告，结果显示，在阅读能力方面，日本成人居首，美国成人排第九名，日本最高学历为“初中毕业”的人的阅读能力也要高于美国及德国等“高中毕业”的人。对此，日本相关专家表示，这是日本较早开始普及义务教育，并注重培养民众阅读、写作、计算能力的结果。①

日本之所以领先，得益于其优秀的阅读活动推广实践和发达的出版业、阅读基础设施网络。2005年，日本公共图书馆共有2972座，我国2009年全国公共图书馆才共有2850座。②

---

① 信息来源：经济合作与发展组织官方网站。

② 乔菊英、蔡兴彤：《当前亚洲主要国家的国民阅读状况之比较研究——以日本、新加坡、中国为例》，载《图书情报工作》，2009年第13期。

1945年，日本战败投降后逐步确立了“内容不干预”原则。日本政府既不能干预文化内容，又要鼓励并创造条件，让日本公民可以享受到各种文化娱乐，只能采取间接资助、重点投资的方式鼓励被认为是优秀的文化艺术活动。[①]这项原则，与日本图书色情文化的泛滥不无关系，但对于青少年而言，日本阅读推动机制却明确提出要推广优秀书籍。自“二战”后至今，对青少年群体的阅读推广成为日本全民阅读事业的重中之重，围绕该项事业，社会各界发起了形形色色的项目。

相对于亚洲其他国家，日本的国民阅读促进活动亦起步较早。1947年，日本由出版界牵头成立了“读书周实行委员会”，1959年更名为“读书推进运动协议会”。该组织此后一直致力于在全国组织各类读书活动，推介书籍。今天，日本的41个都道府县都有“读书推进运动协议会”的分支机构，在全国儿童阅读活动推广中发挥了重要作用。1953年成立了儿童图书研究会，1956年成立了儿童图书馆分科会，1967年成立日本亲子读书中心等。20世纪60年代儿童作家发起了亲子阅读运动，该运动还推动了日本“家庭文库”(一种为当地儿童服务的小型儿童图书馆)的发展，从而弥补了公共图书馆体系中儿童阅读服务的不足。[②]

日本从国家和政府层面对少儿阅读建立促进机制，正式起步于2000年前后。1999年，日本国会和政府将2000年确立为“儿童阅读年”，并在2000年举办了贯穿全年的活动，从而更大范围地引发了社会各界对少儿阅读的关注与投入。以此为契机，2001年12月，日

① 欧阳安：《日本文化政策解读(上)》，2012年7月27日《中国文化报》，第3版。

② 万亚平：《日本“儿童读书推进运动”评析》，载《新世纪图书馆》，2010年第1期。

本国会通过了《少年儿童读书活动推进法》。2002年8月，日本内阁根据《少年儿童读书活动推进法》制定发布了《推进少年儿童读书活动基本规划》，并自2002年起将4月23日定为“少年儿童读书日”。

有了法规的保障，日本少儿阅读活动促进工作有了质的飞跃，这集中体现在资金的投入上。2002年起，政府分5年投入650亿日元给学校购买图书、改善少儿读书环境。[①]2007年又开始了新的为期5年的“学校图书馆图书充实计划”，投入1000亿日元购买约2600万册图书充实和完善学校图书馆的馆藏。

2005年，日本又通过了《文字及印刷品文化振兴法》，该法的重要目的之一在于促进国民阅读以文字书写的印刷出版物，“从而为实现智慧理性、精神丰富的国民生活及充满活力的社会生活做出贡献”。该法律对学校教育中对公民阅读能力的培养进行了专门规定，这项法律，即是针对日本的新生代“远离活字”而制定。

从日本近代的发展历程上，我们确实可以触摸到阅读所带来的民族凝聚力、文化创造力。有鉴于此，本书收录了《少年儿童读书活动推进法》、《推进少年儿童读书活动基本规划》及《文字及印刷品文化振兴法》，期待为我们带来一些新思考。

（张文彦）

① 万亚平：《日本“儿童读书推进运动”评析》，载《新世纪图书馆》，2010年第1期。

少年儿童读书活动推进法

第一条（目的）

本法旨在通过确立推进少年儿童读书活动的基本方针、明确国家和地方公共团体的责任及义务，同时确定推进少年儿童读书活动的相关必要事项，以达到全面有序落实推进少年儿童读书活动的各项相关政策，帮助少年儿童身心健康发展的目的。

第二条（基本方针）

少年儿童（18 岁以下者，下同）的读书活动，对于少年儿童掌握语言、培养感受力、提高表现力、丰富创造力、获得领悟人生的能力，是不可或缺的。有鉴于此，我们必须积极完善环境，使全体少年儿童能够随时随地自主阅读。

第三条（国家职责）

国家有责任及义务遵照本法第二条的基本方针（以下称“基本方针”），全面制定并落实推进少年儿童读书活动的相关政策。

第四条（地方公共团体职责）

地方公共团体有责任及义务遵照基本方针，在配合国家政策的同时，根据当地实际情况，制定推进少年儿童读书活动的相关方案，并执行落实。

第五条（企业、组织义务）

企业、组织在运营活动中也应遵照基本方针，致力于提供有益于少年儿童健康成长的书籍等，对少年儿童读书活动起促进作用。

第六条（监护人角色）

父母亲及其他监护人应发挥积极作用，为少年儿童创造充分阅读条件，并使少年儿童阅读习惯化。

第七条（同有关机构强化合作）

为顺利落实推进少年儿童读书活动的相关政策，国家及地方公共团体应建立并完善必要机制，强化同学校、图书馆等相关机构以及民间团体之间的合作。

第八条（推进少年儿童读书活动基本规划）

1. 为全面有序落实推进少年儿童读书活动的相关政策，政府须制订推进少年儿童读书活动的有关基本规划（下文称“推进少年儿童读书活动基本规划”）。

2. 推进少年儿童读书活动基本规划的制定，政府须及时向国会报告、公开发布。

3. 前项规定同样适用于推进少年儿童读书活动基本规划的变更。

第九条（都道府县少年儿童读书活动推进计划等）

1. 各都道府县须以“推进少年儿童读书活动基本规划”为指导

方针，根据当地实际情况，为推进当地少年儿童读书活动的系列举措的实施制定计划。

2. 市町村应以推进少年儿童读书活动基本规划为指导方针，根据当地实际情况，为推进当地少年儿童读书活动系列举措的实施制定计划。

3. 都道府县、市町村的少年儿童读书活动推进计划的制定，须对外公开。

4. 前项规定同样适用于都道府县、市町村的少年儿童读书活动推进计划的变更。

第十条（少年儿童读书日）

1. 为增强国民对少年儿童读书活动的关注和理解，提高少年儿童的阅读积极性，设立少年儿童读书日。

2. 每年 4 月 23 日为少年儿童读书日。

3. 国家及地方公共团体须致力于“少年儿童读书日”主题事业及活动。

第十一条（财政手段等）

国家和地方公共团体应努力促进少年儿童读书活动相关政策的实施，并谋求必要的财政及其他手段。

本法自公布之日起实施。

众议院文部科学委员会附带决议

政府在本法实施中应注意以下情况：

一、本法旨在通过必要的政策手段，营造推进少年儿童自主读书的环境。应注意杜绝不当的行政干涉；

二、尊重民意，尽快制定推进少年儿童读书活动的基本规划和有关措施，并具体落实；

三、为营造少年儿童随时随地亲近书本、享受读书乐趣的大环境，积极推动学校图书馆、公共图书馆等场馆的建设和完善；

四、尊重学校图书馆及公共图书馆等机构选购图书的自主性；

五、企业组织可根据自身判断，提供有助于少年儿童身心健康发展的书籍；

六、国家和地方公共团体举办少年儿童读书日相关主题活动，少年儿童参与活动的自主权应受到尊重。

（王　玥译）

推进少年儿童读书活动基本规划

（2002 年 8 月）

本规划乃是根据《少年儿童读书活动推进法》（2001 年法律第 154 号）第八条第 2 项的规定，向国会报告的文件。

第一章　前言

现今，少年儿童远离书本的现象正作为又一社会问题受到人们关注。而其原因可谓各式各样，包括电视、影像、网络等媒介的发展与普及，儿童生活环境的变化，更有幼儿时期读书习惯的未养成等。

2001 年 5 月的调查显示，小学、初中、高中学生每月平均读书数量分别为 6.2 本、2.1 本、1.1 本，一个月一本书都没读的学生比例分别是：小学 10.5%，初中 43.7%，高中达到 67.0%。此外，2000 年经济合作与发展组织（OECD）的学生学习程度调查显示：选择“不因兴趣而读书”的学生比例，OECD 平均为 31.7%，而日本则为 55%；回答“只有在非读不可的情况下才会读书”的学生，OECD 平均为 12.6%，日本达到了 22%。

读书活动对于少年儿童学习语言、锤炼感受能力、提高表达能力、丰富创造力、掌握追求深度人生的能力有着不可或缺的地位。因此，动员全社会的力量推进少年儿童读书活动的进行有着极为重要的意义。

1999 年 8 月，参众两院认识到读书具有的不可估量的价值，为了动员全国力量支持少年儿童的读书活动，决定将 2000 年定为“少年儿童读书年"，同时于2000年1月设立"国际少年儿童图书馆"，作为国立国会图书馆的分馆，并于同年5月开馆。此外，2000年12月的"教育改革国民会议报告书"提出，"阅读写作会话等语言教育"应得到重视。在这一背景下，为了促进少年儿童读书活动相关举措的切实推行，2001年11月，议员向国会提交立法草案，同年12月，《少年儿童读书活动推进法》公布并施行。

《少年儿童读书活动推进法》围绕少年儿童读书活动的推进，在确定其基本理念，明确国家及地方公共团体职责的同时，通过规定国家须制定并公布《推进少年儿童读书活动基本规划》、地方公共团体须制定并公布《关于少年儿童读书活动推进措施的计划》、将4月23日定为"少年儿童读书日"等措施，有计划地全面推进相关政策的实施。

本规划是基于《少年儿童读书活动推进法》第八条第1项的规定，以"为使所有少年儿童在一切机会及一切场所中均能自主地进行读书活动、积极推进建立与之适合的环境"为基本理念，为全面有计划地综合推进相关政策而制定的。

此外，本计划明确了大约五年间政策的基本方向及具体策略。

第二章　基本方针

一、为少年儿童提供与书籍亲近的机会并建立和完善相关设施

为培养少年儿童自主读书的习惯，有必要在幼儿时期就为他们营造能与书籍亲近的环境。

家庭、社区、学校根据少年儿童不同的成长阶段，创造能让他们自己享受到读书乐趣的机会，扩展读书活动，加深少年儿童对读书的体验，这对提高少年儿童读书的积极性，培养自主读书的态度，形成

一生受用的读书习惯有重大影响。此外，应将孩子们感兴趣的或是深受感动的书籍整理出来，安排到他们平时也可以接触到的地方。

由此看来，政府为保证少年儿童自主读书活动的推进，在切实为少年儿童提供亲近书籍机会的同时，也应注重建立和完善相关基础设施。

二、促进包括家庭、社区、学校在内全社会力量的合作

推进少年儿童自主进行读书活动，需要包括家庭、地区、学校在内全社会力量的配合。最基本的是通过完成各自的职责，丰富少年儿童接近书籍的机会；其次，通过与少年儿童读书活动密切相关的学校、图书馆及其他相关机构、民间团体、事业单位之间紧密的联系，相互间合作来推进政策的顺利实施。

由此看来，为了少年儿童读书活动推进政策顺利实施，政府应大力加强与家庭、地区、学校之间的合作，并进行必要的体制调整。

三、提高公众对少年儿童读书活动的关注和认识

少年儿童通过从小听父母讲故事或是从小看父母阅读书籍，激发出对书籍的热情。为此，在加大推进包括少年儿童周围的成年人在内的读书活动、使其成为社会发展趋势的同时，应该提高监护人、教师、保育员等对读书活动的关注和认识，促进少年儿童主动阅读书籍的态度和习惯的形成。

由此看来，为推进少年儿童自主进行读书活动，使其成为整个社会的趋势，政府需要向公众教育和普及少年儿童读书活动的意义及其重要性。

第三章　少年儿童读书活动推进政策

一、家庭、社区、学校对少年儿童读书活动的推进

（一）家庭、社区对少年儿童读书活动的推进

1. 家庭对少年儿童读书活动的推进

（1）家庭在少年儿童读书活动推进过程中所发挥的作用

少年儿童的读书习惯是在日常生活中形成的。父母的关注对少年儿童是否把读书作为生活一部分的态度有至关重要的影响。

在家庭中，可以通过父母读故事给孩子听，或是和孩子一起读书来为少年儿童创造接触书籍的机会；也可以通过制订“读书时间表”来让孩子养成读书的习惯；或是通过与孩子交流在读书过程中的想法与感受来激发孩子对读书的兴趣和热情。

（2）通过“家庭教育”相关的学习机会，提高家长对读书活动的认识

1）图书馆举办的以父母为对象的系列讲座，市町村政府举办的以少年儿童在胎儿期、幼儿期、青春期等不同成长阶段所对应的不同家庭教育为内容的讲座，以及在作为育儿支持力量之一的公民馆开展的“读书给孩子听”等一系列亲子互动活动，这些都极大提高了家长对读书给孩子听以及孩子主动阅读书籍重要性的认识。

2）向家中有幼儿或是小学生的父母分发《家庭教育手册》《家庭教育笔记》，形成每天都有固定时间来读书的习惯，并提高对这一习惯重要性的认识。

2. 图书馆对少儿读书活动的推进

（1）图书馆在少年儿童读书活动推进中所起的作用

图书馆（根据 1950 年颁布的第 118 号法令《图书馆法》第二条

第 1 项被确定为图书馆，下同）对少年儿童来说，是可以在丰富的藏书中自由选择自己喜欢的书籍并享受到读书乐趣的地方；对成年人来说，是可以选择想让孩子读的书并可以就少年儿童读物进行讨论的地方。

其次，图书馆还开设以家长为对象的读故事会、座谈会等，并举办儿童读物推荐系列展览，来指导家长如何读书给孩子听以及如何选择书籍、推荐书籍。这些都为少年儿童读书活动做出了重要贡献。

最后，为在少年儿童读书活动相关团体组织以及图书馆各种活动中提供支援的志愿者，提供相应的学习机会，以使他们掌握必要的知识和技能。

（2）图书馆推出推进少年儿童读书活动的相关决策

1）在公立图书馆（根据《图书馆法》第二条第 2 项被确定为公立图书馆，下同）中，根据《公立图书馆设置和管理标准》（2001 年文部省告示第 132 号）：

· 完善以少年儿童为对象的图书馆服务，在确保读书空间的同时，收集和提供儿童读物，为推进少年儿童读书活动开展“读故事给孩子听”活动；

· 完善对以在日外国人子女为对象的图书馆服务，收集和提供外语读物，并提供相关应用指导以及查阅服务（根据用户的查询，提供参考资料的业务）；

· 开展以少年儿童为对象的图书馆全新服务项目，进一步加大已掌握必要知识和技能的志愿者的参与；

· 建立完善的基础设施，来为有意愿参与的人员提供活动的相关信息，以及为志愿者的培养提供培训的条件。

2）以公立图书馆为中心，通过社区读书活动推进团体、组织、青少年团体等，以及保健所、保健中心、保育所等相关机构的合作，完善少年儿童读书活动相关政策。

3. 儿童馆[①]对少儿读书活动的推进

儿童馆是以为少年儿童提供益智游戏、促进少年儿童身心健康发展、提高少年儿童道德修养为目的的机构。儿童图书馆举办形式多样的儿童读物的活动，如有效利用绘本等；而其中由监护人、社区志愿者组成的读书会和座谈会等活动，也为少年儿童亲近书籍提供了良好的契机，进一步推进了少年儿童读书活动。

4. 民间团体对活动的支援

（1）民间团体在少年儿童读书活动的推进中所起到的作用

民间团体极大推广了少年儿童读书活动，提高了公众对少年儿童读书活动的关注与认识。与此同时，还为少年儿童提供形式多样的与书籍亲近的机会，为少儿自主进行读书活动的推进做出了重大贡献。例如，在全国范围内举办读书周等宣传活动、在全国各地巡回举办读故事给孩子听等活动、召开辩论会、培养读书指导员等；地区范围内的活动是由约 5000 个团体自发参与，举办各种草根文化活动以及读故事给孩子听等活动。

（2）民间团体对活动的支援

为促进少年儿童读书活动的推进，民间团体在丰富和完善各项活动的同时，还构建公共论坛，利用网络完成信息交流和合作培训；而这些活动的经费多数来自“少年儿童梦想基金会”的资助。

除此之外，地方公共团体组织的推进少年儿童读书活动相关活

① 日本根据《儿童福利法》设立的儿童福利设施。

动中，公共参与性很强。为确保活动场地以及活动的方便性，利用了社区内公民馆[1]等公共设施。同时，也期待能实行相关的奖励制度。

（二）学校对少年儿童读书活动的推进

1. 学校在少年儿童读书活动推进中所起到的作用

在学校，少年儿童的读书活动大多通过学习语文等各门课程的方式进行，而这对少年儿童读书习惯的形成有重大影响。

例如，《学习指导要领》[2]中指出，中小学生的语文课需要根据学生成长阶段，来完成"培养乐于读书的态度"和"在读书中拓展观点和想法"等目标。

除此之外，学校利用各学科学习时间、特别活动时间以及综合学习时间，开展学生和儿童研究性学习等多种形式的学习活动；为此，学校决定"有计划地使用学校图书馆，有效利用图书馆资源，完善学生和儿童自发、积极进行的学习和读书活动"。

2. 培养学生和儿童读书习惯，提供读书指导

根据小学、初中、高中各年龄段，培养学生和儿童乐于读书的态度，形成良好的读书习惯是非常重要的。为此，需要进一步推广已在8000多所学校实施的"早读""听读"等活动。

并且，各学校通过在学校设置图书角、给予在毕业前完成一定量的书籍阅读的学生奖励等，来实现学校、家庭双方共同促进学生和儿童读书习惯的形成。

此外，学校举办读书指导相关的研究讨论或介绍最新的指导方

① 日本根据《社会教育法》在市町村设立的设施，目的在于提高本地居民的教养、增强健康等。

② 由日本文部省大臣公布的教育课程标准，标出了小学、初中、高中、盲聋养护学校的教育内容以及学习事项、授课时间的分配等。

法，来提高教师的指导能力以及对学校图书馆资源的有效利用能力。

在海外以日本人为招收对象的学校，不断推进图书整理、读书活动实践案例的学习，让学生和儿童能体验到丰富多彩的读书活动，促进学生和儿童读书活动推进政策的实施。

3. 通过与家庭、地区的合作，推进读书活动

学校通过与家庭、地区的合作，促进读书活动推进政策的顺利实施，培育少年儿童生存能力；同时，介绍和普及各地区有代表性的案例，实现地区一体化，共同推进少年儿童读书活动的展开。

4. 提高学校相关人员的认识

学校通过就有效利用学校图书馆方案以及读书活动促进方案进行的最新信息交换和研究讨论，提高以图书管理员、教师为首的学校相关人员的认识，推进少年儿童读书活动相关政策的实施。

5. 残障少年儿童读书活动的推进

进一步推进在盲人学校、聋哑学校以及残疾人员院校中对残障少年儿童的支援，学习相关优秀案例，例如根据残障情况选择相应的书籍，创造良好的环境，有效利用视听辅助器等。此外，盲人学校还利用盲文信息网络，促进各盲人学校间盲文图书以及包括全国范围盲文图书馆在内的盲文书籍资料的相互交流，让残障少年儿童体验到丰富多彩的读书活动。

（三）幼儿园、保育所对读书活动的推进

1.《幼儿园教育方针》《保育所保育指南》中指出，应提高教师以及保育员对读书活动的认识，以积极组织活动，提供幼儿亲近绘本、故事书的机会，让少年儿童在幼儿时期就享受到读书的乐趣。此外，幼儿园、保育所也在开展以未到入学年龄的幼儿为对象的育儿支援

活动，如读故事给孩子听等。

2. 读故事给孩子听这一活动能让身处幼儿时期的少年儿童享受到绘本带来的乐趣。为此，幼儿园、保育所有义务向父母等监护人普及这一活动的重要性以及意义。

3. 应加强不同年龄段的交流，通过让中小学生为幼儿园、保育所中的幼儿读故事的方式，增加少年儿童与绘本等图书的接触机会。

二、为推进少年儿童读书活动，设立和完善相关设施和机构

（一）在地区中为少年儿童创造读书环境

在少年儿童读书活动推进中，极为重要的一点是创造有利于少年儿童读书的周围环境。

图书馆是少年儿童在除学校之外，还能接触到书籍并享受到读书乐趣的地方，在地区的少年儿童读书活动推进中起核心作用。1999年文部省社会调查显示，设置公立图书馆的市级城市占96.5%，县级城市占36.1%。因此，对于未设置公立图书馆的市县，相关部门应积极研究图书馆建设的相关问题。

《公立图书馆设置和管理标准》中指出，为了能对居民提供切实的图书馆服务，市町村应切实加强公立图书馆的设置；此外，都道府县应根据实际，有计划地向市町村就图书馆的设置和管理提供相关建议。

为此，应通过都道府县对未设置公立图书馆的市町村给予计划性的建议，提高对公立图书馆重要性的认识，并形成设置图书馆的风气，促进图书馆的管理。

此外，对于已经设置公立图书馆的市町村，应根据地区的实际情

况，设置分馆以及流动图书馆，在公民馆设置图书室以及在各种机构内部设置图书角，开放学校图书馆等来完善地区内的读书环境。

最后，在完善少年儿童读书环境方面，积极促进都道府县立图书馆、市町村立图书馆、学校图书馆以及其他相关机构之间的网络构建，实现借书、信息交换等方式的馆间合作。

（二）公立图书馆的完善和管理

为了让公立图书馆在地区的少年儿童读书活动推进中发挥积极的作用，决定推行以下政策：

1. 图书馆资料的配备

公立图书馆通过提供丰富多彩的图书资料，促进少年儿童读书活动的推进。

公立图书馆图书在资料的准备方面，可以以国家拨款形式，由各地方公共团体有计划地准备。

2. 馆内设备的管理和完善

（1）配置流动图书馆车①

流动图书馆车是以家离图书馆较远的少年儿童为对象的图书馆服务，在读书活动推进中发挥着重要作用，是图书馆重要活动之一。因此，流动图书馆车的配置是非常重要的。

（2）实现图书馆的信息化

为地区居民提供图书馆内收藏的儿童书籍相关信息、出借内容，以及与少年儿童读书活动相关的座谈会的相关信息。这在少年儿童读书活动的推进中发挥着重要作用。2001年文部科学省②的调查显

---

① 把书籍装在汽车里，在一定地域内巡回并提供出租业务的图书馆。

② 由日本文部省和科学技术厅于2001年合并而成。

示，在图书馆内设置读者可使用的电脑的比例，都道府县立图书馆是77%，市町村立图书馆是46.4%。而其中可连接互联网的电脑的比例，都道府县立图书馆是59.0%，市町村立图书馆是24.6%。

为此，需要促进公立图书馆中引入最新信息系统，实现在网上就可以进行图书的检索，配置用户专用电脑，实现图书馆的信息化。

（3）设置儿童室等

1999年文部省社会教育调查显示，图书馆内设置儿童室的占60.6%。《公立图书馆设置和管理标准》中指出，要促进儿童室、儿童角的设置，以确保少年儿童读书所需的必要空间。

3. 完善对图书管理员的培训

（1）培养图书管理员，提供适当的岗位安排

图书管理员通过选择、收集和提供以儿童图书为主要内容的图书馆资料，为用户提供读书建议，以及指导少年儿童读书活动，在少年儿童读书活动中发挥了至关重要的作用。

为此，在培养图书管理员的同时，还应提高地方公共团体对图书管理员重要性的认识，提供适当的岗位安排。

（2）完善对图书管理员的培训

公立图书馆亟需在儿童图书和儿童文学等方面拥有广博知识，并能依据少年儿童不同年龄段选择书籍，拥有能指导少年儿童读书的相关知识和技能的图书管理员。

为此，需完善相关培训，实现图书管理员对以上知识和技能的掌握。

4. 为残障少年儿童图书活动的推进提供和完善相关设施

为残障少年儿童创造能进行自主读书活动的环境尤为重要。在

图书馆中，例如对于有视觉障碍的读者，提供盲文刊物和视觉障碍者专用的录音资料的出借以及阅览服务。1999年文部省社会教育调查显示，拥有录音图书的图书馆占20%，而拥有盲文刊物的图书馆占30%。

在此现状下，需要为残障少年儿童提供设施设备方面的关怀。例如，促进馆内盲文资料、录音资料、加入手语和字幕的影像资料的丰富和完善，为残障人士在使用出借或阅览服务、图书馆使用方面提供帮助，并提供面对面朗读等服务。与此同时，还要通过培养盲文翻译人员、朗读服务人员，普及和增加“盲文图书”“有声图书”等的印刷，为有视觉障碍的少年儿童读书活动的推进，努力提供和完善各种条件。

（三）学校图书馆的管理和完善

1. 在少年儿童读书活动推进中，学校图书馆所起到的作用

学校图书馆是儿童自主进行读书活动、接受读书指导的场所，同时作为发展学生儿童想象力、激发对学习的兴趣、提高学习专注度、培育丰富精神生活以及支援学生儿童自发积极学习的读书中心，发挥着推动教育课程开展的学习信息中心的作用，在学校教育中扮演至关重要的角色。特别是在培养学生儿童自主思考、判断能力、行动力等“生存能力”方面，学校图书馆需要对各种各样的学习活动给予一定的支援。

2. 管理和完善学校图书馆的图书资料、相关设施和设备

（1）学校图书馆管理五年计划

学校通过推进以少年儿童为对象的知识性活动的开展，整理和完善各类书籍，丰富少年儿童阅读书籍的机会。同时，通过对学校图

书馆的有效利用，实现在各学科学习时间、特别活动时间、综合学习时间中，开展多种形式的教育活动。

据此，自 2002 到 2007 年的五年时间中，计划实现公立义务教育学校的图书馆馆藏图书资料达 4000 万册，并重新制定了《学校图书馆管理五年计划》，计划在这五年时间中，使用每年约 130 亿日元、总额约 650 亿日元的地方交付税[①]来解决相关资金问题。之后，各地方公共团体将按照此计划，有计划地整顿管理学校图书馆的图书资料。

此外，也需要支援私立学校的图书馆资料整顿和管理。

（2）管理和完善学校图书馆内相关设施

在学校图书馆相关设施方面，为促进读书空间的整顿和管理，一方面利用国库补助金，将剩余教室改建成学校图书馆；另一方面按照国库补助金校舍改建标准，来完成校舍新增的改建项目。

今后，为推进各学校丰富多彩的读书活动，在学习学校图书馆的设施环境标准案例的同时，促进各年级的学生都能关注读书活动的环境的营造。

（3）实现学校图书馆信息化

学校图书馆通过在馆内配置电脑，与其他学校的图书馆以及各类图书馆之间进行网络连接，让学生不仅能利用本校图书馆的资源，还能实现地区内藏书的共同利用、资料的共同检索，以及提供各类图书资源。

2001 年 3 月文部科学省调查资料显示，在图书馆安装电脑的学

① 国家从国税收入中按一定比例拨付给地方公共团体的资金，以弥补其财源不足、纠正团体间的财政不均，使其能完成事务。

校比例，公立学校是23.6%，而其中连接LAN（校内信息通信网）的占19.1%。

此前，公立学校配置用于学习指导的教育用电脑的方式是通过地方交付税措施来实现安装和管理，并提供合适的岗位安排。此外，还需要在学校图书馆、电脑教室、普通教室、特别活动教室内连接校内网，实现在学校的任何地方，都能获得学校内外的信息资源。

学校实现网络普及对儿童学生的研究性学习等活动的展开有很大帮助。此前，网络连接的持续性主要是通过地方交付税维持的。

此外，通过学校图书馆藏书资源的数据化，以及同其他学校的图书馆的网络连接，将实现不仅是学校的学生，家庭和地区内的居民也能共同利用图书资源，检索各种相关资料。为此，需要促进和普及与其他学校的图书馆以及各类图书馆的合作，实现馆内藏书共享，以及必要图书的跨校间的利用。

（4）有效利用图书馆资源，推进岗位安排

学校图书馆的管理运营是在校长的指导下，以图书管理员为中心，通过同司书教谕[①]、志愿者等的合作进行的。为此，从各方面去完善图书馆的功能是非常重要的。

1）司书教谕的岗位安排

司书教谕的职责是选择、收集、提供学校图书馆资料，为少年儿童提供相应的读书指导等，在学校图书馆的管理、有效利用中发挥核心作用。为此，有必要促进该岗位的配置。

依据学校《图书馆法》（1953年法律第185号）第五条以及附录第二条规定，2003年之后，12个班级以上的学校（小学、初中、高中、

① 在日本，专门进行学校图书馆管理、运营或对孩子读书进行相关指导的教员。

中专、盲人学校、聋哑人学校以及残疾人院校）中，必须安排司书教谕一职。为此，今后需要颁布相关法令，促进司书教谕的培养。

此外，为了让司书教谕在学校图书馆的管理上发挥最大的作用，在努力促进教职员工协作体制的确立、相互间分担校内事务的同时，还需要将有关司书教谕的工作内容更新到指导材料上，提高教职员工对司书教谕一职的认识。

2）学校图书馆业务员的岗位安排

学校图书馆任职的业务员，职责是同司书教谕合作，共同处理学校图书馆内各项事务。此后，为了进一步有效利用图书馆资源，要通过学习地方公共团体中业务员一职的相关设置，促进学校图书馆内处理各种事务的职员岗位安排。

3）教职员之间的协作

学校教育中，各项教学活动可以利用学校图书馆，开展学习活动以及日常的读书指导。这就需要包括司书教谕在内各教职员工的相互合作，来共同推进少年儿童的学习活动和读书活动。为此，各学校通过开展校内培训、相关研究会，来增进各教职员工的相互联系和相互理解。

4）引进外部人才，支援学校图书馆组织的活动

1999 年文部省调查显示，学校图书馆中，举办由地区居民、父母等监护人组织的志愿活动的图书馆占 16.3%。要通过有丰富社会经验的工作者和志愿者的协作，促进少年儿童读书活动的实施，培养少年儿童乐于读书的态度。

为此，以学生儿童为对象的读故事给孩子听活动、为激发学生儿童对书籍的兴趣而发起的“book talk”（图书对话）活动、学校图书馆

的宣传活动、图书资料数据库的制作活动等的顺利开展，需要地区志愿者以及外聘职员等人才提供相关支援。

（5）学校图书馆的对外开放

文部省 1999 年调查显示，向地区居民开放的学校图书馆仅占学校图书馆的 8.9%。为推进地区内学校的建造，学校的相关基础设施被要求积极对外开放。为此，根据学校实行一周教学五天的制度，要在周末时间段，接受地区志愿者支援，促进各地区内学校图书馆的开放。

3. 确保幼儿园、保育所里幼儿的读书空间，选择合适的书籍

即使是幼儿园、保育所里的少年儿童，也应确保他们接触绘本等图书的机会——从此观点出发，在努力确保能安心让幼儿接触图书的空间的同时，也要促进同父母等监护人、志愿者的连接与合作，实现图书的整顿和管理。

此外，要促进与图书馆的合作，关注不同成长阶段图书的选择。

三、推进各图书馆之间的合作

（一）图书馆之间的联系与合作

1. 为进一步推进少年儿童读书活动，图书馆和学校图书馆之间的连接与合作是非常重要的。为此，要开展图书馆向学校图书馆成批出借图书、组织图书馆职员参观学校或是学生儿童参观图书馆，开展各类读故事给孩子听等活动，促进少年儿童读书活动的推进。

2. 为推进图书馆之间的连接与合作，各图书馆要实施儿童图书资源共同利用以及协作查询业务。

3. 最后：

· 公民馆图书室要向保育所、儿童馆成批出借图书以及开展各种座谈会；

· 借保健所、保健中心实施的健康诊断之机，图书管理员指导监护人如何去选择书籍，以及介绍读故事给孩子听的方法；

· 通过图书管理员、保健所与保健中心的医护人员、志愿者之间的连接与合作，在向监护人说明读故事给幼儿听的方法的同时，将绘本之类的图书直接递交给监护人，以此来推进图书馆同各类机关部门的连接与合作。

（二）图书馆和大学图书馆的联系与合作

通过大学图书馆向图书馆借出书籍等事项，促进图书馆与大学图书馆之间的连接与合作。

（三）图书馆以及学校图书馆与国际少年儿童图书馆的联系与合作

作为国立国会图书馆分馆设置的国际少年儿童图书馆，通过纳本[①]制度，收集和保存儿童图书及其相关资料，发挥着保存图书的功能。

此外，在以往只向公立图书馆、大学图书馆提供相应支援之外，也决定对学校图书馆提供支援。计划以各类图书馆为对象，借出相关图书以及展览品，通过电子图书馆提供各类儿童书籍相关信息，提供全国图书馆间信息交换的场所，实现图书馆之间的合作，以此来促进图书馆、学校图书馆同世界少年儿童图书馆的连接与合作。

① 根据日本《国立国会图书馆法》，政府机关和民间团体都要向国立国会图书馆交纳规定数量的出版物。

四、启发和宣传相关事宜

（一）推进启发和宣传

1. 在全国范围内进行以少年儿童读书日为中心的启发和宣传

少年儿童读书日定在 4 月 23 日。这是为了加强广大民众对少年儿童读书活动的关注和理解、提高少年儿童积极进行读书活动的热情而设立的节日。

为让符合少年儿童读书日宗旨的工作得到实施，在促进地方公共团体、学校、图书馆与热衷于少年儿童读书活动推进的民间团体等的合作的同时，也通过海报、传单等的制作和分发，推进全国范围内的启发和宣传活动。

2. 收集和提供各种信息

收集少年儿童读书活动的现场情况以及各公共地方团体、学校、图书馆、民间团体等开展的各式各样活动的相关资料。少年儿童读书日的相关信息，为让更多人获得利用，在文部科学省的主页上开设少年儿童读书活动专题，上传活动相关信息。此外，还在相关机构和团体的主页上设置链接，提供广泛的信息，以推进启发和宣传活动。

同时，也期待地方公共团体和民间团体能广泛提供各种信息。

（二）奖励优秀的活动案例

要通过对在少年儿童读书活动的推进中表现优秀的个人及团体给予表彰，进一步提高参与者的热情，丰富活动内容，加强广大民众对少年儿童读书活动的关注与理解。

1. 对于在推进少年儿童读书活动进程中，激发少年儿童读书兴趣或是提高有关人员素质、促进有关机构和团体合作等特色鲜明、效果显著的活动的学校、图书馆、民间团体以及个人，要予以表彰，以此来奖励此类活动。

2. 为激发作家对儿童图书的创作热情，从质和量上丰富儿童图书，要对在儿童文学领域有突出贡献的作家给予表彰，奖励并大力发展此类创作活动。

（三）普及优秀的书籍

《儿童福利法》第八条第 7 项规定，在社会保障审议会之外，设置福利文化分科会[①]，这将有利于儿童福利的出版物作为儿童福利文化财产推举出来。

这类优秀书籍，也有利于地区内的少年儿童读书活动的推进。在图书馆、儿童福利院、视听图书室内分发目录单，在家庭、地区内普及和宣传优秀图书。

第四章　为有计划地推进所采取的必要事项

一、推进体制等

（一）推进体制

本计划的推进过程中，在促进相关行政部门合作的同时，有计划地促进相关机构、地方公共团体以及民间团体间更深层次的合作。

（二）制定地区内少年儿童读书活动推进体制

为在公共地方团体间开展促进连接与合作具体方案的探讨以及相关人员间的信息交换，由学校、图书馆、教委会、民间团体相关人员共同制定综合的推进体制。

（三）制定地方公共团体间的连接与合作体制

为实现地方公共团体间的各种信息的交换，地方公共团体中，依

① 在举行大型会议时，与全体会议相对而言的分专业领域召开的会议。

据都道府县市町村各自职能，促进相互连接、相互合作体制的制定。

特别是，市町村作为与居民切实相关的地方公共团体，发挥着重要的作用。因此，期望能积极推进市町村间的相互连接与合作体制。

（四）促进民间团体间的连接与合作

民间团体拥有各自的特性，因此相互间的连接与合作不仅能丰富各个团体的活动内容，还能作为整体，进一步推进少年儿童读书活动的进行。为此，为促进民间团体的连接与合作，需要在体制的推进上给予支援。

二、财政上的措施

（一）为了本规划中少年儿童读书活动推进政策的顺利实施，国家应切实加强财政措施。

（二）为提供推进少年儿童读书活动自主实施相关措施所需的经费，国家及地方公共团体应根据地区实际情况，努力寻求财政上的必要措施。

（汪　逸译）

文字及印刷品文化振兴法

（2005年7月29日，法律第91号）

目　　的

第一条

文字及印刷品文化乃是继承和发展人类在漫长历史中积淀至今的知识和智慧、培育高尚人文修养乃至发展健全民主主义过程中不可或缺的部分。鉴于此，本法的目的是，在确定文字及印刷品文化振兴事业相关的基本理念、明确国家和地方公共团体职责的同时，通过规定文字及印刷品文化振兴的必要事项，全面推进我国文字及印刷品文化振兴政策的实施，从而为实现智慧理性、精神丰富的国民生活及充满活力的社会生活做出贡献。

定　　义

第二条

本法中“文字及印刷品文化”是指，以运用铅字或其他文字来表达的文章（以下简称“文章”）的阅读和书写为中心的精神活动、出版活动及其他向他人提供文章的活动，以及出版物和通过这些活动产出的文化产品。

基本理念

第三条

1. 推进文字及印刷品文化振兴的措施，必须以营造一个所有国民的自主性得到尊重，终其一生，在地区、学校、家庭及其他场所，不论所在地区、身体条件或其他因素的差异，均能平等享受丰富的文字及印刷品文化的环境为宗旨来进行。

2. 振兴文字及印刷品文化，必须充分考虑到日语是日本文化的基础。

3. 学校教育中，为了使所有国民都能够享受文字及印刷品文化，必须充分重视通过整体的教学课程来培养国民的阅读能力、写作能力及以读写能力为基础的语言相关能力（以下称作“语言能力”）。

国家的职责

第四条

国家具有遵照第三条的基本理念（第五条中称为“基本理念”），综合制定及实施文字及印刷品文化振兴政策的职责。

地方公共团体的职责

第五条

地方公共团体具有遵照基本理念，在与国家协同合作的同时，根据其地区实际情况，制定并实施文字及印刷品文化振兴政策的职责。

强化与相关机构等的合作

第六条

为确保文字及印刷品文化振兴政策顺利实施，国家及地方公共团体应努力加强与图书馆、教育机构及其他相关机构和民间团体之间的合作并进行必要的体制调整。

振兴地方的文字及印刷品文化

第七条

1. 市町村应尽量设立必要数量的公立图书馆，并进行恰当配置，以较好地满足居民对图书馆服务的需求。

2. 为使公立图书馆能为居民提供良好的图书馆服务，国家以及地方公共团体应致力于充实图书管理员等人员配备，在硬件上充实图书馆资料及推进信息化建设，以及采取其他能改善和提高公立图书馆运营的措施。

3. 国家及地方公共团体，应采取必要的措施，来促进大学及其他教育机构的图书馆向公众开放，促进与文字及印刷品文化相关的公开讲座的开设，促进其他对振兴地方文字及印刷品文化有帮助的活动的开展。

4. 前三项规定以外，为了振兴地方文字及印刷品文化，国家及地方公共团体还应尽力采取其他必要措施，如向活动内容有助于文字及印刷品文化振兴的民间团体寻求支持等。

学校教育中语言能力的培养

第八条

1. 为使语言能力于学校教育中得到充分培养，国家及地方公共团体须采取必要措施，以普及有效的教育方法并促进教育方法的改善；与此同时，还应采取培养教职人员、充实教师研修内容以及其他必要措施来提升教职人员的素质。

2. 为了创造一个有助于学校培养语言能力的环境，国家及地方公共团体应采取必要的相关措施，如从充实图书管理员老师及承担学校图书馆相关工作的其他职员等方面完备人员配备、充实学校图书馆馆藏资料以及推进信息化等，以完善硬件条件等。

文字及印刷品文化的国际交流

第九条

为促进我国文字及印刷品文化的海外传播，在尽可能为国民提供多样化的国家文字及印刷品文化的同时，对其文化在我国尚未得到广泛传播的外国出版物，国家应在其日语翻译上予以支持，同时支持将日语出版物翻译成外语。此外，国家还应采取其他必要措施，以促进文字及印刷品文化的国际交流。

学术出版物的普及

第十条

鉴于学术出版物的普及较为困难，国家须采取支持学术研究成果出版的措施以及其他必要措施。

文字及印刷品文化日

第十一条

1. 为加强公众对文字及印刷品文化的关注与理解，国家设立文字及印刷品文化日。

2. 文字及印刷品文化日，定于 10 月 27 日。

3. 国家及地方公共团体，在文字及印刷品文化日当天，应尽力开展符合文化日宗旨的活动。

财政上的措施等

第十二条

为了文字及印刷品文化振兴相关政策顺利实施，国家及地方公共团体应努力寻求财政上的必要措施及其他方面的举措。

附　　则

本法律自公布之日起施行。

（汪　逸译）

以　色　列

国家图书馆法

导言

发源于西亚的以色列地或希伯来地的犹太民族，自公元1世纪开始，就被迫离乡，过着颠沛流离、命运多舛的生活。经过大约2000年的流浪，犹太人和各地居民通婚，并有了一定的融合。他们今天已经拥有多种多样的肤色、面貌、语言、文字和生活习惯，有白种犹太人、黄种犹太人、黑种犹太人，还有印度和拉美其他肤色的犹太人，但他们仍然能够通过统一的宗教来维系单一的民族性，阅读则是维系统一宗教的重要途径。

犹太人的阅读教育始于婴孩时期——父母在孩子刚会说话时就开始教他们读《旧约》，母亲会在翻开的书页上滴上蜜糖，让孩子去亲吻，让阅读的甜味印在孩童幼小的记忆中。根据犹太经典《密西拿》的规定：儿童从6岁开始学习《圣经》，10岁起学习《密西拿》，13岁起学习犹太戒律，15岁学习《革马拉》。早在中世纪，犹太人就几乎消灭了文盲，基本实现了人人拥有阅读能力。[①] 今天的以色列，不仅是经济、军事、科技上的强国，其识字率在中东地区仍然居第一位。

除了一生反复研读《圣经》，《塔木德》是另一部伴随犹太人一生

① 肖宪、张宝昆：《世界上最成功的教育：犹太教育揭秘》，中国工人出版社2005年版。

的书籍。这部经典复杂古奥，是犹太教有关律法条例、传统习俗、祭祀礼仪的论著和注疏的汇集，迄今已经流传3000多年，陪伴着犹太人四处流浪。犹太人的阅读教育萌生于宗教阅读，但又与其不稳定的旅居生活密切相关，当一切身外之物都可能随时被人剥夺之际，唯有通过阅读获取的知识、智慧和祖先的传统是不会被夺走的。也正是这些典籍中的思想，支撑了犹太人的复国行动，以及以色列今天的高速发展。

1948年，以色列宣布独立，散居在世界各地的犹太人纷纷回到故园。为了让更多的犹太人回归，以色列采取了宽松的移民政策，2014年，以色列的国民从建国初的65万余人已经升至813万，其中犹太人族群611万人。新移民受到其原有居住地的影响，不仅在民族性上有不同程度的缺失和异化，在教育文化水平上也存在极大差异。据统计，1992年，东方犹太人平均受教育年限比西方犹太人受教育年限少2.6年，接受高等教育的比率低30.3%；[①] 同时，新移民们还存在着语言文字的差异和差距，这无疑会对社会的公平、国家的安定和国民的认同产生巨大影响。为了迅速消解文化差异和差距所带来的社会矛盾和问题，以色列政府出台了一系列法律法规，确保新移民尤其是未成年人能够通过教育等方式尽快弥补知识的不足，加快文化的共融。在以色列国民教育和国家文化发展中，阅读再次发挥了无与伦比的重要作用。

联合国教科文组织1988年的一次调查表明，以犹太人为主的以色列，每个村镇都有布置典雅、藏书甚丰的图书馆和阅览室，全国的公共图书馆和大学图书馆有1000多座，平均每4500人就有一座图

① 吴雨：《以色列移民儿童教育管理经验及启示》，载《郑州师范教育》，2014年第2期。

书馆。以色列当时人口约 500 万，办有借书证的就有 100 万，占全国总人口的五分之一。在周五日落到周六日落的安息日中，以色列犹太人全部需要停工停业、停止娱乐和交往活动，专心在家祈祷，只有一件事情是特许的——读书和买书，大大小小的书店都敞开着门营业，前来阅读的人们川流不息。[1]

犹太人在对典籍的不断研读中继承、创新，悠久的阅读传统“优化”了这个民族的基因。犹太人人口约有 1600 万，占世界总人口量不到 0.25%，但犹太人却获得了全球 27% 的诺贝尔奖及大量科学、文化领域的世界知名奖项，诺贝尔奖获得率是全球平均水平的 108 倍，远高于其他民族，并诞生了爱因斯坦、马克思、冯·诺伊曼、弗洛伊德、贝多芬、毕加索、海涅等伟大的天才人物。鉴于此，本书收录以色列图书馆法规，以帮助我们理解犹太民族对读书的深厚情怀。周虽旧邦，其命维新，中华民族同样拥有跨越千年的阅读传统，许多典籍已经深深浸透到民族的品格和行为之中，希望犹太民族的阅读文化给予我们更多思路，让我们在阅读中进一步激活中华民族身上那生生不息、光辉灿烂的所有元素。

（张文彦）

① 李元卿：《酷爱读书的犹太人》，2005年7月1日《光明日报》。

国家图书馆法

（2007）

立法目的

本法目的在于确立以色列国家图书馆（以下简称“图书馆”）的建置，界定其目标和角色，规范其活动，促进其发展，以实现所设目标。

立馆目标

图书馆目标在于收集、保存、拓展、资助人类，尤其是犹太民族和以色列国的知识、遗产和文化。

角　色

1. 收集、保存、拓展以色列和其他国家的知识、遗产和文化，扩展并丰富本馆馆藏。

2. 使图书馆馆藏能为以色列和他国公众合理使用，并借助先进技术手段。

3. 根据立馆目标，在某些专业领域充当以色列主要的研究性图书馆；在人文学科，尤其是犹太研究以及中东和伊斯兰文化研究领域充当主要的研究性图书馆。

4. 以自有馆藏和外借馆藏为公众举办长期展览和临时展览。

5. 为全体公众或部分公众开展文化、文学和教育活动，包括在教育机构中开展活动。

6. 在适当情形下并符合立馆目标时，在自身专业领域，包括高等教育机构图书馆、以色列其他公共图书馆以及国外犹太社区图书馆的管理方面，提供专业意见。

7. 与其他国家的国家图书馆、公共图书馆以及文化和教育机构保持专业联系。

8. 承担立馆目标所要求的其他角色。

设馆地点

图书馆应位于耶路撒冷。

国家图书馆公司

为实现目标、履行角色，将成立国家图书馆公司（以下简称“公司”）来运营本馆。公司为公益性（非营利）。

独　立　性

公司将独立运营，在公司章程、预算和本法规定的框架内发挥作用。

1. 公司股份按以下方式分配：

（1）以色列国（以下简称“国家”）持原始注册资本 50% 股份；

（2）希伯来大学持原始注册资本 25% 股份；

（3）国家和希伯来大学一致同意的全国性机构或其他公共机构持原始注册资本 25% 股份。

2. 符合以下条件，股东可以向全国性机构或其他公共机构转让股份，董事会可向受让方发放股份：

（1）国家和希伯来大学同意该转让和发放行为；

（2）转让和发放后，国家仍持有公司最大股份；

（3）公司股东大会在征求国家图书馆委员会（以下简称“委员会”）意见后，决定增加注册资本（适用于发放股份）。

股东权利和股东大会权力

1. 除增加注册资本，股东无权任命董事或在股东大会上投票。

2. 委员会将充当公司股东大会，并任命董事。

3. 委员会委员享有股东大会所有投票权，及《公司法》赋予股东的所有其他权利。为实现前述目标，每位委员将被视为拥有公司1/14的股份和投票权。

委　员　会

委员会由14名委员组成，包括：

1. 以色列科学与人文学院（以下简称“学院”）院长，担任委员会主席；

2. 希伯来大学校长；

3. 一名政府高级公务人员，在图书馆运营某一领域有专长，由教育部部长任命；

4. 一名公众人物，作为海外犹太人代表，由以色列犹太事务局任命；

5. 希伯来大学一名高级人员，在犹太人研究方面有专长，由希伯来大学校长任命；

6. 其他委员包括在图书馆运营某领域有专长者，由诸委员会（如高等教育委员会、公共图书馆委员会、博物馆委员会）任命；作家，包括一名新移民和一名阿拉伯人、一名德鲁兹教派穆斯林或一名切尔卡西亚人，由教育部长任命。

委员会每年应至少召集两次。

董　事　会

董事会任命公司总经理，并且根据总经理的意见，可任命一名学术主管，规定其职责。

馆藏开放

1. 经与学术主管（若已任命）磋商，并取得董事会同意，总经理得制定规则，本着平等原则，向公众恰当、合理地开放馆藏。

2. 制定规则时，总经理得根据读者的不同需求，决定不同规则的适用对象。

3. 上述规则，只有代表不同读者人群的团体向总经理陈述观点后，方可制定。

运行阶段和附属机构

1. 自 2008 年 1 月 1 日（“开始日期”）起的三年时间（“运行阶段”），图书馆由希伯来大学一个附属机构（以下简称“附属机构”）运行。

2. 附属机构应自开始日期起 6 个月内成立，机构名称为“国家图书馆”。

3. 所有权和 / 或馆藏及资产使用权从犹太人国家与大学图书馆

向附属机构和公司移交的方式和期限，由希伯来大学和附属机构依据本法的规定和目标所达成的一致意见决定。

4. 运行阶段末期，希伯来大学和国家应就公司《联合章程》（以下简称“章程”）条款达成一致。希伯来大学应采取所有必要措施，确保章程在运行阶段结束时生效。

5. 运行阶段结束前6个月，希伯来大学校长、以色列科学与人文学院院长、教育部部长应敦促各任命者任命委员会委员，并在运行阶段末期成立第一届委员会。若运行阶段结束时，已有三分之一以上委员得到任命，委员会将在此时履行职责。

6. 运行阶段结束后，图书馆将由公司运营。

（伊 哲译）

印　　度

全国图书推广政策

导言

印度是世界人口数量排名第二的多种族、多宗教信仰大国，也是世界上经济发展最快的国家之一。作为文明古国，印度有着令人称道的悠久阅读传统，这催生了庞大的出版市场。据印度国家图书托拉斯 (National Book Trust) 2006 年的统计，印度每年出版 2.5 万种英语类图书，是世界第三大英语图书出版国，此外还有 4.5 万种用其他 20 多种印度语言书写的图书，受过高等教育的年轻人是读者的主体。

但是，由于社会发展不平衡状况突出，人民生活水平两极分化严重，有相当一部分城市和农村的贫困群体缺乏阅读资源，甚至没有阅读能力——印度的文盲数量依然庞大。2014 年 1 月，联合国教科文组织发布的《全民教育全球监测报告 2013—2014》显示，印度的文盲率从 2001 年的 35% 已下降到 26%，文盲人口数量从 3 亿下降到 2.7 亿。目前，政府制定了目标，要在 2020 年前把文盲率降低到 5%。为了提高国民整体素质，印度一边持续推行“识字工程”、国家扫盲运动，一边致力于加强阅读公共服务水平，在全国范围内推行信息素养能力发展计划、移动图书馆计划、公共图书馆计划、乡村图书馆计划、上门书箱计划等，并将广大农村地区作为工作重点而推进。

印度的主要国家阅读推广机构有印度儿童文学国家中心、国家图书推广委员会、国家图书托拉斯等。儿童文学国家中心采取了很多措施在公众中推广阅读习惯，其中一个重要措施就是组织图书交易会，包括第14届新德里世界国际书展。国家图书推广委员会则是由政府1997年12月重建的国家图书发展委员会改名而来，该委员会提供了一个讨论阅读推广相关问题的论坛。[①] 国家图书托拉斯的建立是为了鼓励和促进文学创作，举办图书博览会、图书展览和研讨会，培养国民阅读兴趣。

印度城市和农村的阅读设施严重不平衡，基础阅读设施尤为匮乏。一份资料显示，印度的州立图书馆覆盖率为80%，社区图书馆覆盖率为76%，街区图书馆覆盖率为12.5%，而农村图书室覆盖率只有4.9%。2005年，印度总统卡拉姆在新德里图书博览会上宣布政府计划在全国范围内建立提供电脑网络和书籍的“农村知识中心”，该计划于2007年启动。[②] 印度的信息技术产业虽然举世闻名，但数字化阅读的使用同样存在不平衡的情况，为此，应用各种新技术促进阅读也成为印度政府的重要措施。2004年，印度发射了一颗专门以教学服务为目的的卫星，该卫星可以覆盖偏远地区和所有的学校，有助于加快印度知识的传播，推动国民利用新科技进行数字化阅读。

印度的阅读推广任重而道远，这份由印度高等教育部、人力资源部等部门2011年制定的《全国图书推广政策》，充分体现、凝结了该

---

① 张春丽、金岳晴：《EDUSAT对印度阅读推广事业产生的影响》，载《四川图书馆学报》，2013年第1期。

② 裴永刚：《印度阅读推广状况、评析及启示》，载《图书馆工作与研究》，2014年第7期。

国多年来推广阅读的经验。它以“促进社会所有人群的读书活动，让丰富的图书随手可得，让生活在全国各处，包括最遥远角落的人们都有书可读”为目标，在加强写作、图书出版与发行、举办阅读活动等传统图书推广工作基础上强调对新技术的充分应用，希望能够将印度建设为阅读型社会、学习型社会。

同样是文明古国，同样是发展中国家，又同样拥有庞大的人口和广大的农村地区——我国与印度阅读推广工作有着许多相似的前提，也有着许多类似的推广难点和重点。该政策从出台至今已有四年，希望有关研究者们能够详细考察其政策推行的得与失，为我国的阅读推广工作提供更多可资借鉴的经验。

（张文彦）

全国图书推广政策

一、引言

前言

图书是信息、知识、智慧和快乐的长久源泉。因此，它们是文明社会不可或缺的组成部分。

图书种类繁多，主题各异，对在这些主题上利益攸关或兴趣所系者来说，图书大有用处。事实上，对所有类别的读者，包括学生、专家、高级工、科学家、企业主管、艺术和文学爱好者等等，都有大量图书供其阅读。所有社会阶层、所有年龄段的读者都有阅读的权利。《全国图书推广政策》所着眼的，是所有读者的需求。当然，儿童图书尤为重要。童书不仅照亮了孩子们的人生，也塑造着社会的未来。

《全国图书推广政策》的目标，在于促进社会所有人群的读书活动，让丰富的图书随手可得，让生活在全国各处，包括最遥远角落的人们都有书可读。《全国图书推广政策》深知技术的优势，深知它们对图书的影响。该政策努力将新技术的用途发挥到极致，同时又保留图书出版和发行活动所具有的历经时间检验的力量。《全国图书推广政策》预示着一个阅读和学习的新纪元。它提出了图书推广的具体措施，以为我们的社会提供长久的支撑和快乐。

愿景

《全国图书推广政策》的愿景是：

· 使我们的社会成为知识社会，充满着一种由读书带来的意识，吸收书中蕴含的积极观念。让读书使人生变得有意义，具有目标感；

· 建立一个社会，在此社会中，生活在所有地方的每个人都有书可读、读得进去。

任务

《全国图书推广政策》的任务是：

· 在所有年龄段的人群中培养阅读习惯，努力成为阅读型社会、学习型社会。图书是实现这一目标的最好途径；

· 激励和促进优秀的写作、丰富的出版，让全国所有读者都能读到这些图书。

目标

《全国图书推广政策》的目标是：

· 确保在所有主题上有更多、更好的作品创作出来。促进和鼓励作者写出一流的手稿。对于有天赋、有能力的作者，将给予更多的便利和应有的认可。将努力确保作者得其所应得，保护他们的权利；

· 将鼓励出版商更为专业地开展出版工作。他们的成功有赖于出色的规划和运营能力。在那些与读者和社会利益攸关的大型出版项目上，将给予出版商必要的指导和帮助。将尽一切可能，帮助出版商获得最新的知识和技能，实现图书生产和出版的现代化。如果出版商提出要求，还将向他们在定价策略以及与作者和主管部门的关系方面提供建议。将提请相关主管部门将邮费降至合理水平、取消或降低关税，以鼓励全国范围内以及跨国的图书贸易；

· 使图书销售商和发行商发挥关键作用，触及全国所有各处读者。他们将获得必要的信息和指导。在书展文化和在线获取图书之外，还要努力在读者当中培养书店文化；

· 图书馆运动将指向图书推广活动的目标。每座图书馆都将成为一个节点，宣传图书事业，让人们感受到图书的无处不在；

·《全国图书推广政策》乐见电子书、电子图书馆、在线图书等新技术的快速进步，在当今世界，这些技术变得至关重要。该政策将努力确保用新技术创造出各种机会，来覆盖遥远地区的读者、残障读者以及通过常规方式无法触及的所有读者；

·《全国图书推广政策》将确保通过细致规划的全国运动，在全国所有人群，尤其是儿童、青年、女性、学生和残障读者中培养阅读习惯。

背景

1967 年，人力资源发展部设立了国家图书发展委员会（National Book Development Board），着眼于国家的整体需求，规定图书业发展的指导原则。1983 年 9 月，新机构国家图书推广委员会（National Book Development Council）成立。自此以后，该委员会不时地进行过重组。

1986 年《全国教育政策》（1992 年修订）在其他内容之外，建议降低图书价格、保护作者利益、对现有图书馆进行升级。政府深知出版业在全球化和自由化的经济体系中所面临的问题。技术进步、电脑的普及、无处不在的复印机、互联网的扩张，再加上颠覆性的电子设备，大大增加了图书盗版的可能。这一现象不仅引起版权问题，而且导致读者前往图书馆的频率大大减少。中小学和大学层面私人教育机构的增加、国外教育机构的进入，突显了教材类图书的巨大市场，对教材不断增长的需求引发了出版社数量的激增，也迫切要求有一项《全国图书推广政策》。

2008 年 9 月，印度政府决定重启之前的国家图书推广委员会，促进关于图书推广所有主要方面的观点的交流，包括图书写作，图书生产，出版和发行，定价，版权，阅读习惯，社会不同部门、不同年龄段的人群获得图书的机会，以及印度图书的总体质量和内容等。

2009 年 9 月 25 日，国家图书推广委员会召开第一次会议，由人力资源发展部名誉部长主持。会议强调，政府必须采取必要措施来促进阅读习惯、鼓励优质出版、引导图书贸易，在全国尤其是农村地区复兴图书馆运动。为应对 21 世纪的挑战，需要有一项《全国图书推广政策》。经过慎重考虑，决定成立一个由 12 人组成的任务小组来起草《全国图书推广政策》。

按照国家图书推广委员会 2009 年 9 月 25 日第一次会议的决定，高等教育部成立了任务小组来起草《全国图书推广政策》；起草工作于 2010 年 2 月 5 日启动，由印度作者联合会会长什里·迪内希·米斯拉牵头负责。

任务小组在多次会议之后起草了《全国图书推广政策》草案，2011 年 1 月，草案传阅至所有邦的政府，印度政府各部，高等教育中央机构，作者、出版商、图书销售商联盟 / 协会，征求意见和评价。草案同时还放到了高等教育部的网站（www.education.nic.in）上，征集公众意见。此后，在考虑和总结来自不同方面的部分意见和评论的基础上，《全国图书推广政策》的最终草案于 2011 年 6 月 7 日呈至中央教育顾问委员会（Central Advisory Board of Education）第58次会议。《全国图书推广政策》所提出的动议受到广泛赞赏，并得到了中央教育顾问委员会的同意。委员们认为，此政策的实施将大大唤起国民，尤其是儿童和青年对图书的兴趣。

二、图书写作

说到图书推广，图书的写作最为重要。书要得到推广，必须写得出色、编得妥当。在印度这样的民主国家，每个公民都可以根据个人意愿自由写作或编辑图书。但是，这项自由也伴随着责任。没有哪个民主国家的当局会去干涉言论自由。但是，必须有某种方式或机制来确保这项自由不会变成鼓动反人类、反国家或反社会思想的通行证。有多种方法可加以讨论和作为提议，但最好的一种是写作界或出版商组织的某种自我约束。对于童书以及青少年读物来说，这几乎是不可避免的。

书的写作有各种目的，有不同的目标读者：儿童、青少年、残障人士、学生、专家、文化程度不高者以及其他各类人群。一本写得出色的书，最基本的一点是要有可读性。好书就是翻开的时候怀着期待，掩卷的时候受益匪浅。

作者们大大影响着社会的意识和福祉。他们是知识、快乐和智慧的先驱。他们的话影响深远，塑造着读者的思想。作者们的观念层层传递，为社会带来积极改变。我们深刻认识到作者们扮演的角色所具有的重要意义。

然而，作者们面临着许多问题。写出一部优秀的手稿需要付出许多心力，审慎成文。为手稿寻找合适的出版商也并非易事。此外，对许多作者来说，能否拿到适当的稿酬已经成了心病。作者和出版商的关系需要认真对待，以帮助图书行业的这两个重要主体形成愉悦而公平的关系。作者应该拿到应得的稿酬，他/她的权利应该得到充分保护。出版商也应该能从出版活动中得到合理的利润。对于作者和出版商之间出现的分歧和冲突，应该有一个解决之道。两者分歧的妥善解决将使图书行业受益，也会对图书推广项目大有裨益。

为理解和分析为不同读者群体写作所面临的问题和挑战，已有人提议在所有层面——国家、邦、地区——组织多场研讨会。这些研讨会将探讨实现优秀写作的途径和保护作者权利的方式。研讨会将创造一种新的充满信心、希望和互信的气氛，它将发挥作用，为读者和社会带来好处。为不同种类图书，尤其是童书作者举行的研讨会，将缜密规划、富有创意地引导，以获得最佳效果。对于童书和青少年读物的写作，将慎而又慎。还将为儿童作者举办一些研讨会。将鼓励少年儿童创造性地写作，由专家给他们提供指导。中小学校将获得指导和帮助，激励年少的学生创作诗、故事和剧本等。将努力促成作者组织和出版商组织之间的合作，以使项目获得成功，让所有相关各方满意。

翻译是时下之需。对印度这样的多语种国家来说，翻译至关重要。将鼓励把印度图书以及国外图书译成地方语言（反之亦然），并将不时组织关于翻译的特别研讨会。

《全国图书推广政策》鼓励作者和出版商在图书出版前签订适当的合同。出版商应该在规定的时间周期内定期支付版税，并且附上已售和未售图书的印数说明。计划重印或改版前，须事先告知作者。

对于书稿的交付、接受或退稿，以及计划出版时间，也应该有适当的规范。此种关系应完全透明。为了实现印度图书推广的终极目标，《全国图书推广政策》期待着在未来作者和出版商之间实现和谐的合作关系。

图书推广的一个重要方面关系到有视力障碍及其他身体障碍的读者。受教育是所有公民的基本权利。在信息社会，知识和信息的获取对确保所有人——包括视力及身体其他方面有障碍的读者——以适当的形式获得图书和阅读材料至关重要。

可能会在特教机构，如德拉敦的盲童学校和德里的痉挛麻痹患儿学校，设立一个"特别部门"，出版这些儿童需要的图书。类似地，所有公立中小学，公款补助的中小学、大学 / 学院及其图书馆，都会有一个"特别部门"，以各种形式来满足有视力障碍及其他身体障碍的读者的阅读需求。此外，还将确保所有邦和地区的公共图书馆有"特别部门"来满足有视力障碍及其他身体障碍的读者的阅读需求。在图书之外，还将通过技术和有效的软件来帮助残障人士获得信息和阅读材料。

《全国图书推广政策》大力支持为残障读者提供图书和阅读材料。技术为触及这些特别读者提供了新的途径。许多作者和信息技术专家将参与到图书推广项目的这一部分，以确保根据残障读者的喜好，提供丰富、优秀的盲文书、"有声书"及其他形式的读物。

印度国家图书托拉斯早已开始为有视力障碍的读者出版盲文书。针对这部分人群的更多、更好的图书，需要精细地筹备和出版。所有主流读者能读到的图书，残障读者也应该能够读到。

三、图书出版

出版商是作者和读者之间的关键纽带。当然，出版是一项职业，它投入金钱、时间和精力来推出图书，满足社会的需求。出版商自然希望自己的努力有可观的回报。不仅如此，出版业还充满挑战，有它自己的难题。纸张成本、高昂的邮费、销售渠道的匮乏、管理上的难点，这些因素有时会挫伤一个奋发有为的出版社的热情。但是今天，局面对出版商正变得有利。政府愿意推动与出版相关的事务，社会已经意识到出版商的卓越贡献，而读者正在以更大的热情期待着他们新的出版物。从某种角度来看，出版行业几乎正处在一个理想的状态来自我革新，满足社会巨大的阅读需求并从中获利。

出版商也需要自我反省，在认识到自己的重要性和实力的同时，发觉自己的不足，以务实的目标和自信规划未来。他们需要以专业能力去厘清职业、财政和管理上的难题。他们需要与作者实现公平、健康的关系。

《全国图书推广政策》将筹备研讨会，让出版商讨论他们的计划、难处、图书生产、电子图书、在线出版以及其他创新观念。

《全国图书推广政策》打算研究和弄清出版商面临的各种问题，看看如何缓解局面。出版商对购书招标的反对可以理解，会有公告发布来取消这一不当做法。纸张成本上涨和邮费高昂问题也将得到研究，意见会反馈给相关主管机构。在向图书馆和研究机构批准拨款时，主管机构应定下指导意见，要求一定比例的拨款用于购书——尤其是印度作者和出版商的图书，其余拨款用于基础设施和人员薪酬。

机构方面的问题，如过度延期付款、延期处理审批备忘，将通过向所有图书馆和研究机构发布一份公告来加以应对。

有必要收集关于出版商和图书的权威统计，目前为止，数据并不清晰。将鼓励出版商通过国际标准书号来登记，登记过程将受到监督，以剔除假冒出版商。

这样做不是要规制出版业，而是要找到途径来确保图书内容和生产的质量。对于优秀的图书、作者和出版商，将给予奖励。

《全国图书推广政策》推荐自治机构印度儿童文学协会在全国范围内生产、推广、宣传童书，这是一项艰巨的任务。

教材出版将得到应有的重视和强调，确保充沛、及时、无瑕的教材出版，让学生们在需要时能拿到名副其实的教材。将联合国家教育研究与培训委员会、国家教材出版公司、英迪拉·甘地国立开放大学及相关出版商制定关于教材的一揽子规划。

出版商们对国外出版商和外商直接投资在此行业的角色怀有忧虑。此问题将提交给相关主管机构。

在出版领域，将探索公私合作的可能性，以为读者和社会带来最大利益。

在“廉价图书”问题上，《全国图书推广政策》将会兼顾出版商和读者的利益。

进口廉价图书者将被识别出来，其活动也将受到密切关注。所有廉价图书都将钤印，与其他图书区别开来。将制定严格的指导原则，任何违犯者都将受到严惩。

无法获得财政支持一直是印度出版社面临的问题。长期以来，印度的出版行业一直要求得到产业待遇。一旦得到，就有可能帮助出版商以恰当的利率获得机构贷款。授予图书出版产业待遇的问题将会提交给商业与产业部。

还将与商业部商谈，将纸张成本降到合理水平。

目前为止，图书推广的一个主要困难一直在于使图书能够通过邮件预订送达全国范围内的个人购书者以及家庭图书馆或图书俱乐部运动的读者会员。这项运动在印度方兴未艾。图书流通和图书馆俱乐部运动扩张的主要约束因素，在于邮费的不断上涨。将与邮政当局商谈，为图书派送邮件提供最优惠的邮费。

印度出版管理及技术学院各机构将考虑授予出版科学 / 出版研究、儿童文学、编辑研究、图书设计、展览设计、电子出版、在线营销等领域的文凭、课程证书，培养相关工商管理硕士，在出版领域定期进行研究、调查和培训，以培养有能力的出版企业家。

四、图书发行

将促进优秀图书的大量写作和出版。身处全国不同角落的无数读者正期待着这些图书。把出版商和读者之间的这道鸿沟连接起来的，是发行系统，是大量的图书销售商和高效的网上渠道。销售商付出大量精力来选书，把书从出版商的仓库运到书店，展示并输送给读者。图书的网上展示需要艰辛的努力和高效的工作。它们为图书行业和图书事业提供了巨大的便利。世界正在快速变革，旧的体系和模式正在随着时间变化。需要有一个遍布全国的高效销售商网络，来确保所有地方的热切读者拿到想要的图书。《全国图书推广政策》将积极主动地了解销售商面临的困难，努力解决。

将举办专门的研讨会，不仅讨论销售商面临的问题，还将帮助他们跟上图书行业的最新趋势和技术创新。

《全国图书推广政策》将采取措施鼓励书店的增加，使书店文化随书展文化和图书在线搜索并肩发展。

《全国图书推广政策》强烈建议，在所有商业社区，不论私人经营还是政府开设，都强制性地为书店、图书馆或阅览室留有空间。将成立一个特别部门列出综合性的书单，推荐给公共图书馆。书单将定期进行更新和散发。印度政府可能会发起一项计划，为配套基础拨款，使各邦政府能在下一个规划期内，在所有地区设立数座乡村图书馆。相关主管机构将规定指导原则，要求拨款的一定比例用于购买图书，尤其是印度作者和出版商的图书，其中的25%将用于购买童书。

建议中央政府在与各邦政府、地方团体、出版界、非政府组织和其他相关方面进行适当的磋商后，采取以下行动：

1. 在中央政府的所有主要的乡村发展、雇用、健康、教育项目中引入读书元素；

2. 在每座图书馆设立童书专属区域；

3. 在每座图书馆设立残障读者专属区域；

4. 设立全国图书参展商与书展管理局，以便管理日益频繁的书市和书展活动。全国的流动书展也会受到管理，在印度每个地区运行至少一辆流动展览车。它也会推广村务委员会层级的书展概念；

5. 设立国家图书推广协会（State Book Promotion Council）来负责图书推广活动，在所有邦的首府设立图书出版及推广中心。国家图书推广协会的设立是实施图书推广政策的重要一步。印度是一个多语种国家，这就要求在国家层面设立此类协会，以在国家层面协调和鼓励图书推广活动的方方面面。图书出版及推广中心的目标是建设大型出版基础设施，帮助塑造出版文化；中心将拥有许多书店，书展设施，图书出版、生产、营销培训中心，印刷基础设施等；中心还将特别致力于促进语言类图书出版以及国家层面的版权交易。所有这些中心将彼此联络，共享诸邦图书出版及推广的信息。会向公共住宅提供激励，鼓励它们肩负起创立此类中心的责任。

图书的出口和进口由商业部通过印度化工产品出口促进会来提供支持。目前，暂无对印度图书出口商的现金补贴。印度作者图书的出口商参加国际书展却拿不到任何补助，应该给予他们激励。

《全国图书推广政策》期待着文化关系委员会在输出印度作者和出版商的图书方面发挥更大、更有效的作用。将会与文化关系委员会进行磋商，建议所有重要的使馆陈列一套已成经典的印度图书。《全国图书推广政策》将提出书单供文化关系委员会考虑。将要求文化关系委员会组织印度作家与外国作家的交流互动，地点或在印度国内或在其他国家。曾有建议，请人力资源发展部与大学拨款委员会以及国立教育规划与管理大学共同创设一项计划，确保每季度由全球出版商发送一份预售书单，这些书在未来三个月中可由国家图书馆、邦图书馆、大学图书馆、全国学习研究院图书馆等购入。上述部门可以审查提供给它们的图书书目，筛选出值得引进的书单，再由图书馆根据自己的需要和资源从中选购。这样的书单可被看作图书进口商的进口依据，以一定的册数引进其中的部分或全部品种，具体册数可由中央政府规定。

五、读书习惯

图书推广完全依赖于我国国民的读书习惯。只有存在大量渴望阅读的读者，才会塑造最优秀的作者和出版商。一个幸福、文明社会的关键标志就在于几乎每个人都有兴趣阅读。这种兴趣会转变成固定的阅读习惯，成为生活方式的一部分。

《全国图书推广政策》将尽最大努力使国民懂得阅读的重要性，帮助他们养成固定的阅读习惯。儿童将是关注的重点，他们是社会的未来。他们今天读什么书影响着他们的人生，也决定着国家的命运。

将在国家科学中心、铁路博物馆等处以及所有邦首府的类似儿童中心设立儿童图书中心。这些中心不仅能提供适于阅读的环境，还将使这些组织本身更受欢迎。儿童图书中心的主管将与中心所在的机构密切合作。

《全国图书推广政策》将寻求中小学校长和教师的配合，以使少年学生成长为聪慧的读者。也将在女性身上培养读书习惯，她们对整个家庭有着积极的影响。将鼓励专业人士进行更多阅读，以提高自身的水准和能力。

这是一项艰巨的任务——这就是《全国图书推广政策》决定以全部的力量和资源来迎接这项挑战的原因。将最大程度地利用媒体，包括平面媒体和电子媒介，来宣传阅读习惯的培养。

将在所有层面举办大量研讨会，深远而广泛地传播读书习惯方面的信息。

将实施一项图书优惠计划，向读者提供诱人的折扣，鼓励阅读习惯并增加图书销售。将鼓励儿童向图书馆捐一本书或者向其他儿童赠一本书。例如，一名八年级的学生可以向即将升入七年级的学生赠送一本教材。如果有大量儿童开始每人捐一本书，将为图书的分享和图书推广活动创造良好的氛围。

全国图书行业调查能显示国民的阅读习惯，它对图书发展规划和图书推广活动都很必要。在全国乡村和城市青年中进行的“全国青年读者调查”颇为详细，内容包括读者状况、模式、趋势、态度及可能性。这项调查收集到的信息涉及读者层的状况，跨越各种年龄群体、性别群体、社会经济群体、地区和语言。这些数据让我们得以了解阅读习惯、阅读频率、对某类图书和杂志的偏好以及不同群体在偏好上的差别。2010 年，国家应用经济研究委员会为全国图书托拉斯所做的全国青年读者调查在此方面非常有用。

六、图书馆运动

图书馆对于培养阅读习惯具有核心作用。在书价高企的今天，读者并非总能购买自己想要的图书。图书馆提供了令人愉悦的替代方式，它是所有各类好书的宝藏，读者可以在闲暇时间到这里如饥似渴地阅读，享受被书环抱的愉快氛围。《全国图书推广政策》计划最大限度地利用现有的图书馆进行图书推广活动，努力使图书馆运动进入新的活跃阶段，让图书馆成为促进阅读习惯进而实现更广泛的图书推广目标的节点。

《全国图书推广政策》深知，图书馆工作人员面临着许多问题和困境，他们的角色和责任没有得到恰当的认知。《全国图书推广政策》将研究、理解图书馆服务的主流状况，积极利用工作人员的知识和能力来促进阅读习惯，尤其是年轻一代的阅读习惯。

应在全国所有幼儿园、小学建立图书馆。所有邦应该有图书馆方面的立法。乡村图书馆需要通过给予支持和实现现代化来得到加强。应该在全国所有层面——地区、乡、街区、村构建紧密的学术图书馆和公共图书馆网络。所有图书馆都应该有馆藏丰富、激发兴趣的童书区域,残障人士也应该有专属区域。

建议举办图书馆员研讨会,让他们探讨图书馆能以何种方式为社会更有效地做出贡献。图书馆可以组织假期读书俱乐部。除了为读者提供在线图书服务外,还将为偏远和分散的地区安排流动图书馆。将同图书馆员培训机构磋商,使所有图书馆员有义务学会如何管理儿童图书馆或图书馆里的儿童区,学会如何通过愉快的活动激励低龄读者。

全国书目是图书馆活动的一个重要主题。此书目要想妥善列出,必须忠实执行 1954 年《图书和报纸送缴(公共图书馆)法案》。我们知道,加尔各答的拉贾·雷蒙胡恩·罗伊图书馆基金会已开始研究这个问题。我们向他们提出如下建议:

1. 鉴于出版商所承担的邮费节节攀升,按 1954 年《图书和报纸送缴(公共图书馆)法案》向国家图书馆免费提交图书时,其邮费应由接收样书的图书馆全额承担;

2. 应该修订 1954 年《图书和报纸送缴(公共图书馆)法案》,减少出版商免费送缴每种新书的册数。

信息图书馆网络中心(分享图书馆及信息资源和服务的大学校际中心)以及图书馆发展网络(一家私人组织),都应该参与图书馆运动的现代化进程。

七、新技术

技术正在人类活动的所有领域突飞猛进,图书出版也不例外。

电子图书和在线图书的出现，为图书行业带来了一场革命。现在，只需按下电脑上的一个键，我们就能轻松、快捷地读到一本书。这是一项惊人的进展，为读者带来极大便利。自然而然地，出版商们已经采取适当的步骤为读者提供在线图书。看到大量读者购买在线图书，他们既惊讶又高兴。

数字图书馆越来越受读者欢迎，它们能让读者从海量的馆藏中轻松找到任何想要的图书。在线业务现在占有出版业相当的市场份额，数字图书馆对读者来说已经变得非常有用。

出版商必须了解新技术，最大限度地利用它们的长处。

《全国图书推广政策》将举办一系列的研讨会，促进出版领域对技术进步的认识，使相关出版商和读者大众受益。技术进步是持续不断的，将会制定战略以跟上最新的技术发展。

将为印度图书创建一个涵盖所有地区语种的网站，并将寻求活跃在此领域的其他组织的合作或协作。

八、构建网络

《全国图书推广政策》预期此项目规模将极为庞大，没有任何一家单一的机构、部门或组织能独自完成。因此，《全国图书推广政策》将寻求许多机构、部门和组织的合作和协作，以确保项目获得成功。为了完成这个光荣的任务，根据建议，将充分利用以下大型网络体系：图书馆、中小学、图书俱乐部、非政府组织、居民协会、潘查亚特制度研究院、邮局、铁路、作者组织、图书销售商组织、儿童福利组织、妇女福利组织、残障人士组织。

将与这些机构、部门和组织举行一系列会议，邀请它们在全国图书推广活动中给予合作或协作。

九、监督与改进

《全国图书推广政策》并非骤来骤去。图书推广活动将会长期延续，其进展需要妥当、持续的监督以发现问题和障碍，进而逐项解决或总体完善。

对图书推广活动的定期监督还有另一项益处：问题和困难将得到探讨，解决它们的新方式也会得到尝试。这必然会使我们的方法体系和驾驭图书推广这项大众活动的能力得到改进。

将成立一个全国性机构来监督项目的实施及其定期评估。此全国性机构将有一个常设的秘书处和角色定位，一直发挥作用直至被重组或取代。它将定期与所有的邦图书推广协会和中央教育顾问委员会协作。

（伊　哲译）

西　班　牙

阅读、图书和图书馆法

导言

将4月23日设为“世界读书日”（世界图书与版权日）的灵感来自西班牙的一个传统节日:圣乔治节。圣乔治节源于西班牙加泰罗尼亚地区的一个浪漫传说:恶龙抢走了公主,勇士乔治战胜恶龙解救了公主,美丽的公主赠给乔治一本书,从此书就成为人们心目中胆识和力量的象征。人们开始在每年4月23日庆祝圣乔治节,在这个节日里,女子会送给心上人一本书,而男子则回赠一朵玫瑰。今天,每年4月23日的西班牙,书会打折销售,玫瑰却会涨价。1995年,国际出版商协会提出“世界读书日”的设想,并由西班牙政府将方案提交联合国教科文组织,后者于是正式确定每年4月23日为“世界图书与版权日”。这一天,也是西班牙伟大作家塞万提斯的忌日。

2001年,联合国教科文组织又在“世界读书日”的框架下发起了“世界图书之都计划”,西班牙首都马德里当仁不让地成为首届“世界图书之都”。这一天,除了玫瑰和书籍,西班牙还会举办大量阅读活动,人们纷纷走上街头,在书店中徜徉,直到华灯溢彩。

位于欧洲与非洲交界的欧洲传统强国西班牙,凭借与拉丁美洲的密切联系与欧盟成员国的身份，其出版业的国际化水平一直很高，总体实力位居世界第五、欧洲第三。2009 年，该国共出版图书 74 521 种、18 384 万册，国内的图书销售点多达 4 万余个，2008 年国内图书销售额达到 31.855 亿欧元。其人口则仅为 4400 万。与庞大的出版数量相对应，是西班牙人对阅读的热爱，以及浓厚的家庭阅读氛围。

2007 年起，西班牙出版商行会联合会开始调查儿童的阅读习惯。调查显示，当年在抚育 6 岁以下儿童的受访家庭中，73.2% 的父母会督促孩子读书，读书时间大约为每周 3 小时，日均 25.7 分钟；79.2% 的家庭会让 6—13 岁的孩子读书，这个年龄段的孩子每周自己花费在读书上的时间在 3.5 个小时左右，日均读书量约为 30 分钟，而 10—13 岁的孩子，84.5% 以上都是经常阅读人群。调查还显示，2007 年和 2008 年西班牙家庭平均藏书量分别为 174 册和 185 册。[①]

西班牙政府重视公共阅读设施的建设，该国公共图书馆历史悠久，系统发达。今天，我们可以看到许多极具象征意义和设计感的公共图书馆建筑，典型代表如穆尔西亚公共图书馆和阅读公园，为当地人提供了一个集文化、休闲、个性于一体的城市公共空间。2008 年西班牙教育与科学部与各自治区政府通过决议，投入 900 万欧元用于各自治区学校的图书馆建设，并要求各地教育部门也要投入同样的资金改善学校图书馆。

悠久的阅读传统，优良的阅读环境，离不开政府的重视与推动。

---

① 杨状振、袁琳：《西班牙国民图书阅读状况及其走势分析》，载《中国出版》，2011年2月（上）。

例如，西班牙国家图书馆的前身是国王费利佩五世建于1712年的宫廷图书馆，1836年就从王室移交给政府部门，更名为国家图书馆。经过漫长的岁月，该馆现今拥有大量珍贵的图书，其中大部分是19世纪购买、他人捐赠、缴送或从宗教团体收缴来的。西班牙2007年通过的法律《阅读、图书和图书馆法》，对图书、期刊、出版社、经销商、书商、消费者、图书馆、电子图书馆、图书印刷者及生产商等涉及阅读的各环节进行了详细规定，规范了推广阅读和图书创作、出版与传播以及图书馆所应该遵守的规则，清晰、成熟地展现了三者间互相依存、紧密相连的内在逻辑，试图更好地协调在保存文化、推动人们平等享有接触文化知识和阅读的权利以及协助作者保护知识产权之间可能存在的矛盾关系。法律还涵盖了对儿童、残障人士的特殊关照，并有相应的硬性保障。由此看来，这部法律相对全面、成熟。我国全民阅读正在迎来最好的发展时期，在具体工作中，不可避免地也会陆续涌现一些矛盾和问题，需要协调和解决。而西班牙的这部法律所闪现的智慧，正给我们带来许多有益的启迪。

（张文彦）

阅读、图书和图书馆法

（第10/2007号法律，2007年6月22日通过，6月23日国家公报）

序　　言

21世纪以阅读和书籍的全新概念和定义开始。几个世纪以来，书籍一直保持着其独特而唯一的形式，正如阅读一直被定义为读者个人对文本内容所做的理解练习。今天，阅读被看作人格发展的基本工具和适应社会的手段，也就是说，这是个人在“信息社会”中得以发展、掌握技能和确立政治立场的必由之路。通过各种途径和资源，公众得到足够的信息；但是，在这种情况下，必须通过掌握必要的技能将信息转化为知识，而这种能力是通过阅读习惯来实现的。只有这样，公民所向往的“知识社会”所提供的平等参与并享受生活的权利才能实现：阅读就是选择一种适宜的视角，透过它引发思索、思考和创造。

《阅读、图书和图书馆法》秉承宪法的宗旨，以促进阅读、图书和图书馆的并行发展为原则。这项法案针对“阅读”这一概念的外延做出限定，并对“书籍”这一概念所存在的多样形式进行普及。因为需要适应新的现实，有必要重新定义一些基本概念和扩大阅读、图书的语义场，并为新的现实引入本法案。

阅读，就像通过解码过程而使一个人理解书中意象的含义和获取信息和知识，这应当能够覆盖全社会，从而应当成为所有公民平等获得知识的权利。阅读有益于并推动着人们所必需的关键技能的发展；因此在阅读后，除了培养公民价值观，所获得的技能将用来获取个人发展所必需的资源：日常生活也取决于阅读的能力，这种能力能够促进人类的完善。

知识财富的多少取决于个人的学习和努力，因此人们常常期望拥有的知识财富终身相随。

该法律旨在重拾阅读的不可替代的价值，确认和推动那些旨在促进阅读收获和阅读习惯的行为，从所有的行政命令和管理上，尊重书籍各自的竞争，从而达到尽可能高的效率和理想的目的：一个阅读型社会。

阅读行为永不过时，因此，不论是从公共领域，即文化方面、教育方面或社会政策方面，还是从私人领域，这都是一个不可回避的任务，是每个人的义务。欧盟国家十分重视阅读的推广，那些潜在读者率高的国家是我们的参考榜样。近年来，在我们国家，阅读的作用和重要性越来越受到重视。中央政府、地方政府和地方当局，通过与出版行业的必要的合作，已推动了无数的积极举措。因此，有关阅读率低下的担忧已经在媒体、各大论坛和各类组织中被扩散，并且受到社会的关注和争论，尤其是在教育界。阅读和它的发展被认为是在信息社会的背景下实现教育和文化权利的基本工具，因此各种计划都为了它的发展而展开，都强调了它在社会日常生活中的重要性以及作为传播媒体的重要作用，尤其是作为报纸标题出现在公众视野的时候。

在这场有关阅读的争论中最重要的里程碑之一，在于一些国际组织公布的报告结果显示，很多数据指出西班牙在校青少年的阅读理解能力令人担忧。但这些数据引发了积极的效果，强调了阅读作为用来确定学习效率产生工具的重要性。最近针对学校图书馆所做的研究结果为在学校加强培养阅读习惯做出了贡献，为此需要物力、人力，以及配置设施完备的图书馆的支撑。从政策层面已经走出了非常重要的一步：《教育法》第一次在第一百一十三条中规定，所有的公立学校要有一个学校图书馆，要求学校致力于推进阅读，使学生能够接触到多方面的知识，为今后参与信息社会打下基础。学生获取信息必须有足够的内容和形式上的文本保证，同样也要有规范的语言作为阅读基础。只有当阅读文本本身在拼写、表达和语法上无可挑剔时，我们的学生才能获得信息社会所需的技能：理解并清楚地表达自己。一篇考究的文本是教师和学生最好的资源。

另一方面，推广阅读是对西班牙图书出版业的未来最好的支持方式之一，无论是在文化还是产业方面。书籍和图书业遵从 3 月 12 日通过的第 9/1975 号图书法的规定，但其大部分条款都已经不适用于新宪法的体系，无论是在对权利和自由的规定还是在新宪法确立的框架上。西班牙 1978 年宪法第四十四条，规定公共当局应促进和确保文化通道的畅通，这是所有人应享有的权利。这一条应和第一百四十九条第 2 款一并阅读，这一款规定，在无损自治区间竞争的情况下，国家应考虑将文化作为一种责任和关键职权，促进自治区之间的文化交流，并充分尊重不同的自治区尊重宪法和区域自治法规定的权力框架。

公共当局对图书的支持，在本法案中得以明确指出，图书是文化表达的载体，但也应认识到图书出版过程中其他主体的关键作用。一方面，需要肯定那些开创者的工作，除了作家、创作者，还有译者、插画家和编辑在行使其职能，没有他们就没有我们面前的实体图书，知识产权的保护也就无从谈起；另一方面，推动我国主要文化产业——图书业——发展的，是千千万万像文化代理商这样的图书工作者。此外，它也规定公共当局对西班牙图书的支持必须趋向国际化扩张。我们有面向和我们有文化及语言联系的伊比利亚美洲的传统，现在须立志进入所有的市场和其他语言国家。同时，法案也明确表明了西班牙政府保护和促进本国语言多样性的意愿，致力于对本国不同的官方语言的认可。

有关书籍和其他相似出版物上市销售的规定源自出版物不仅仅是简单买卖的商品的属性：它是一种包含人类思想、科学和文学创作形象的物质载体，它使人类物种这一重大、独特的行为成为可能，这就是阅读。这些作品的传播，其文化价值和多样性需要一种特殊的保证，不仅在文本质量的控制方面，还体现在销售途径上，以确保能够被最大数量的潜在读者接触到。因此，诞生了图书固定、单一价格的体系，从而使某些快节奏的出版物和其他较慢节奏的出版物能够共存，书店不仅能够提供最新的图书，而且能够提供更丰富的书目，这有利于读者自由地、多样地接触文化，正如我国宪法第四十四条所规定的那样。

因此，本法案致力于建立一个西班牙自古至今一直努力打造的社会体系，这种体系也在欧盟占明显多数。在欧洲范围内，有关机构已经明确认识到图书定价制的国家法律与欧盟法的相容性，欧洲议会已就图书定价制颁布了一项欧盟法案。与此同时，伊比利亚美洲国家也已通过法律手段确认并加强图书定价制。

本法案力求巩固图书定价制的总原则，从法律层面上确立出版业内图书代理人特有的义务，甚至明确禁止将图书作为销售其他商品的幌子。然而，6 月 23 日通过的皇家法令第 6/2000 号有关教科书价格的规定使价格的折扣更加自由化，现被确立为图书定价制的一个例外。经验使我们由自由折扣体系向自由价格体系转变，这样做一方面使公民在购书时享受经济上的优惠，另一方面，也能不损害零售书店的利益，因为这样做最终能够保护现有的书店体系，维护保持一个多元化的文化环境。

另一方面，过去的几十年中，现行法律规定已跟不上科技快速发展的节奏。图书及相关出版物领域目前在西班牙已形成明确的成熟和健康的特质，但也面临新技术和其他因素产生的新变化带来的挑战，包括来自图书业自身和市场的挑战。因此，翻天覆地的技术革新带来的首要后果之一是需要提供有关图书的最新的定义，这也是本部法律制定的初衷之一。

此外，新的信息和通讯科技在提供基本公共服务的形式上产生了决定性的影响，如图书馆。西班牙图书馆系统的逐步发展和图书馆自身设施的演变要求我们重新界定中央政府在这个问题上的角色，一方面，这有利于促进西班牙图书馆体系的多方面合作；另一方面，有利于推动国有图书馆间的相互协调。中央政府同自治区相关机构的合作，以获得全国性诊断为己任，由此可以得到一个统观全局的视图，其中包括任何公共管理或私人机构的系统、网络、组织机构和图书馆，这样公共当局可以随时找出差距和不平等现象并通过颁布法律条例来采取行动加以弥补(在有关国家职权的行使框架范围内进行)。

综上，本部有关阅读、图书和图书馆的法律构成了图书相关活动的特殊法律制度，肯定了图书作为文化商品的特殊双重属性，同时为图书馆和推动阅读建立了一个共同框架，适用于出版的各个环节，从创造活动到读者本身均有涉及(在国家职权的行使框架内)。

本法分为六章，第一章是总纲，第二章详述阅读推广，第三章旨在促进作者和图书业的发展，第四章涉及图书的法律制度，第五章涉及图书馆，第六章讲述制裁制度。

第一章是总纲，由两部分组成。第一部分涉及推广阅读、推动阅读及图书馆建设的目的和范围的规定。第二部分，从法律角度确定了一系列定义，如图书、系列出版、出版者、分销商、书商、最终消费者、图书馆、数字图书馆、印刷商 / 生产商以及期刊。

第二章，阅读推广，将阅读理解为持续学习的基本工具，并强调了阅读在社会日常生活中的总体价值，同时确认图书在图示和艺术表现上对审美的贡献，使其被以文化价值的形式呈现。它规定了推动阅读活动的计划、强化文化服务和图书馆书目配备，加强公共当局和企业、协会和基金会在阅读推广方面的合作，并对实施情况进行专业分析和评估。

第三章，鼓励作者创作及促进图书及相关出版物行业发展。一方面，加强西班牙作家的推广活动，完善文学、科技领域国家奖项的现行体系；另一方面，推进支持图书产业发展的项目，促进将科技应用于管理，增强信息交换和相关培训，在国内国际与图书相关的书展上加强机构的参与，特别是推动文字和插图作者版权的出售，鼓励私人企业在这方面的版权交易。本法在第二附加条款中规定了阅读推广和图书观察点的设立。

第四章，图书的法律制度，规定了图书定价制，从而界定了法律意义上的外延和特例。而教科书被排除于图书定价制体系之外，这是在 6 月 23 日通过的皇家法令第 6/2000 号里修改后确立的。还加入了对国际标准书号和期刊的定义。

第五章，图书馆。本章涉及图书馆专业人员和相关国际组织运作中可能涉及的各项原则、价值观和行为准则。同样，由于在图书馆相关活动中信息技术和通信的巨大影响，它们在图书馆运作中的应用被认为尤其重要。

另一方面，确定了中央政府在图书馆问题上的利益和目标。与此同时，确定了上述利益和目标的基本结构，并提到了为实现这些目标和利益的途径和手段。特别值得一提的是西班牙图书馆系统，其中突出了不同机构间的自愿合作关系。

西班牙有丰富的文化遗产，既能展示出各种文化和语言的演变，又能表明它们在历史上的汇合点。在新技术的支持下，通过数字图书馆传播这一文化遗产，将让市民更加方便地获得文化材料，从而促进知识社会的形成。另一方面，这一数字化遗产可以加入欧洲数字图书馆体系。该项目将通过各个公共管理机构、各级代理商和私营企业的合作来实现。

第六章，旨在为该法律的内容提供保障，规定了在图书定价制和图书宣传方面的违法行为和制裁措施，将自治区职权考虑在内，并且说明哪些违法行为需要制裁。

在本法案的制定和执行过程中，已将各自治区和所涉及领域的利益考虑在内，并且已收集到了不同的意见和报告。

第一章　总纲

第一条　目的和范围

1. 本法案把定义图书的法律框架作为目的，着重于它的文化产品个性，从创作完成到商业化、推广及作为西班牙书目遗产的一部分而被保存；它体现在期刊、阅读推广、图书馆，尤其是与图书馆合作方面。

2. 此法适用于图书及任何一类阅读类制品和期刊出版物，涉及其编辑和商业化的过程。它也适用于阅读的推广、阅读习惯的培养和图书馆相关问题，以及依据宪法和各自治区的条例确立的竞争框架的设立。

3. 本法中涉及的图书和图书的营销、阅读和图书馆的条例，均指以卡斯蒂利亚语或者各自治区官方语言制定的。

第二条　定义

本法案对以下概念进行定义：

1. 图书：科学、艺术、文学或任何其他种类的作品，能够单卷或多卷出版并可印刷或以任何其他阅读介质为支撑；

本法所理解的图书的定义，包括电子书以及互联网上传播的出版物，或者能够在未来通过别的途径展示出来的出版物，以及印刷出版的、以视觉和听觉状态呈现的辅助性出版物，或者随书同时出版的视听材料，以及任何以其他形式表现的出版物。

2. 期刊：科学、文学或其他种类定期出版的作品，同一作品以分册形式连续出版，通常附有期号而且没有预知停刊时间；

3. 出版者：自然人或法人，自主选择和构思文学、科学作品选题，一般来说可以是任何方面的选题，为了图书的上市而进行的一个加工过程，以图书的出版和发行为最终目的；

4. 经销商：自然人或法人，作为出版者和书商之间的一种纽带提供商业服务，在销售点引入图书并使图书的传播更为方便；

5. 书商：自然人或法人，专门或主要致力于在向公众开放的商业场所或以任何远程销售方式向终端客户销售图书；

6. 最终消费者：自然人或法人，并无须承担购买后续义务，按照自己使用需要购买书籍或向别人传播（但不通过商业行为或其他任何付费途径）；

7. 图书馆：在不损害6月25日通过的第16/1985号法律第五十九条第2款中规定的西班牙历史遗产和相应的自治区域立法的前提下，图书馆被理解为通过适当的技术流程和服务的组织机构，旨在促使所有公民在任何条件下平等地接触出版和宣传物；

8. 电子图书馆：是对向公众开放的电子内容的系统收藏。可能包含数字化材料，如书籍的电子样章或图书馆、档案馆、博物馆的其他文件材料，或最初便以数字格式存在的信息；

9. 图书印刷商/生产商：具备必要的设施和技术手段的自然人或法人，专门或主要从事图书的纸张印刷或任何其他支持阅读的生产，印刷纸质、视觉的和听觉的，或者随书同时出版的视听材料；

10. 定期出版物：以连续的方式、固定的周期出现的所有出版物，可以是文化类的，也可以是科学类的。

第二章　阅读推广

第三条　阅读的推广

1. 政府将批准和发展推动阅读的计划，这些计划将由文化部定期提出、评估和实施，这将会有一定的资金支持。

这些计划将用来确保为巩固阅读习惯而实行的阅读推广政策在一定时间内的连贯性。

2. 在不影响前一条款规定的情况下，政府将确保各部间的协作，特别是承担主要责任的文化部与教育部之间在推广阅读活动中的合作。政府所提出的计划将建立共同的目标，并将会在各自治区通过。同样也会促进同当地各部门、其他机构以及公共和私人机构的合作。

3. 图书馆，特别是公共图书馆、中小学和大学图书馆，发挥了不可替代的作用，保持并改善了阅读习惯，一定程度上保障了所有公民平等地接触思想和文化的权利。为此，政府将支持并鼓励学校图书馆向周围的居民开放，并引进新科技。政府将推动同各自治区及地方当局在此方面的协议。

第四条　阅读推广计划

1. 阅读推广计划将阅读视为教育和文化权利实现的基本工具，在信息社会的背景下，通过推动阅读习惯强调在日常社会生活中阅读的意义。该计划特别考虑到儿童和青少年以及处于不利地位的社会行业，特别关注残障人士以及所有年龄段公民的终身学习。

2. 该计划特别关注图书馆服务的加强和书目资金方面的投入，以便读者方便地获取信息并为培养读者的阅读习惯创造有利条件。

3. 计划中的所有行动，包括与公共当局的合作，为了解公民阅读的现实情况和图书馆的状况而创建和使用分析工具。

4. 该计划的通过不仅体现了国家政府对阅读的重视，也是各级公共机关和私人机构共同努力和合作的结果。

5. 该计划本身将包括评估手段和后续情况的监测，允许对所取得的成就进行评估并进行改善。

6. 政府将会通过促进阅读习惯推动与媒体，尤其是公共视听媒体所共同致力的事项;促进与各自治区媒体的合作,并鼓励与私营视听媒体合作。

第三章 鼓励作者创作及促进图书业发展

第五条 鼓励作者创作

1. 在各自治区的参与和合作下,文化部将制定鼓励作者创作的举措,并通过卡斯蒂利亚语或是各自治区内任何一种官方语言开展。它也将同时在促进文学发展的政策上与各自治区合作。

2. 中央政府应保持对作者在文学、文化、科学和技术等创作活动中的奖励体系。公共部门亦可以设立其他的支持方式。

3. 在促进作者创作的活动中,应当特别注意认可作者的创造性工作,包括引进的其他语言作品的翻译,也要尊重和保护他们的知识产权。

第六条 国际合作项目

文化部在与文化机构合作中将推动西班牙语作品的国际项目,特别是推动西班牙语的伊比利亚美洲书籍的发展。

文化部将特别关注以卡斯蒂利亚语或是各自治区任何一种官方语言写作的西班牙作家的纪念活动。

第七条 促进出版业和图书贸易

1. 考虑到图书所代表的文化价值和它的经济价值,中央政府及其公共机构将设立对出版业和图书贸易的支持项目,以保护文化的多样性及为阅读提供便利条件。这些项目适用于所有的书店,这里的书店不仅是指卖书的地方，也指文化代理商。

2. 中央政府及其公共机构与西班牙图书专业协会的合作体现在有关阅读习惯的推广和图书的宣传方面、服务读者或图书贸易方面，也体现在更好的专业组织参与，体现在应用技术管理、信息交流和培训等方面。这项推广活动涉及自治区各部门或者在自治区范围内开展时，应该得到自治区政府的合作。

此外，与图书业合作的公共当局将促进生产系统的可持续管理，通过保证环境森林来源认证来实现。

3. 中央政府、自治区和公共机构将致力于西班牙图书出版业的国际扩张，尤其是参加国际、国内重要书展，加强西班牙图书企业在国际、国内新市场的占有率。

4. 基于以上条款，公共机构可以就合作给出相应的具体规定。

第四章　图书的法律制度

第八条　国际书号和刊号

1. 国际标准书号是国际上给每本书配备的数字代码标识，以便市场定位和方便市场流通过程中统筹和规范识别任何一本书。它方便书商和读者的查询，这也是它设立的根本目的。

2. 在执行国际标准书号机构通过的国际推荐指导方针的过程中，文化部是在我国发展国际标准书号系统的机构，负责在不损害自治区职权的范围内行使权力。

3. 国际标准刊号是对期刊设立的国际标准出版物号。在不损害自治区职权的前提下，由西班牙国家图书馆来管理运行。

4. 上述各款规定在任何情况下都以不损害自治区职权为前提，

自治区政府保留各自的政府法规。

第九条　图书定价制

1. 任何人出版、进口或重印书籍都必须设定一个向公众出售或面向所出版、进口、印刷书籍的最终消费者的固定价格，不论在哪里出售或者通过何种渠道进行买卖。

为了确保有足够的信息，出版商或者进口商同样必须在书籍上明确标注定价。

2. 在进口的情况下，价格将由第一个进口商设定，后来者也必须尊重这一价格，除非出现在下面的条款中提到的情况。

3. 向公众出售的价格可以在定价的95%—100%间浮动。

4. 当书籍作为独立出版物或者同碟片、磁带、录音带、电影、照片、幻灯片、缩微品或任何其他物件一起呈现时，它的定价就取决于所有这些物件之和。

5. 出版商可以在出售丛套书时设定一个不同的完整定价，且此定价可低于丛套书内所有书价之和。

6. 在分期付款或贷款的情况下可以根据各自的销售体系设定不同的价格。

7. 书商或任何其他交易者，包括批发商，不论其法律地位，交易时须尊重由出版商设定的价格。

8. 在不损害1月15日通过的第7/1996号法律的前提下，在零售贸易的管理中，不能把出售书籍作为出售其他不同类别商品的幌子。

第十条　图书定价制的几点例外

1. 下列情况不适用于图书定价制：

（1）藏书家的书，专指那些为特有人群限量发行的出版物，这些出版物精心编号且品相完好；

（2）艺术书籍，专指全部或部分由手工方法再现的艺术作品，包括手工装订书籍；

（3）古书或绝版书；

（4）旧书；

（5）出版前就订阅的书；

（6）供某些部门、机构或用于宣传发行的特殊版本的发行物。在商业化过程中，这样的发行物只能以出版商规定的固定价格被卖给这些部门或机构的成员。作为出版者的文化机构可以为特殊发行物自由设定特殊价格，必须在发行物上明确标出该特殊价格。其余除特殊版本外的出版物应遵守本法所规定的图书定价制；

（7）主要用于小学教育和中学教育的课程开发和实施的教科书和教学材料。教学材料既指学生使用的附加材料，也包括教师用书。这些材料是印刷品或通过其他方式呈现。那些不与中小学课程对应的书籍，尽管作为一种补充或教具，如字典、地图册、课外阅读、视听材料和科学仪器，均不在此列；

（8）停产的书。这是指出版商不再出版的书，不再出现在最新书目中，或以书面形式通知其销售及分销渠道、西班牙国际标准书号机构或相应的自治区国际标准书号机构不再出版。这些书的供应和展示应与普通图书加以区分；

（9）书商或零售商可以对从第一版印刷或引进国内两年之后仍

在销售的书籍设立较低的价格，只要书商或零售商满足已销售该图书半年以上的条件。这些书的供应和展示应与普通图书加以区分。

2. 对于上述（8）和（9）两款所提到的情况，出版商应当遵守4月12日通过的皇家法律第1/1996条规定的知识产权法中第六十七条的规定。

第十一条　固定价格特例

1. 在不损害本法第九条的前提下可在下列情况下设定低于公共价格的价格：

（1）在世界图书日、书展和图书展销大会上，当举办机构和组织属于图书出版领域和销售领域时，最多可以有图书价格的10%的折扣；

（2）当最终消费者是图书馆、档案馆、博物馆、教学机构、大学或研究中心，并且它们是以科学或研究为根本目的时，最多可以有图书价格的15%的折扣；

（3）出版商、分销商和书商之间若达成一致，可以设定年出售价格。

2. 本章规定的图书折扣标准须符合1月15日通过的7/1996号法律第十四章。

第五章　图书馆

第十二条　图书馆的职责、原则及价值

1. 公共管理部门在各自的权力范围内确保公民前往图书馆的权利以促进思想和文化的传播，这有利于知识信息的转化以及文化的

发展和研究。此外，图书馆有利于促进信息技术和通信的发展，积极谋求最好的知识以及应用，并推进全民阅读。

2. 图书馆的原则和价值

（1）获取知识的自由，提供获取信息的途径和尊重知识产权。

（2）所有人都能平等地访问这些材料、设备并使用图书馆服务，不能因为地方、种族、宗教、意识形态、性别或性取向、年龄、身体状况、经济来源或任何其他个人或社会因素而歧视任何读者。

（3）正是因为知识信息的多样性，才获取、保留并使尽可能广泛的文献得以呈现在读者面前，这反映出社会的多样性及其文字和图像的博大精深。

（4）尊重每个用户寻找和接收隐私信息的权利及其私密性，包括贷款信息等在内的个人信息都受法律有关条文的保护。

3. 上述条款规定以不损害各自治区职权为前提，特别当涉及教育法规规定的学校图书馆时。

第十三条　公共图书馆

在不影响自治区和地方政府权力的前提下，中央政府在图书馆以及图书馆资料方面与其他公共管理部门的关系应受以下原则和标准的限制：

1. 公共图书馆是公共当局使所有公民在知识信息社会中访问信息、教育和文化的权利得以实现的途径；

2. 那些由公共或私人机构支持的公共图书馆向全体公众开放，不能因个人或社会因素而歧视任何人。由自治区规定公共或私人图书馆的运行方式；

3. 公共图书馆的服务应该可以被任何公民使用，不论他来自哪里或居住在哪里。依照地方法规的规定，将由特别的人根据必要的使用情况配备服务时间表。自治区在当地政府的协助下，规定公共图书馆的使用方式；

4. 以下各项被视为公共图书馆的基本服务：

（1）查询图书馆库存藏书；

（2）个人和集体借书；

（3）图书馆的使用以及满足公民信息需求的信息和指导；

（4）为使读者更好地通过互联网或可开发的类似网络获取数字信息而进行的读者培训。

5. 公民自由并免费地访问公共图书馆的基本服务。

第十四条　西班牙图书馆体系

1. 6 月 25 日通过的第 16/1985 号法律规定的西班牙图书馆体系包括其整个机构、各中心和电子信息媒体，通过合作和协调的关系共同努力发展图书馆服务。

2. 以下各项构成西班牙图书馆系统：

（1）文化部、国家图书馆和其他国有图书馆；

（2）图书馆合作理事会；

（3）各自治区、各省、地方以及各种私营实体的图书馆系统是在自愿原则基础上建立的基本合作，不影响相应法规的实行。

3. 在西班牙图书馆体系框架内，各级机构在其职权范围内，致力于推进西班牙现有图书馆、体系、网络、财团的平衡、可持续、进步、创新和持久的发展。促进公众享有平等、高质量阅读的途径，不因地区差异或人口多少而造成信息获取的差别对待。为了实现这一点，文化部与各自治区合作，深化了以下职能：

（1）根据现行法律的规定，图书馆的创建、资金投入以及发展必须与自治区预先协商；

（2）提议和推动各类倡议以及图书馆项目；

（3）书目遗产的保存和传播由书目遗产总目组织来负责；

（4）在中央政府及其公共机构的范围内图书馆及相关单位行为的标准和协调。此外，自治区管辖的国家公共图书馆要同其他国家公共图书馆保持联系，互相合作；

（5）图书馆工作人员须有持续的、合适的、足够的培训，通过和自治区的合作而推进的国际国内不同项目来促进图书馆间的交流；

（6）图书馆范围内推动科研、科技发展与创新以及同其他科学文化机构和自治区合作的研究项目。图书馆将会成为研究项目的推广中心，图书馆员会成为国际国内研究项目的研究专员。

4. 文化部，以不损害各自治区职权为前提，在欧盟和相关国际组织的条例框架内，依照以下标准推进数字图书馆建设：

（1）为全体公民、研究者和企业提供网上搜索信息的便捷途径；

（2）加强信息的数字化，使其在当今信息社会发挥更大作用；

（3）为确保我们的子孙后代可以访问数字材料，并防止珍贵内容的丢失，保留和储存信息。

5. 文化部在数字化图书馆的建设中以各自治区已确立的相关法规为前提。

6. 西班牙图书馆系统中的图书馆必须方便残障人士的访问。新建的图书馆必须从运行上就考虑到这一点。那些已经存在的，应为残障人士合理安排，按照 12 月 2 日通过的第 51/2003 号法律的规定为他们提供平等的机会，不能歧视他们。

第十五条　图书馆间合作

1. 图书馆间的合作是指在自愿基础上，在图书馆和图书馆体系之间建立的依靠不同公共机构和私人机构进行信息、理念、服务、专业知识和资源的交流，以便优化资源和发展图书馆服务。中央政府在与其他公共机构和私营实体的合作中通过制定具体的计划进行定期评估和更新来促进和提高图书馆合作。

2. 图书馆合作理事会是在公共机构之间推动图书馆合作的组织。法律规定每届任期最多一年，其组成成员将与各自治区协商，其中应至少包括中央政府、自治区、地方当局和大学理事会的代表。也将有一个图书馆员的专业代表，有发言权但没有投票权。

3. 在不损害其他公共机构职权的前提下，西班牙参与每个国家图书馆负责机构的项目，尤其是在欧洲和伊比利亚美洲，文化部将促进和鼓励国际合作以确保西班牙在国际组织中的影响。

4. 图书馆合作理事会，至少在具体的发展计划、促进图书馆条件和服务的发展和改善方面，将定期进行评估和更新。在其他目标方面，这些计划会推动公共服务的提供、西班牙语言的多样性、为方便公共服务而采取的一定的标准和指示以及促进图书馆员的长期培训项目。

第六章　制裁制度

第十六条　处分权力

本法规定的处分权力遵照 11 月 26 日通过的第 30/1992 号法律中规定的有关公共机构法律制度和行政诉讼法。它的实施由自治区主管机构负责。

第十七条　在图书定价制、图书销售及残障人士歧视方面的制裁

1. 以下无损自治区职权的行为可被视为轻罪：

（1）根据本法第九条的规定，图书的出版缺乏价格标识；

（2）根据本法第四章的规定，一本书以不同于定价的价格向公众出售；

（3）妨碍监管。

2. 以下无损自治区职权的行为可被视为重罪：

（1）根据本法第四章的规定，以不同于定价的价格向公众出售多本图书；

（2）根据第九条第 8 款的规定，在出版活动中使用书籍为幌子作为产品营销的商业手段，出售其他性质不同的商品；

（3）严重妨碍监管；

（4）歧视残障人士，阻止用户或图书馆专业人员在与其他公民平等的条件下访问图书馆的资料、设备及享有图书馆服务。

3. 触犯本条法规所述的轻罪会受到以下制裁：

（1）1000 至 10 000 欧元的罚款；

（2）根据所犯罪行的情节受到私下的告诫。

4. 触犯本条法规所述的重罪至少会受到以下制裁：

（1）10 001 至 100 000 欧元的罚款；

（2）所犯重罪，视其情节可进行公开谴责，刊登在自治区有关官方日报上，一旦制裁结果确定，刊登报纸的费用由受裁方承担。

5. 各级机关对于本条所列罪行将在反不正当竞争法的框架内进行惩处，以避免为获取利益践踏法律行为的发生。

第一附加条款　国家图书法定储备

国家图书法定储备将保护文化作为根本任务，它使任何人都可以接触文化遗产、知识和文献，也协助作者保护自己在知识产权领域的权利。履行构成国家图书法定储备的义务是保护所有公民访问信息权的必须条件，应在法规规定的条件下进行；在最长期限为一年的时间内，政府提交法案以适应自治政府的现行法规、新出现的形势和出版业发生的变化。

第二附加条款　阅读和图书观察点

阅读和图书观察点隶属于文化部，以协会形式存在，目的在于不断对图书、阅读和图书馆情况进行调研分析。此外，它还兼具促进机构间合作，尤其是自治区和地方上具有相似功能的观察点和机构合作，出谋划策、撰写分析报告以及阅读、图书和图书馆方面的研究和建议。它的组成、职权和运作方式受法律的约束以确保本法在所有部门内的实施。

第三附加条款　残障人士对阅读、图书和图书馆的权利

1. 公共管理部门在各自的权限范围内促进残障人士对阅读、图书和图书馆的权利，确保他们能够正常和规范享有获取信息权，享有服务和文化产品时不遭受歧视。

2. 阅读推广计划和图书业支援计划必须考虑到残障人士的特殊需求，尤其是呈现形式和方法的推广、传播和标准化，例如对盲文、音频媒体、数字媒体和简易阅读系统的支持。

3. 为实现上述目标，文化部和其他政府部门会与社会倡议组织就上述条款签订公益性合作协议。

第四附加条款　国家出版物

中央政府和公共机构的出版物，在不损害本法第九条的情况下将会在2月9日通过的第118/2001号皇家法令中实行。

唯一过渡性条文　某些法规的临时有效性

在相应条例未施行时，以下法规继续有效：

1. 教育科学部在1971年10月31日和1973年2月20日通过的关于国家图书法定储备的法令；

2. 11月2日通过的第2984/1972号法令中关于各种书籍和小册子都要标有国际标准书号的规定；

3. 1987年3月25日通过的法令中关于管理国际标准书号系统的西班牙机构的规定；

4. 5月19日通过的第582/1989号皇家法令通过的《国家公共图书馆条例》和《西班牙图书馆系统条例》；

5. 3 月 30 日通过的第 484/1990 号皇家法令中第六条和第七条对图书的公共售价做出的规定。

唯一废除性条文　废除立法

1. 所有此前颁布的、与本法范围相同或少于本法的法案，无论其规定是否与本法一致，均予以废除，以本法案为准。

2. 下列规定明文废除：

（1）3 月 12 日通过的有关图书的第 9/1975 号法律，第三章的第三部分和第四部分除外；

（2）6 月 23 日通过的第 6/2000 号皇家法令中第三十八条有关采取紧急措施扩大商品和服务的市场竞争的规定；

（3）3 月 30 日通过的第 484/1990 号皇家法令中关于图书公共售价的规定，在不与本法冲突的前提下，第六条和第七条仍然有效。

第一最终附加条款　知识产权法修订

1. 第十九条第 4 款内容如下：

“第十九条　传播

“4. 出借是指借出一部作品的原件和复印件，使作品在没有直接或间接的经济或商业利益条件下在一定时间内被使用，这种借出通常是向公众开放的。

“当这种面向公众的借出为弥补整个运行产生费用而达到一定的量时，只要数额不超出运行费用，是不存在直接或间接的经济或商业利益的。这一数额不可以包括第三十七条第 2 款中规定的知识产权持有人应得的全部或部分酬金。”

2. 第三十七条第 2 款内容如下：

“第三十七条　通过某些机构的专用终端实现的作品的再生产、借出和查询

“2. 同样，公共博物馆、档案馆、图书馆、报刊阅览室、有声资料馆或电影馆或属于公共利益机构的非营利性的文化、科学和教育实体，或者西班牙教育系统的教员，作品借出时不需要获得知识产权持有人的授权。

“这些部门依据皇家法令的规定数额付给作者酬金。酬金是通过拥有知识产权的机构下发的。

“在少于 5000 人的市镇提供服务的公共机构被准许豁免相应酬金；同样，西班牙教育系统内的教学机构也享有这一权利。”

3. 第一百三十二条内容如下：

“第一百三十二条　本法第一册所做规定的补充应用

“第三章第二部分的第六条第 1 款和第三章第二节规定，除了第三十七条第 2 款的第二段外，本法第一册对本册所规定的知识产权有关问题所做的补充。”

4. 对第十九条过渡性条文添加以下内容：

“皇家法令规定知识产权法修订本的第三十七条第 2 款应当在自本法生效开始最长一年时间内颁布。

“皇家法令批准上述该条例之前，借出的作品副本以每本 0.2 欧元的报酬计算。

“在这个时期内，国家、自治区和企业可以与必须合作的机构达成协议，以便公共机构履行支付报酬的义务。”

第二最终附加条款　赋予权力

本法旨在保护西班牙宪法第一百四十九条第 2 款的规定，规定指明在不损害各自治区职权的条件下，国家可以将文化服务视为根本责任和职权。此外，也在以下几个方面适用：

1. 第八条，旨在遵循第一百四十九条第 1 节第 10 款的规定；

2. 第九、十、十一、十六、十七条，旨在遵循第一百四十九条第 1 节第 13 款的规定；

3. 第十三条，旨在遵循第一百四十九条第 1 节第 28 款的规定；

4. 第一附加条款和第一最终附加条款，旨在遵循西班牙宪法第一百四十九条第 1 节第 9 款的规定。

第三最终附加条款　发展和修法授权

1. 政府被授权颁布本法实施和发展所需的必要法规。

2. 由于技术发展或其他必要的时机变化，可以通过皇家法令修改第十一条中规定的有关图书定价制的特例。

第四最终附加条款　生效

本法在于国家公报上公布的第二天开始生效。

所有西班牙公民、个人和当局都必须遵守这部法律。

（姜　璐译）

俄 罗 斯

国民阅读扶持与发展纲要

导言

面对新媒体冲击，当今俄罗斯社会中阅读的地位明显下降。为提高国民知识水平，提升人力资源质量，俄罗斯制定并实施了《国民阅读扶持与发展纲要》。目前，俄罗斯国民阅读扶持与发展纲要已经成为指导俄罗斯阅读推广活动的纲领性文件。纲要由联邦出版与大众传媒署、俄罗斯图书协会倡议并委托跨地区图书馆合作中心和"战略"股份有限公司起草，俄罗斯文化部为整个实施过程提供财政扶持，有效期为2007—2020年，分三个阶段实施：第一阶段（2007—2010）——建立阅读扶持与发展基础设施和运行机制；第二阶段（2011—2015）——系统加强基础设施建设；第三阶段（2016—2020）——实现积累的潜能、有力的增长（详见《国民阅读扶持与发展纲要》正文）。

近年来，在联邦出版与大众传媒署、相关协会组织以及各类阅读中心的指导与推动下，依托地区阅读中心、大型书展和各类竞赛活动等，开展了一系列阅读推广活动，为国民文化与知识潜力的增长创造了新的条件和信息环境。这些推广活动大体包括以下几类：

1. 以地区阅读中心为依托的阅读推广活动[①]

俄罗斯阅读中心是贯彻《国民阅读扶持与发展纲要》的重要载体。它借鉴美国图书中心运作经验,依托各类图书馆而成立,为非营利性机构,主要依靠图书馆财政预算运作。在俄罗斯,首先在各联邦主体中央图书馆建立地方级阅读中心,实施政府阅读相关项目,从事阅读相关调查和研究,提供阅读咨询与指导服务,进行国民阅读推广活动。

自2002年起,俄罗斯开始以图书馆为依托建立地区级阅读中心。据跨地区图书馆合作中心统计,截至2011年4月在俄罗斯共有31家地区级阅读中心,大多命名为阅读中心、地区级阅读中心,也有称图书与阅读中心、俄语与阅读扶持中心、阅读研究与推广中心、阅读人文中心、阅读扶持与发展中心等。地区级阅读中心为非营利性机构,其建立者和合作伙伴为作协、文学团体、中小学、高校、博物馆等。其职能主要如下:图书馆职能,因其大多隶属图书馆,所以关注点首先在于图书馆阅读;协调职能,即联合社会各方力量提升图书和阅读在各地区的地位;阅读与阅读文化职能,营造阅读文化氛围、提高社会对阅读的关注度是地区级阅读中心的最高目标。其开展的活动主要分四类:一是各类项目实施活动,是《国民阅读扶持与发展纲要》在地区层面上实施的重要举措,如举办阅读年、起草并实施地区性阅读发展纲要。二是研究活动,即阅读相关研究和问卷调查;据统计仅有不到一半的地区级阅读中心从事研究活动。三是咨询与指导服务,主要包括图书馆员职业技能培训与竞赛,在市立图书馆内设阅读中心,出版阅读推广实用手册,提供阅读研究与推广相关咨询以及

① 王卉莲:《俄罗斯阅读中心探析》,载《出版发行研究》,2011年第11期。

推广先进经验。四是居民阅读推广活动，深入各类人群，激发其阅读兴趣，在读者中间开展各类阅读相关竞赛，如最佳读者竞赛、读者创作竞赛等。

2. 以大型书展为依托的阅读推广活动

(1) 莫斯科国际图书博览会。莫斯科国际图书博览会是俄罗斯规模最大的图书盛会，各相关机构会借助该博览会进行一系列的阅读推广活动。博览会1977年由当时的苏联国家出版、印刷与图书发行委员会，全苏版权局，苏联国际图书公司创办，“图书为和平与进步服务”为其宗旨。1997年以前书展每两年举办一次，此后至今书展成为俄罗斯图书界一年一度的盛事。1999年交易会首次成为版权贸易的平台。2005年书展首次设立主宾国，2005—2013年书展分别邀请波兰、法国、中国、乌克兰、印度、白俄罗斯、意大利、法国、匈牙利作为主宾国参展，2014年主宾国空缺，斯拉夫文化论坛成为核心议程。近年来，书展以当年的俄语年、独联体国家文学与阅读年、家庭年、教师年、俄罗斯历史年、俄罗斯文化年等主题年为契机，推出形式多样的阅读推广活动，如进行相关主题图书的推介，召开阅读相关研讨会，并将“为孩子读书”项目、“阅读领先者”竞赛、“阅读俄罗斯”俄罗斯文学译作最佳翻译颁奖活动等纳入博览会框架下，取得了较好的社会反响。

(2) 圣彼得堡国际图书沙龙。圣彼得堡国际图书沙龙由圣彼得堡市政府和俄罗斯图书协会主办、联邦出版与大众传媒署支持、展览综合体“连埃克斯波”协办，旨在发挥阅读潜力、培养年轻一代对图书的热爱、将家庭阅读计划融入生活。沙龙每年开展的各类活动主要有三大类：针对出版商、图书贸易商和图书馆工作者的专场活动，面向与会者和嘉宾的文化活动，为参观者而策划的娱乐认知类活动。第一届图书沙龙于2006年11月召开，以纪念德米特里·利哈乔夫院士诞辰100周年[①]，发布了《国民阅读扶持与发展纲要》。第二届图书沙龙于2007年5月举办，主题由利哈乔夫年过渡到俄语年（俄罗斯许多地区不仅宣布2007年为俄语年，还将其定为阅读年，有的地区将2007年定为阅读与俄语年），特别关注儿童图书和培养少年儿童热爱图书计划。第三届图书沙龙于2008年4月举行，主题为家庭年和版权，日程中包含与儿童阅读、家庭阅读有关的大量活动，以便吸引书业人士以外的教师、教学法专家和儿童图书馆工作者积极参与进来。2015年第十届图书沙龙拟结合俄罗斯文学年、世界作家论坛、俄罗斯作家研讨会、俄罗斯青年作家大会等，开展一系列活动，旨在扶持与发展俄罗斯国民的阅读活动，向俄罗斯各地区乃至世界推介俄罗斯文学。

3. 以各类竞赛为依托的阅读推广活动[②]

联邦出版与大众传播署与相关机构合作，借助各类全国性竞赛进行阅读推广活动，主要有：

·"年度图书"竞赛。1999年设立，旨在扶持俄罗斯图书出版，鼓励优秀装帧设计，在俄罗斯进行阅读推广，2013年度主要设年度散文、年度诗歌、"我们与图书一起成长"、21世纪教科书、人文图书、图书艺术、电子书等奖项；

·"俄罗斯图书"竞赛。2010年与非商业组织"祖国文艺扶持中心"合作设立，致力于发掘有趣的俄语新作供少年阅读，是俄语国家

① 利哈乔夫的名字被看作圣彼得堡知识与文化的象征。

② 信息来源：俄罗斯联邦出版与大众传媒署网站。

和地区最大的少年文学竞赛，优胜者直接由10—17岁少年投票产生，设文学作品和认知作品等奖项；

·“阅读领先者”竞赛。2011年与俄罗斯图书协会合作设立，面向儿童图书馆、青少年图书馆、中小学图书馆、机构附属图书馆等，旨在发现阅读最为积极的读者，鼓励地区教育、启蒙机构在少年儿童中开展阅读推广工作，竞赛分小学组（7—10岁）、初中组（11—13岁）、高中组（14—17岁）三个年龄组，三位优胜者将被资助参加莫斯科国际图书博览会；

·“图书伙伴关系”教育项目竞赛。2011年设立，面向正在实施阅读推广项目的国家机构、商业组织和社会组织，以及对阅读推广感兴趣的其他机构，吸引地区当局、教育机构、文化机构和社会组织等关注阅读推广和《国民阅读扶持与发展纲要》实施、拓展阅读宣传圈子、完善纲要资源保障、鼓励阅读推广领域创新项目、交流阅读推广项目组织实施经验；2011年设“和我们一起读”“联谊会”和“图书约会”三个奖项。

（王卉莲）

国民阅读扶持与发展纲要

引　言

在俄罗斯，实现整体现代化的前提条件是在全球化的条件下生活水平符合公认的世界标准，国家有实力成功地在世界政治与经济领域与其他国家竞争，与他们进行建设性的合作。但是建设性思想、知识和俄罗斯所有社会阶层中信息传播的缺乏制约了这些目标的实现，而相对较低的全民（其中有政治阶层、商业群体、管理环节）整体文化水平也不足以成功解决日积月累的复杂问题。

在其他已有的尖锐的基本体系问题背景下，国民阅读兴趣的下降在很多方面不断加剧俄罗斯社会知识和建设性思想的匮乏。从某种意义上来说这种现代社会情形被视作阅读文化的系统危机，这时国家就会走向轻视阅读的危机极限。

这种状况和重大社会风险紧密关联，因为阅读是掌握生活主要信息最重要的方式。没有阅读，很难想象个人能融入多民族、多层次的俄罗斯文化，这种俄罗斯文化被理解为精神、物质、智力和情感特征合而为一的统一整体，理解为生活方式、人的基本权利；理解为世界观体系，也就是价值、标准、传统、教育等表现社会特征的东西。同时经济、政治、国家安全和国家竞争力在很多方面都取决于公民文化水平。

许多国家的经验证明，形势在向好的方面发展。但是支持高水平的书面与口头文化需要常态的、持续不断的努力，以及建立促进需求与支持阅读（和写作）文化的有效培训机构。

今天，俄罗斯社会过渡期主要的任务在于唤起年轻一代的阅读兴趣，让受过教育、有工作岗位的大量俄罗斯公民回归积极读者的行列。这些人决定着俄罗斯的现在，也为俄罗斯的未来奠定基础，由于种种原因，在最近 20 年，这些人停止了阅读。换一种说法，必须在全国创建条件来保证阅读过程的全民集中性、提高阅读质量、保障所有知识领域阅读文献的多样性和阅读意见的交流，这样才能提高阅读作为一种文化价值的声望。

《国民阅读扶持与发展纲要》是要在俄罗斯作为一个过渡社会，在经济与政治改革、全球化和信息社会发展中遇到的社会文化进程与社会文化问题这个大背景下对阅读现象进行整体研究。

这样一种政策的实施一定会提升民族的智力潜能，成为俄罗斯保护和发展文化、支持和增加民族语言财富的工具，也一定会促进社会生活重要问题的解决，达到国家发展的战略目标。

第一章　纲要的实施前提

为实施纲要，俄罗斯现有的条件与资源：

· 保护和推广印刷产品、书面文件的体制机构（图书馆、教学与学术机构、出版社、图书贸易部门、档案馆）；

· 在这些机构管理范围内整理好的大量重要社会信息；

· 在全国活跃着职业文学记者、作家、翻译工作者、文学批评家、文艺学家，以及他们的社团；

· 一大批国有和私人出版社定期向市场出版图书、杂志和报纸；

· 专业的商店、超市部门、售报亭最大限度地向读者提供需要的印刷产品；

纲要名称	国民阅读扶持与发展纲要
制定者	俄罗斯联邦出版与大众传媒署、俄罗斯图书联盟
主要编写者	跨区域图书馆合作中心、斯特拉捷吉卡有限责任公司
纲要的目标与任务	·提高阅读水平，它是能够使读者有能力选择、理解、组织印刷（书面）形式的各类信息，并且成功地把信息用于个人和社会目的的知识与技能的综合 ·提升公民主体的阅读积极性（范围与强度），使他们能够适应过渡期社会复杂多变的形势任务 ·整顿社会文化空间，强化支持与发展基础领域的主要机构——包括图书馆、教育与文化机构、图书产业、以各种方式（报纸、杂志、文件等）来生产和推广不同内容的产业，完善阅读普及体系、阅读基础领域人才培训体系、阅读方面的科学教学法研究体系 ·创建阅读基础领域机构之间，以及机构与整顿相应社会文化空间管理体制之间的有效信息交换体系 ·建立支持与发展阅读基础领域的管理体系，即在主管部门与阅读领域制定与实施政策的机构之间建立有效的协调与合作机制
最重要的目标与结果	·提高公民的文化水平，使他们具备和发达国家、活跃的发展中国家公民比较的能力 ·提升公民的阅读水平，使他们具备与发达国家、活跃的发展中国家公民比较的能力 ·提升公民主体的阅读积极性（范围与强度），使他们能够成功地适应过渡期社会（参与阅读的居民比例、积极阅读的居民比例）复杂多变的形势 ·扩大进入提高阅读水平这一系统的居民比例，以及对学习效果感到满意的居民比例 ·扩大阅读普及中采取积极举措的公民比例 ·增加对所利用内容质量和多样性感到满意的公民比例，以及内容的制度化需求者比例 ·增加对内容被接受程度感到满意的公民比例，以及内容的制度化需求者比例
纲要实施的日程与阶段	2007—2020 第一阶级：2007—2010 第二阶级：2011—2015 第三阶级：2016—2020

· 定期举办图书交易会和书展；

· 国内存在着阅读严肃文学的群体，还有图书爱好者与独立文学家参加的社会团体；

· 国内还有一些潜在的大众传媒手段可以用于阅读宣传；

· 国内拥有发达的教育和图书馆网络；

· 社会还没有完全丧失丰富的文学传统和把这种传统移交下一代的意愿。

纲要的实施能够把大家联合到阅读领域统一的国家政策范畴内，能够巩固现有的彼此间联系松散的资源，能够把社会成员都集中到完成最重要的民族任务之一中。

图 书 馆

图书馆是唯一紧跟国家出版计划，收集品种齐全的国内出版物，主要供社会免费使用的社会机构。在公共机构区域化、社会成员购买力低的条件下（尤其是小城市和农村），在俄罗斯这样一个幅员辽阔的国家，图书馆成为保障人民获取信息的主要社会机构。不仅如此，图书馆的访问量（一年大约 10 亿人次）还有保证，比其他文化机构合起来还要高 3 倍。

俄罗斯现在有超过 13 万座各种类型的图书馆，这个数字之所以一直保持稳定得益于各种专业团体的努力运作。总体上来说，尽管过渡期存在着种种复杂的情况，图书馆仍然逐步成为了文化、教育和科学领域为数不多的、在很大程度上保留了人员与组织结构发展潜力的系统之一。

联邦和地区综合性的科学图书馆、公共图书馆和大学图书馆（总共大约1000座）总体上的发展能够适应世界标准，大多数也能符合当代信息化社会的要求。在国家信息图书馆中心基地创建了俄罗斯图书馆汇编目录，这个目录利用了当今最现代的编组元数据基础技术。全国有成千上万的图书馆工作人员，他们中的大多数都具有图书馆学或者教育学学历。大量的图书馆馆藏，尤其是大型图书馆的馆藏量，构成了国家文化财富和信息储备最重要、最不可或缺的部分。

教育系统

今天，全民义务教育对于俄罗斯的很多公民来说都具有首要意义，而对于相当一部分人来说，这也是最重要的实现社会化的场所。正是在学校里，学生奠定了未来社会成就的基础，形成自己的个性，培养对待自己与周围环境的态度、文化能力。国家科学、经济、艺术和社会发展的总体命运就取决于今天学校的发展状况。义务教育系统目前是唯一能够为居民基本能力发展担负责任的体制机构。

在这个社会性场所框架内积累了相当多的经验，也具有教学方法基础，以及一些与阅读能力相关联的工作所必需的其他资源：在引导孩子阅读这一领域还有相当宽广的空间，当然其中也存在局限性（有专门的修正部门）。引导孩子阅读领域超过90%的教师都具有高等教育背景。

既然在家庭中给孩子大声朗读的传统已经与现在的文化渐行渐远，学校和学校图书馆对于大多数孩子来说就成为他们最初接触书籍的地方。俄罗斯义务教育体系中引入了发达的机构网络，这个网络几乎涵盖了相应年龄层次100%的居民，而以后，这个网络会成为培养未来一代又一代读者的主要场所。

最近一些年俄罗斯教育系统经受住了重大的变革，尤其是在俄罗斯联邦委员会 2001 年 8 月 29 日文件基础上制定了 2010 年前俄罗斯教育现代化主题构想。今天全社会都已经意识到了教育系统在人力资源建设、维护和加强国家竞争力、保证国家和公民信息安全等方面的核心作用。承认了教育系统超前（和今天的社会需求相比）发展、面向世界标准重新定位，转移重点到能力发展等方面的必要性，而能力恰恰保证受教育者融入积极社会文化生活时同等起跑条件的可能性，同时也是未来持续教育与自我发展的必要条件。

阅读普及系统

必须实现的普及阅读的任务：

· 为推动阅读，要形成良好的信息环境，建立人们都能接受，而且对生活和社会必需的文学都有利的条件；

· 把最优秀的文学样本（文字、书、体裁、出版类型）引入广泛的读者层面；

· 在公众舆论层面形成关于阅读与图书文化的价值、阅读与图书文化的重要性等理念；

· 建立读书人、图书、文学、图书馆、书店以及其他与阅读紧密联系的社会机构的正面的、吸引人的形象；

· 吸引那些不阅读和很少阅读的人加入到积极的、训练有素的阅读中来。

俄罗斯还没有彻底丢失那些在革命前的俄罗斯形成，在苏联时代得以维持和发展的普及阅读的传统。这是图书馆、学校、图书爱好者协会、图书展销会、图书节和文学博物馆作为普及者发挥作用的结果。在现代的俄罗斯，这些结果很多是以个案的方式实现的。

图书产业

图书产业的主要职能是保证出版文学的多样性和高质量，以及通过图书贸易渠道实现在全国范围内的有效推广。在苏联时代曾经创建了发达的图书领域，包括大型图书出版社、印刷基地、分支众多的图书贸易网络、人员培训体系以及其他方面。虽然在20世纪80年代末至90年代初这个领域向市场经济的过渡不同程度地影响到了它的发展（详细情况下面会介绍），但是在过去的一段时间这个领域在发展中的进步也是显而易见的。

在图书出版数量和多样性（超过9万种）方面俄罗斯超越了苏联时代。2005年超越了美国20亿美元的市场总额。苏联时代在图书贸易中对读者需求的利用远远不足，当时习以为常的图书缺乏现象现在已经让位于图书产品的丰富繁杂，尤其是在一些大城市更加明显。俄罗斯图书出版社总数已经数以万计，它们当中的一些大型出版社同时也是东欧最大的出版社。在俄罗斯不仅出现了成功的书店，而且全国各地还出现了网络图书公司。在“俄罗斯书库”的基础上，创建了全国图书和出版物目录，建设“全球图书书目数据库”系统。

科学教学法的保证

在支持和发展阅读中要让复杂的基础领域有效发挥作用需要强大的科学教学法支撑。对于俄罗斯这样一个在传统上依赖自身科学与教育资源的国家来说，这一点尤其具有现实意义。

今天的俄罗斯具备所有的能力来研究阅读、文化启蒙、图书馆、教育系统、图书领域等问题。这体现于俄罗斯科学院、俄罗斯教育科学院和主要的“职能”大学——文化大学、出版与传媒大学、文学院、社会机构等等。不仅俄罗斯国家图书馆和俄罗斯民族图书馆这两座国家图书馆拥有重要的学术潜力，很多联邦和地区图书馆也具备这样的潜力。

改革年代的国家研究实践工作，包括和阅读相关的研究，产生了很多负面的变化（下面详谈）。但是必须强调那些科学和教育机构的重要性，它们不仅保存，而且在一定程度上增加了自己在这一领域的知识储备。除此之外，一些单枪匹马但充满激情的人，尽管他们只拥有极少的财政能力来支撑自己的事业，却依然创造了科学和教育方法，丝毫也不逊色于发达国家的典范人物。

人员培训系统

在俄罗斯，为满足阅读基础领域个别机构的需求，已经形成了人员培训系统。提高教育者技能水平的各类师范大学和学院、文化学院（培养的学生中有图书馆馆员）、出版与传媒大学、文学院等在俄罗斯形成了广泛的网络。

在一系列的学校中制定了创新方法来为公共图书馆、中小学图书馆、儿童图书馆、青少年图书馆培训教师、图书馆教育工作者、儿童和青少年阅读方面的专家、编辑校对人员和营销人员。

由于多种原因，需要全面完善人员培训系统（下面详谈），即要完成现代化和改革，而不是从零开始重新创建体系。

阅读基础领域的管理系统

在革命前的俄罗斯和随后的苏联时代，都建立了足够有效的阅读机构管理系统。虽然这个系统的一部分在改革年代被取消或者没能在瞬息万变的社会经济条件下完成自己的职能，较快恢复整体管理轮廓在具备前提条件后是可能实现的。这个前提就是俄罗斯联邦教育科学部、俄罗斯联邦文化部、俄罗斯联邦出版与大众传媒署、俄罗斯联邦文化与电影艺术署、俄罗斯联邦教育署这些国家权力机关能够集中所有力量来制定和实现把阅读基础领域主要组成部分联系在一起的现代国家政策。

最近15年国家和图书馆协会为了确定图书馆政策方针做了很多事情。1994年通过的《图书馆事业法》和《文件样本法》成为了俄罗斯联邦主体地区法律完整汇编，以及其他法律与规则文件的基础。图书馆界正在制定国家和职业标准，其中很多事情通过俄罗斯图书馆协会来实现。在所有俄罗斯联邦主体的2座国立图书馆、20座联邦图书馆，以及中心公共图书馆的基础上，一些主要的科学教学法研究中心正在发挥作用。

最近一段时间，国家正在经历规则—法律基础的根本改变，这一规则—法律基础在调整教育系统进程中赋予大多数参与者相当大的权力：

· 最近通过了《教育法》的修订，这次修订给地区教育管理自治机关在确定教育大纲内容时提供了很大的自由。在体制层面教育机构被赋予了独立制定教学计划和选择教学材料、教学方法的权力；

· 正在制定中的发展民族文化教育的想法的前提是教学过程

的内容和组织必须适应国家全民教育机构中出现的所有种族团体的利益；

· 《俄罗斯联邦立法法案》修订的联邦法律方案旨在强化雇主联合体代表在（专业）培训方向大纲以及在职业教育的国家教育标准和职业教育质量监督程序制定中的地位；

· 父母参与教育机构管理工作的范围扩大的趋势得以显现。

出现了出版者和印刷业推广人的全国性联合会，他们积极地宣布不仅愿意联合解决行业内部的问题，而且愿意解决那些重要的社会问题，比如俄罗斯社会阅读发展问题。

纲要所要解决问题的特征

综上所述，个别机构在改革年代不仅存留了阅读的社会文化空间，甚至还对其进行了一定的拓展。但是整体上，支持与发展阅读的基础领域在全国范围内还是遭受了严重的损失。俄罗斯已经走到了轻视阅读的危急关头，在现阶段可以说，民族文化核心被破坏的不可逆过程已经开始了。

从 20 世纪后半期开始，信息量在每个国家、在整个世界都急速增长，信息的扩散也在加速，同时信息多样化现象也更为明显。在全球信息化社会快速形成的条件下，俄罗斯的发展越来越多地依赖于国内流传信息的内容、条理性和利用率。

复杂而又瞬息万变的俄罗斯就像其他转型期的社会一样，不论是和之前的社会状态（苏联时期）相比，还是和发达国家相比，信息化的进程都让人感到秩序凌乱。表现如下：

· 信息交流困难很多，包括俄罗斯各地区之间、各类居民（超大城市、大城市、中等城市、乡村）之间、各个不同阶层和居民团体之间、不同职业代表之间，还有俄罗斯与其他国家之间的信息交流等；

· 在国家的信息化领域，片段式视听信息的来源和渠道占据主要地位，而同时多数居民对精确而又系统化书面（印刷的和电子的）信息的需求却没有得到满足；

· 必要的信息没有及时通过有效渠道满足需求者，而需求者所掌握的信息不足以帮助其解决重要的生活问题；

· 国家与社会之间生活信息交流不足，这阻碍着公民广泛参与社会重大问题；

· 对社会进行必要认知的更新速度低于对社会成员有效文化适应性的要求。

这些因素制约了俄罗斯作为信息化社会，也就是具有创新经济体系的后工业社会的发展，这种社会相应地正在融入现代全球进程，参与世界经济、政治和文化竞争。

在这种条件下，书面（印刷的和电子的）信息交流和阅读（也就是积极掌握书面信息）对于国家发展有着重要的作用。正因为有了印刷，主要是书（传统纸质书和电子书）、书面文献（手稿、日记、通信——公务的和个人的），才有社会重要信息和知识的积累。阅读是一项基本的、无可替代的、过去与现在、俄罗斯与外国社会经验的来源。所有其他信息渠道（电视、无线电、日常交流等）传达的更多是表面化的、经常是瞬间化的信息，它们在寻找真实可靠的书面信息过程中扮演的就是辅助“指南”、辅助推动者的角色，或者说只能给过去和现在发生的事件提供例证。

阅读是掌握重要社会信息（职业和生活知识、过去和现在的文化财产、关于过时的历史和现代事件信息、规范概念）的最主要手段，而且是多民族与多层次俄罗斯文化的主要组成和核心。阅读也是支撑这个核心，即职业与生活部分，最重要的机制。阅读是支持和增加民族语言财富最强大的机制。

理解、评价和掌握俄罗斯和世界正在发生的变化，尤其是在全球化、一体化条件下和现有社会文化空间密不可分的急遽变化，在很多方面都取决于对书面文化的利用率，这些书面文化被记录在印刷品和一些主要的专门机构（学校和科研单位、图书馆、档案馆、出版社、推广印刷品的通讯社）。而这一切只有在保证读者有效寻找、选择、组织阅读活动，有意识利用必需的重要信息（文本）的阅读水平提高后才能实现。

阅读可以保证：

1. 经济领域

· 阅读可以深化理解经济趋势和它们的社会后果。

2. 政治领域

· 阅读可以帮助职业政治家利用职业知识和技能来制定和监督社会解决方案；

· 阅读可以帮助社会成员学会利用手段来辨识和逃避政治家的掌控意向。

3. 法制领域

· 职业水平层面——帮助积累和组织社会上发生的法制经验；

· 生活层面——帮助全体民众利用法制信息。

4. 世界观领域

· 积累、概括、总结过去与现在的世界观（哲学、宗教、科学、美学）立场；

5. 传达社会重要经验领域

· 获取全民必需的重要社会知识；

· 培养提高自身文化水平的能力；

· 获得目前发生事件的信息。

但是在今天的俄罗斯社会，阅读的地位显而易见地在下降：

· 完全不读书或只是偶尔读书的俄罗斯公民的比例在扩大。如果说1991年79%的国民一年至少读一本书，那么到2005年这个数字只有63%了。系统读书的年轻人的比例从1991年的48%下降到了2005年的28%；

· 家庭阅读传统消失。20世纪70年代有80%的家庭定期给孩子读书，而现在只有7%的家庭在坚持这样的阅读；

· 居民对于印刷媒体的兴趣降低。如果说1991年61%的俄罗斯人每天读报，那么到2005年只有24%。对于杂志来说，这个数字同样从16%下降到7%；

· 阅读趣味不高和类似的倾向有上升趋势。职业书籍、艺术书籍、大众文学的选择证明了甚至在知识精英圈这些书都遭到了精简；

· 母语掌握情况在恶化。现在社会上母语作为实际存在（不论合法与否）变得越来越粗浅；作为对这一现象的回应，年轻人在交际圈、职业和公务环境中越来越多地使用英语，这些英语在很多情况下甚至替代了某些已经定型的俄语同义词；

· 出版政策向出版低信息量（从形式与内容的复杂性来说）文献倾斜；

· 阅读的娱乐消遣功能非同寻常地增强。人们在阅读时追求最低限度地付出脑力；

· 甚至一些大型图书馆对“高雅”的、复杂的、信息量丰富的专业文献和文学作品的需求都在降低；

· 中型和小型图书馆读者需求和图书馆供应能力之间矛盾突出。尤其是在一些小城市和乡村，这种矛盾直接引起社会层面阅读兴趣的持续下降；

· 在文学领域缺乏有价值的风向标。没有引领高质量文学阅读的权威人士；

· 社会上，甚至在管理和“知识精英界”层面都有这样的看法：与互联网相比，图书和图书馆的地位下降，发展能力几乎趋近于零。

相应地，问题在于阅读具有显而易见的不可替代性和重要性：

· 阅读可以发展人的潜能——提高居民的文化和教育水平；

· 阅读可以帮助国家、自治政权、机构、企业、社会组织在自己的层面做出权威性决定；

· 阅读可以发展知识精英阶层，这个阶层能够促进国内整体文化水平的维持与提高；

· 阅读可以提高公民的生活质量与文化积极性；

· 阅读可以提高国家地位。

阅读人数减少，阅读质量降低——这一切不可避免地导致社会文化的迅速衰落，居民社会文化和职业权威水平在下降，不仅无法理解和接受其他文化（极端的排他性），而且排斥文化本身的一些未知领域，而这些领域恰恰蕴藏着未能解决的社会问题，以及后续的社会混乱和动荡（没有文化的公民不善于用同样的方式去确认和表达重要的社会问题，也找不到解决它们的途径）。

明显的阅读兴趣下降，这是今天全世界都在面临的共同趋势。这种趋势是由于大众传媒全球化和娱乐产业迅猛发展造成的。现在娱乐产业正在排挤过去阅读作为社会重要信息来源和娱乐休闲手段的地位。但是在各个国家（现代化国家和正在积极推进现代化进程的国家），文化、知识、政治和商业界精英代表都倾向于积极尝试阻止这种趋势。他们已经意识到阅读兴趣降低对于社会文化水平、社会成员间有效影响和国家间互相交流所产生的致命危险，所以他们在寻找一些有的放矢的措施和手段。

俄罗斯的阅读问题还具有转型社会的现时特征。一些降低阅读积极性的因素在大众范围内都有产生，而且不断在蔓延。这些因素产生是因为以前苏联时代保证阅读权威性和群众普及性的体制机构在今天已经不再适应日益变化的需求，而新的体制机构还在形成阶段。

图　书　馆

今天图书馆面临的任务日益繁重，在社会和不同权力机构层面对图书馆地位增强问题还认识不足。

现在图书馆界的劳动报酬远远低于全国的中等水平，甚至低于文化领域中等水平，这样的劳动报酬也使本质上完善信息图书馆服务变得不现实。在图书馆从业人员年龄老化、年轻人后备不足的大背景下，信息社会对图书馆业的需求不断增长使图书馆界的劳动报酬问题变得尤其重要。

整个图书馆界失去了统一的管理体系，大家都在一种不友好（有时甚至是敌对）的规则—法律范畴内工作：

· 在俄罗斯联邦文化部的章程中甚至没有提到，文化部对图书馆领域和公共图书馆网络的国家政策制定负有直接责任，虽然在其他文化领域（档案、电影艺术、博物馆）对这一责任阐述相当详细；

· 文化部曾经相继取消了图书馆事务管理处和图书馆部。今天文化部已经没有图书馆界专家。俄罗斯联邦文化和电影艺术署的图书馆部没有足够的资源和权力来积极影响国内图书馆事业的发展；

· 图书馆现在是在不同国家权力机关（俄罗斯联邦文化部、俄罗斯联邦教育与科学部等）的管辖范围，这些权力机关内部没有专门的分支机构有足够资源和权力来有效管理全国的图书馆系统。俄罗斯联邦文化部和俄罗斯联邦教育与科学部（图书馆发展中最主要的两个负责部门）之间没有协调一致。整个俄罗斯联邦没有一个人为图书馆系统的发展负责；

· 在国家图书馆缺乏统一运营标准、自治政府与地区政权缺乏专业知识的情况下，通过的一系列法令（联邦法令第 94、122、131 号）不仅降低了图书馆配套化程度，还会导致一些地区图书馆直接关门停业。

20 世纪 90 年代几乎完全停止了对大部分图书馆活动的财政支持，那时候资金实际上只够用于支付工资，目前全国图书馆都面临着补充和恢复图书馆馆藏、保证馆藏为所有图书馆读者利用的窘境。

2005 年公共图书馆新出版物的引入量和 1991 年相比，只有后者的四分之一。按照联合国教科文组织的标准，对于发展中国家每 1000 人每年就应该引进 250 本新书——这个指标在俄罗斯地区间的差距达到10倍。指标低于100—150本书的地区（这已经超过了全国一半）可以大胆地称为信息绝缘地带。

全国大部分的乡村图书馆从20世纪90年代初实际上就没有再引入新文献。在成千上万个居民点甚至没有俄罗斯联邦宪法读本、邮政编码、俄罗斯地图和各类政府出版物。

俄罗斯两座具有全民地位的联邦图书馆（俄罗斯国家图书馆和俄罗斯民族图书馆）在现阶段还没有实现对国内其他图书馆应有的方法上的引导，在产生和普及未来图书馆服务创新模式方面缺乏系统体现。图书部门和国家权力机关实际上也没有在阅读的社会学和心理学领域对图书馆的科学工作时间提出要求。

标准的自治公共图书馆不符合现代图书馆读者的需求。这也是由一系列因素决定的：

· 图书馆的安排和书的布置对读者来说不方便（馆藏的主要部分不是开放的书架，而是藏书的房间）；

· 缺乏吸引人的文化公众项目场所，没有学术大厅和教室；

· 对于到馆访问读者来说地理位置不方便；

· 馆藏量与读者需求不协调；

· 电脑、复印机、音频、视频和其他技术设施完全没有或不足；

· 图书馆工作人员社会地位低，专业技术素质不过硬；

· 对于一些能力受限（盲人或视力衰弱）的到馆读者缺乏物质技术支持。

作为以上所述一系列图书馆问题的后果，今天图书馆已经不能按照需要的程度完成自己向俄罗斯公民提供必要信息的基本功能。

同时，建立高度发达的图书市场（图书市场在发达国家担负着支持阅读的大部分责任）需要漫长的时间、加倍的努力和投资。市场建立的速度直接和居民的购买力增长幅度、阅读兴趣发展紧密相连。这就是为什么必须首先借助公共图书馆来扩大新文学（也就是现代思想、知识和信息）被公众接受的程度的原因。

图书产业

国家对于大城市图书出版和图书贸易发展提供了很多实现市场关系过渡的机会，这影响到了国家其他地区图书领域的发展。今天已经形成了这样一种气候，全国出版书籍的90%都没有进入大部分中小城市的书店（甚至没有进入有书店保留下来的地方）。原来是由于图书贸易技术薄弱和流通周转手段不足，现在基本上是因为居民购买力低，书商在外省只能售卖非常有限的图书种类。

在世界发达国家，每10万居民就有5—10家书店，在俄罗斯联邦是1.5—2家；书的品种超过5万种（最小规模）的书店才有能力完成文化教育和普及阅读功能，而俄罗斯大多数书店中书的种类都不会超过2000—3000种。

邮寄书到国家的偏远地区要三周到达（在美国和加拿大少于三天），并且书的邮费之高又使相当一部分居民对于这种渠道望而却步。行政阻挠和高昂的租金妨碍俄罗斯相当一部分地区图书贸易的发展——本质上来说是除了人口百万的大城市以外的所有地区。国内继续在推进自治书店的私有化进程以及接下来书店的转向经营。

主要的书店（根据市场参与人员评估，比例接近90%）没有内部电子数据库，这原则上制约了回收系统的发展，也迫使书商们在中小城市的销售品种只限于“畅销书”。

新的高质量文献不能在全国范围内自由流通，而是主要落户在出版地。只有莫斯科、圣彼得堡和几十个大城市没有“书荒”。在全国主要地区售出的基本是高发行量、低艺术特色（动作电影、惊悚小说或电影、侦探小说、女性情感小说，而对于孩子则是“恐怖片”、侦探小说和连环漫画）。这样，不仅大部分儿童，而且成人得到的都是被截断的、不完整的阅读书单，注定了他们主要获得和阅读的只是书和杂志的“替代品”。外国出版书籍几乎没有出现。

在俄罗斯，科普类和技术文献类出版不足（占出版物总量的11%，而发达国家则达到25%），儿童和青少年出版物品种也相当匮乏（俄罗斯7%，发达国家25%—30%）。

居民没有很好或者几乎没有掌握知识领域出版的作品目录，大部分俄罗斯公民没有机会接触到这些东西。小城市和乡村年轻一代处于特别复杂的境况中，因为对于他们来说，各类新书的缺乏不仅直接导致他们今天和未来远离阅读，还会让他们丢失起跑的能力，以及与名副其实的社会文化生活紧密相连的未来生活前途。

大量有价值、有益处的信息出现在互联网上，但是只有15%的居民在某种程度上利用了这些信息。甚至如果说到无线电和电视转播的视听信息，小城市和乡村的居民经常只能听到或看到1—2个频率或频道。

从这个观点来看，问题在于适应转型期社会文化而必须积极掌握和利用信息与大多数地区社会团体信息匮乏之间存在的矛盾。

教育系统

尽管大家都承认教育有必要突出发展基本专长，在俄罗斯的全面义务教育系统中对阅读基本能力的形成还是不够重视。

引导阅读和增强读者能力的目标很大程度上已经缩小范围到处理文本的技术手段。文本恢复、信息统一、阅读内容与其他知识体系、自身经验的对比、文本的批判性思考这些技能暂时还没有列入教育标准中。

不同阶段和教育的各个子系统中读者能力培养水平之间的承续性被破坏：对专业人员的要求在教育的最初阶段没有体现。

实际上阅读没有被视作教育与发展的基本手段。在学生独立学习各类知识文本所占比重持续增加的条件下，阅读技能主要是在文学作品中变得熟练。在这种情况下粗浅地对待艺术作品会阻碍学生阅读兴趣的发展，这其中还包括学生对闲暇时间度过方式的兴趣。甚至发展阅读能力的有限时间也会逐渐被个人的教学课程所替代。结果是学生在相当程度上无法掌握处理大量专业信息的技能。

不同受教育者群体的特点完全没有被考虑到，尤其是能力受限的孩子和侨民孩子需要与俄罗斯联邦全民教育学校融为一体的事实也没有得到重视。全民教育学校没有配备必须的教学辅导书、教学设备、教学场所，尽管全国在引导阅读的现代技术手段和方式方法方面做了大量的工作，教师依然没有足够的利用这些手段与方法的专业技能。

教育过程中不同阶段学生阅读能力发展水平的评价体系是缺失的，这样就不能真实可信地评价更多探讨问题的观点，也不能把不同学科教师完善阅读技巧所做的努力协调起来。

大多数中小学图书馆都处于一种供不应求的状态。根据专家评价，这些图书馆80%的藏书都是教科书；实际上儿童与青少年文学和科普类作品已经停止引进。这类图书今天已经很匮乏，五至六年后主要馆藏（专业作品与文学作品）基本上不再符合现代信息流量和学生了解认知文学和休闲文学的必要水平。

学校图书馆不仅是学生而且还是教育机构工作人员的阅读发展中心，现在中心地位被破坏了。现有的教育文献内容实际上早已经过时。

培训中小学图书馆工作人员的问题得到了特别关注——他们的职业水平已经不符合现代要求，而中小学图书馆工作人员的培训体系已经被破坏。大学不培养中小学图书馆工作人员以及儿童与青少年图书馆工作人员，仅有个别充满激情的人在从事相应的教学研究（唯一帮助中小学图书馆工作人员提高职业水平的手段）。

在俄罗斯提升阅读能力的继续教育机构还没有形成自己的体系，只有一些零散的开拓者。

总体上来说，现有的义务教育系统不能保证今天阅读能力提升到必要的水平，而继续教育也不能弥补这些缺憾。这些情况的后果是，相当一部分结束义务教育的俄罗斯公民没有做好准备去有效掌握越来越复杂、数量越来越多的信息与知识。

阅读普及系统

国家和社会层面都没有考虑过阅读作为国家发展最重要的手段之一的重要性。相应地，阅读普及系统也令人相当不满。在这一领域缺乏国家和社会政策支持，没有树立清晰的长期和短期目标，没有相应的规则—法律基础作为保证。

尽管全国都在定期制定相应的措施来进行阅读宣传，发展阅读文化，但是这些措施的效果远远低于发达国家和活跃的发展中国家。书的广告缺乏针对性，没有对广告有效性的跟踪机制。

科学教学法保证

在阅读与识字领域俄罗斯今天没有建立科学教学方法研究的完整体系。相应问题的个别研究中心与热情参与者没有解决问题所必需的足够资源。

这个领域也没有学术活动的远景规划和协调。图书企业实际上不会投资于相应的研究工作，自然也不会要求出研究成果。

学术杂志上关于阅读、识字以及阅读基础领域个别机构发展问题的探讨严重不足。

人员培训系统

阅读领域专业人员培训系统最关键的问题就是这些从业人员的低工资收入，以及和苏联时代相比，和发达国家、活跃的发展中国家相比，甚至和国内其他的职业相比，这些从业人员在俄罗斯较低的社会地位。教育机构和机构中教师组成的严重不足导致不能保证人员培训水平。

为阅读基础领域培训人员的系统，每部分实际上都有本质的缺陷，相当一部分机构的历史只有几十年。

把专门的图书馆大学编入苏联时代建立的文化大学，本质上给培训符合现代职业要求的专业人员造成了困难。但是即使那样一种培训系统也不能给图书馆提供足够数量的专业人员。比如，目前俄罗斯仅有三个培训儿童图书馆工作人员的教研室，每年毕业的人数不超过 10 人。这种情况下，全国却有 5000 座儿童图书馆。

在提高阅读能力方面培训水平不高，掌握现代方法、教学法、技术手段的培训教师数量也严重不足。这些问题在那些有特殊教育需求（要求这些学生融入全民教育的背景下）以及还没有掌握学习语言（俄语）的侨民学生（教授俄语的教育机构中这样的学生数量日益增加）身上尤其突出。

苏联解体后出版业和图书产业刚刚起步的那些年，市场参与者积极利用苏联时代积聚的潜能。现在这些潜能已经消失殆尽，而新的潜能还在缓慢形成中。图书部门面临着要培训专业编辑、校对人员和其他图书出版专业人员的任务。今天，图书企业和职业大学的发展还没有达到协调一致的程度。

信息交流系统

在阅读的社会文化空间，一个严峻的问题和信息交流有关。教育机构、图书馆、图书贸易企业等的经理和普通员工都忽略了一点，那就是他们的活动在社会文化空间展开，所有阅读的主要成分都直接影响到活动质量。图书馆和教育机构、图书出版者与图书馆等等之间的有效信息交流非常有必要，而今天整个职业团体还没有足够认识到这一点。

对于建立信息交流来说，现阶段的网络利用能力不足，一方面由于网络上俄语职业内容很有限，另一方面还因为国内专业人员本身网络技术不过硬，缺少利用网络资源的文化。在关于阅读问题的学术会议、讨论会、圆桌会议上，由于组织的非专业化，部门间和学科间即使很有限的信息交流潜力都还没有完全实现。

最好的国际间实际交流活动途径极其有限：只有少数国内专家有机会赴国外进修或学习。发达国家的经验在俄罗斯没有得到应有的深刻、系统和及时的分析研究。

阅读基础领域管理系统

在今天的俄罗斯，国家、社会组织和商业部门之间关于基础阅读发展缺乏明确的任务分配。和大多数发达国家不同，俄罗斯没有关于基础阅读的长期配套国民纲要，国内没有系统支持和普及阅读的统一管理机构，国家也没有关键的手段来进行有效管理。既然没有建立整体的监测体系，那么也就不可能出现探讨问题的阅读团体和阅读机构，也就无法确立发展阅读机构的目标和优先地位，无法监督他们的成果。

最近一段时间俄罗斯国内才开始承认必须利用个人财政的现代机制来支持基础阅读的非商业部分。在这一点上关于储备基金（由不知名人士建立）的法令非常有代表性，该法令预计会在 2007 年初通过。

一系列的联邦和政府目标纲要都可以被认为相对深入地触及了阅读／识字问题（《2006—2010 年教育发展联邦目标纲要》、俄罗斯联邦文化部全俄翻译中心的《保证图书馆正常运行和补充图书馆藏纲要》等），但是国家支持培训阅读技能的规模还是只有发达国家的 1/20—1/30。如果说折合成卢布每年英国在这方面投入的资金大约为人均 3.5 万、芬兰人均 2.3 万，那么俄罗斯人均只有 1200。

结　　论

综上所述，得出如下结论：只有合理的、以科学为依据的、面向社会的、综合的、协调一致的扶持和发展阅读的国民纲要能够从本质上改变社会和国家机构中对待图书和阅读文化的态度。也正是这份纲要能保证接下来有计划地、合理有序地实现支持和发展阅读领域的相关国家政策（国家政策要由国家机构、商业部门和社会团体共同去积极制定，合理、协调一致地实现）。

第二章　纲要的基本目标与任务

纲要是一系列彼此关联的措施，这些措施在全国付诸实施的每个阶段都需要协调一致。

制定和实施阅读扶持与发展纲要的目标在于提升社会成员的文化能力：

· 提高读者能力，这种能力是人们选择、理解、组织以印刷形式出现的各类信息，并且成功地把它们应用于个人和社会目的的知识与技能的综合；

· 提高公民主体的阅读积极性（范围与强度），让他们成功地适应复杂、多变的社会转型期。

居民阅读能力的提高由以下方面决定：

· 所读文学（文本）的被接受程度增强，数量、质量和多样性不断扩充；

· 探讨阅读内容的环境不断优化；

· 为提升阅读水平而增加多方面能力。

读者阅读积极性的提高依赖以下几方面：

· 出版内容与内容载体（平台）的被接受程度得到增强，质量和多样性增加；

· 公民定期阅读兴趣增加，因为潜在的读者被普及阅读的有效措施所吸引；

· 提高阅读水平的能力的被接受性和质量都有所提升。

达到这些目标必须解决如下问题：

· 整顿社会文化空间，强化扶持与发展阅读基础领域的主要机构，包括图书馆、文化教育机构、教育系统、图书产业、以不同载体（报纸、杂志、文件等）生产和推广各种内容的产业、阅读推广体系；为阅读基础领域培训人才，开展对阅读与后续衍生的方法问题的科学研究；

· 在基础机构之间，以及机构与整顿阅读文化空间管理体系之间建立有效的信息交流系统；

· 建立扶持与发展阅读基础领域的管理体系，也就是建立政府机关与制定和实现扶持与发展阅读政策的机构之间协调与合作的有效机制。

纲要实现的手段与方法

纲要努力的方向和措施按类型分为如下几种：

· 按地区划分：整体进展的地区，有增长区域的地区，有增长点的地区，萧条地区；

· 按居民点划分：超大城市，大城市，中等城市，小城市，乡村；

· 按机构划分：图书馆，教育系统，图书产业，各种手段生产和推广不同内容（报纸、杂志、文件等）的产业，阅读推广体系，阅读基础领域人员培训，解决阅读问题的科学方法；

· 按阅读团体划分：专家，爱好者，表现出兴趣的人，偶尔阅读的人，不阅读的人；儿童和青少年，侨民，知识精英等；

· 按内容划分：教学的，教育的，娱乐的；

· 按传播信息的手段划分：书本，杂志，纸质文件与电子载体文件。

为了完成纲要的目标和任务，常用综合性和专业性两种手段与专业。

综合性手段与方法：

· 对阅读基础领域状态的综合性诊断，所谓基础领域也就是：现有体制结构与它们所能提供服务的综合；读者能够支配的已有的信息；读者群体与他们形形色色的兴趣（需求）；通过需求与供给的对比，以及它们之间分歧原因的显露来实现的诊断；

· 根据不同工作方向挑选出来的相应机构所做的目标明确的可调控性变化是综合性实验方案（社会实验）的前提；

· 监测实验结果以及后续不断扩展的纲要实施范围；

· 纲要实施的社会与经济效果评价体系；

· 强化阅读基础研究领域，保证它们能适应俄罗斯现代社会需求。

专业性手段与方法：

1. 对于读者

· 研究读者的兴趣、需求和不同社会文化团体阅读能力水平；

· 在大众传媒支持下在教育部门、图书馆、文学博物馆、书店、图书俱乐部等等基础上开展针对各类不同读者群体的工作。

2. 关于阅读基础领域

· 针对不同社会文化读者群体制定阅读推荐书目；

· 在中小学和大学改革教学大纲、制定新的教学方法，目标是活跃阅读氛围，提高读者阅读水平和个体接受信息能力；

· 为肩负提高读者阅读积极性的教学和教育机构（中小学、大学、图书馆、文学博物馆等）制定专门的方案与纲要；

· 展示图书馆和其他教育机构读者工作的成功范例；

· 组织针对专业文献、文学作品和普及型出版物的国家订单；

· 创建、支持和推进面向群众的期刊出版工作（《阅读范围》《文学新书》等类型）；

· 在无线电、电视和印刷传媒上创办关于阅读的长期性专栏；

· 利用互联网途径进行阅读普及。

3. 关于纲要的制定与修正

· 举办促进阅读的最有效想法的竞赛；

· 举办实施国民纲要最成功范例的竞赛；

· 在每一个突出方向上监测、显示和推广标准范例；

· 奖励最优秀的纲要执行者。

4. 关于在活跃阅读氛围中担负责任的人

· 重新培训与完善儿童教育机构教师、义务教育工作者和图书馆工作人员教育技能提高的体系；

· 不仅要培训和提高人文、社会大学人文学科教师的技能，还要提升技术与自然科学相应院系教师的技能；

· 为父母们组织专门的教学与教育培训课程；

· 与地区政府和自治政府，首先是教育与文化机关接触，这些机关的目标就是优化有关阅读的教育纲要和文化启蒙纲要。

5. 关于普及阅读的方向和形式

· 利用大众传媒提高阅读的权威地位；

· 户外宣传（横幅、独立的大型广告板、宣传画）和直观宣传（有关阅读和书籍的标语、传单与书签）；

· 大众传媒与网络上关于书籍和文学事件的大型推介会；

· 创建能够有效反馈阅读领域形式变化的机制；

· 采取一些专门的措施（阅读与图书节、文学节等）。

2020年前纲要整体实施预期效果：

· 提高俄罗斯居民的文化水平，使之可以与发达国家、活跃的发展中国家进行比较；

· 增加居民阅读积极性（范围与强度），使之能够成功适应转型期复杂多变的社会形势；

· 增加进入阅读能力提高体系，并且对学习效果满意的居民比例；

· 增加投身于阅读普及措施的居民比例；

· 增加对纲要所提到的阅读内容的质量和多样性都感到满意的居民比例；

· 增加对纲要所提到的阅读内容的方便获得性感到满意的居民比例。

每个目标必须有具体的调控指数，纲要第一阶段实施过程中要制定目标性的方针。

长期规划中上述目标的实现前提是创建强大的基础阅读领域和

相应的管理机制，还包括监测体系，以及阅读社会文化空间范围内有效的信息交流。

所有这一切都能从本质上提高人力资源的质量，同时能够有助于更成功地解决俄罗斯各项战略任务。

第三章　纲要实施的日程与阶段；目标指数

纲要分三个阶段实现。

第一阶段（2007—2010）——创建强化扶持与发展阅读基础的筹备机制

目标是展现改善形势的能力，寻找和选择强化阅读基础领域的有效机制。

第一阶段的目标与成果：

· 系统地分析问题及俄罗斯阅读发展状况，修正后续阶段的目标与定位；

· 在结合俄罗斯与世界最优秀经验的基础上，制定和应用强化基础阅读的有效机制；

· 为纲要成功实施和定期阅读基础领域的后续经营创建组织性前提；

· 在有条件的地方获得快速成效。

第一阶段的任务：

· 在机构、地区、居住地、读者团体、内容和载体（平台）等层面上区别性地研究阅读基础领域的状况；

· 通过竞争性选择机制，在指标（代表性）客体水平基础上制定与实施实验方案，包括实施结果的监测与分析；

· 为纲要顺利实施建立组织性前提；

· 创建管理纲要实施的体系，包括监测与决策体系；

· 围绕强化俄罗斯基础阅读任务，动员和联合管理领域最积极和最能干的工作人员，以及教育、图书馆、图书产业、大众传媒等领域的专业技术人员。从教育、图书馆、图书产业、大众传媒等领域的最有天赋的大学生、年轻的专业人员中选拔建立“黄金资源储备”；

· 为纲要实施建立科学方法和信息前提，包括信息交流体系最关键的部分；

· 实施一系列亟待解决的强化基础阅读的首要措施，以及一整套具有明显正面成效的低成本措施。

俄罗斯联邦出版与大众传媒署、俄罗斯联邦文化与电影艺术署、俄罗斯联邦教育署、俄罗斯其他国家和社会机构中的管理机构，以及被吸收进这些管理机构中完成分析和专家鉴定工作的专家团体等的工作范畴：选择实验方案，监督实验方案的实施，分析结果，并推广与阅读问题相关的正面范例。

俄罗斯联邦出版与大众传媒署、俄罗斯联邦文化与电影艺术署、俄罗斯联邦教育署为完成纲要计划组建专家鉴定委员会，委员会组成人员包括：

· 社会学（阅读、文化）、社会心理学、阅读心理学、教育、文化学、政治学、经济学、法学等领域的专家；

· 社会各界的代表（作家、记者、出版者、推广者、权威读者等）；

· 相关部委和机关的代表（经济部、财政部、社会发展部、国防部、内务部等）。

在纲要实施最优管理机制形成之前由俄罗斯联邦出版与大众传

媒署和组建专家鉴定委员会的俄罗斯公共事业部的代表组成管理委员会。

第二阶段（2011—2015）——基础的系统强化阶段

这一阶段要推广第一阶段取得的有效成果，系统性强化扶持与发展阅读基础领域的现有成果，争取补足缺漏和遗失部分。

第二阶段的目标与结果：

· 采用创新措施；系统地强化扶持与发展阅读基础领域以及这个领域的后续功能；

· 建立扶持与发展基础阅读的管理体系，并保证纲要管理机制与这种体系的平稳融合；

· 关于纲要和基础领域作用的主要目标和定位问题要建立定期的目标确立和结果监测体系；

· 获得纲要主要目标的具体结果，这些结果的数据参数在纲要第一阶段框架中已经具体说明。

纲要实施措施应该分别和早前划分的不同方向相匹配。

第三阶段（2016—2020）——预期潜能的实现，急速增长

这一阶段要实现预期潜能，把基础领域的焦点转移到依靠公民的文化能力改善人力资源质量上面。

第三阶段的目标与结果：

· 达到纲要的主要结果，这些结果的目标参数已经在第一阶段框架内具体说明，在第二阶段框架内得以明确；向与世界发达国家相适应的俄罗斯人力资源评价体系过渡；

· 以规则和法律巩固现有增长点和增长区域；

· 重建促进图书和阅读文化、提高居民文化能力的规则机制。

第四章　第一阶段的主要方向列举

1. 阅读领域事件状态的诊断与预测、实验方案以及阅读基础领域个别情况下一系列措施的实现

（1）图书馆与文化教育机构：

1）形成和发展图书馆服务和未来图书馆模式，目的是吸引更多的读者，提高阅读水平；

2）实现图书馆馆藏现代化，其中包括为达到这一目的，按照优惠价（20%—50%）为自治图书馆（综合型社会图书馆以及满足不同标准读者、不同措施需求的专业性图书馆）组织和输送专用成套出版物；

3）实现图书馆物质技术基础的现代化，包括信息化；

4）在公共图书馆基础上建立和发展阅读水平提高中心；

5）图书馆运转的人员、信息和科学方法保证：加强各种层次中心图书馆作为图书馆网络科学、教育和信息中心的地位；

6）强化图书馆服务与读者需求监测状态体系；

7）加强出版市场监测体系，为实现图书馆馆藏配套和制定阅读书目建立参考书目选择和推荐体系；

8）完善图书馆事业的规则—法律基础；

9）制定新型多功能图书馆的愿景标准（《21 世纪的俄罗斯图书馆》）。

（2）教育系统：

1）制定和应用高质量的现代教学大纲、教学法、方式与技术，目的在于提高公民的阅读和文化水准，在教育系统所有层次的教育与培训机构发展读者兴趣，推进图书与阅读发展；

2）从阅读和文化水平的视角出发，制定学生成果评价标准体系。研究教育与培训机构的阅读问题；

3）以发展学生阅读和保障文化水平为出发点，发展教育状态监测体系；

4）在推进阅读、提高学生阅读和文化水平这一范畴内，必须保证教育与培训机构获得人员、信息和科学方法支撑；

5）要健全教育过程中强化阅读角色、关注阅读这一部分的规则—法律基础；

6）发展教学、文化教育机构之间相互影响的新形式；

7）教育培训机构图书馆的现代化，包括图书馆馆藏现代化、物质技术基础现代化、图书馆服务模式现代化、图书馆规模现代化；

8）发展中小学图书馆监测体系，为教育和培训机构图书馆馆藏配套与阅读书目制定建立参考书目选择和推荐体系。

（3）图书产业：

1）制定配套措施来推动出版行业的发展，包括准备和出版社会必需的文献资料，这些文献资料根据国家订单出版，然后有目的地向自治的公共和学校图书馆推广；推动有利于俄罗斯不同地区、不同社会文化群体、不同阶层利益的出版行为；

2）完善规则—法律基础，这些规则—法律基础为印刷产品生产部门的活动和工作条件制定规章制度；

3）印刷产品生产部门的人员、信息和科学方法保证；

4）制定一系列措施在经济、规划和管理方面提高出版质量；

5）制定出版部门状态监测体系并完善问题研究；

6）制定措施来扩充书店和书店运营网络，其中包括拟定文件来帮助消费者接近印刷产品（优惠的邮政寄送等）；

7）健全规则—法律基础，这些规则—法律基础为图书贸易参加者的活动和工作条件制定规章制度（在书店附近优惠租用场地等）；

8）制定让书店加入《国民阅读扶持与发展纲要》实施的整套措施；

9）为图书推广过程参与者提供人员、信息和科学方法的保证；

10）善图书贸易状态研究和监测体系；

11）制定措施来支持俄罗斯作家，提高出版社和作家协会有效的相互影响。

（4）利用各种平台（报纸、杂志、电子出版物等）生产和推广不同内容的产业：

1）制定一整套措施来吸引不同平台内容的生产者和推广者加入纲要实施过程；

2）制定一整套措施来推动各种平台（报纸、杂志、电子出版物等）不同内容生产和推广产业的发展，包括根据国家订单来准备和出版社会必需产品，然后把这些产品推广到俄罗斯符合不同地区、不同社会文化团体和不同阶层利益的自治公共图书馆和中小学图书馆；

3）完善规则—法律基础，这些基础能够为生产和推广不同平台内容的产业的活动和工作条件制定规章制度；

4）为内容生产者和推广者提供人员、信息和科学方法的保证；

5）制定一整套措施提高内容生产者和推广者在经济、规划和管理领域的活动质量；

6）加强内容生产者和推广者活动状态监测体系和问题研究；

7）建立内容生产者和推广者产业问题研究和状态监测体系。

（5）阅读普及系统：

1）制定和应用普及阅读的长期规划方法、方式、技能来吸引更多读者，提高他们的阅读水平；

2）举办群众文化措施和大众传媒的信息教育活动，推动图书与阅读发展，其中包括吸引知识界精英投身阅读普及过程；

3）为阅读普及过程参与者提供人员、信息和科学方法的保证；

4）完善阅读和阅读兴趣普及措施有效性的监测体系；

5）完善规则—法律基础，这些基础能够为阅读普及中政府机关、教育和文化教育机构、图书生产企业、大众传媒等制定规章制度；

6）推动本纲要的普及措施。

（6）阅读基础领域的人员培训系统：

1）发展劳动报酬体系，制定扶持与发展阅读基础领域机构工作人员的扶持计划；

2）为奋斗在扶持与发展阅读基础领域个别地方的大学生、年轻专家、优秀的专家和管理人员提供支持；

3）制定为扶持与发展阅读基础领域专家提供培训的中长期方法、方式和技术；

4）加强扶持与发展阅读基础领域专家培训学校的物质技术基础；

5）为扶持与发展阅读基础领域专家的培训工作提供人员、信息、科学方法的保证；

6）扶持与发展阅读基础领域后备人才培训系统的状态监测；

7）完善规则—法律基础，这些基础为培训扶持与发展阅读基础领域专家的活动制定规章制度。

（7）阅读领域科学研究和科学教学系统：

1）强化扶持与发展阅读基础中心的人员、信息和物质技术基础，包括创建学术中心来协调本领域科学教学法的工作；

2）创建扶持与发展阅读基础领域所有问题的国家级专家委员会；

3）创立扶持与发展阅读基础领域的科学教学法支撑状态监测体系；

4）完善规则—法律基础，这些规则—法律基础能够为扶持与发展阅读中的科学教学法活动制定规章制度。

2. 创建信息交流和社会文化空间的阅读监测体系，明确中长期纲要实施的目标与机制

（1）创建信息交流的未来模式和机制，目的是加强与阅读相关的团体内部以及他们和需求者之间的交流；

（2）强化和发展职业的大众传媒手段（包括电子手段）、教育系统、图书馆以及和本纲要目标实现密切相关的图书产业；

（3）支持学术会议、讨论会、圆桌会议和从事扶持与发展阅读活动的人员的其他交流形式；

（4）数据基础信息化的物质技术基础、职业信息交流体系的现代化，其中包括"全球图书书目数据库"系统的发展；

（5）为在阅读的社会文化空间进行信息交流的体系运转提供人员、信息和科学教学法保障；

（6）建立阅读信息空间和加入信息空间的专家与读者的状态的监测体系；

（7）完善扶持与发展阅读基础领域之间和内部信息交流的规则—法律基础。

3. 建立阅读基础领域最优管理系统

（1）建立和发展对扶持与发展阅读基础领域个别机构的社会—国家和个人—国家伙伴关系进行整体管理的未来模式；

（2）强化联邦、地区和地方层次国家政权机构的物质—技术基础，来有效实现它们对扶持与发展阅读基础领域个别机构进行整体管理的功能；

（3）为对扶持与发展阅读基础领域个别机构进行整体管理的体系提供人员、信息和科学教学法的保障；

（4）建立扶持与发展阅读基础领域个别机构整体管理体制的状态监测系统；

（5）完善规则—法律基础，这些规则—法律基础可以为联邦、地区和地方层面对扶持与发展阅读基础领域进行整体管理的个别机构制定规章制度；

（6）明确纲要实施措施的计划，包括明确必要的资源保障、责任执行者、措施有效性的关键指标等。

第五章　纲要的实施机制

纲要实施机制包含以下层面：

· 国家 / 地区；

· 国家机构 / 个体与社会组织。

纲要实施组织机制的确定和形成是在第一阶段。在纲要实施组织机制形成之前由纲要的管理委员会完成管理职能,管理委员会的组成代表为:俄罗斯联邦出版与大众传媒署、俄罗斯图书联盟。

管理委员会的主要目标是吸引相应的国家机构和社会组织,在可能的最大期限内组织制定纲要管理实施机制。

管理委员会的职能包括:

· 协调纲要与国家机构和社会组织的关系,吸引其共同参与纲要实施过程;

· 在措施、责任执行者和财政规划方面对纲要进行细化、具体化;

· 纲要实施初级阶段的定期分析与评价;

· 纲要实施初级阶段的财政招标政策;

· 纲要普及化。

委员会的人员组成由俄罗斯公共事业管理局和俄罗斯联邦出版与大众传媒署的委员会确定。

工作中管理委员会遵循如下原则:

· 系统性;会议与决议的定期性;

· 公开性与透明性(考虑多方与专家协会的意见,由委员会接受决议);

· 灵活性(不确定条件下寻找复杂的答案)。

一般来说,管理委员会的会议每月召开两次。必要情况下会议日期能够更改,还可以增开会议。在以上两种条件下管理委员会成员应该在不晚于指定开会日期前三天内通知开会时间。

第六章　纲要的社会—经济效果的评价

纲要的社会效益的评价通过如下主要参数实现：

· 纲要措施的社会必要性决定了它们自身对阅读发展、扶持现有机构和创建新组织机构的贡献；

· 纲要措施的社会效益性表明了它们自身的质量、结果和影响，这些影响能促进阅读发展、提高文化水平和公民生活质量、最小化社会压力、明确社会与国家的伙伴关系；

· 纲要措施的社会吸引力指的是能够引起群众的兴趣，获得广泛的推广，在俄罗斯全社会扩大文化交流范围，为组织共同事业把所有力量联合起来；

· 社会效益不是传统经济分析的对象，需要制定评价社会效益的专门指标与方法。

纲要措施的社会必要性（重要性）由以下指标进行评价：

· 改善读者阅读社会文化空间的质量。这种改善就表现在机构数量、质量与纲要框架内标准意义的协调；

· 提高与推动阅读相关的机构中个人的社会地位。也就是相应职业在社会中的威望得以提升，这对于全国阅读发展现有职业潜能的合理实现具有重要意义；

· 克服社会阅读兴趣下降的趋势。也就是要扩大读者圈，增加阅读时间，提高印刷产品的质量，增加访问图书馆人员数量（包括通过远程通道和互联网访问）。

纲要措施的社会效益性通过以下指标来评价：

· 提高公民文化水平。也就是完善公民在交流和理解信息（印刷信息和媒体文本）渠道中的定位能力；

· 提高专业人员技能水平。也就是定期重新培训，教学材料要达到世界水准；

· 把纲要措施（组织）引入社会文化空间（地区和居民点范围内的社会阶层）的阅读发展领域。

纲要措施（组织）的社会吸引力通过以下指标实现：

· 用户对采用措施的质量感到满意（组织服务的质量与数量）；

· 全体职员对工作地点感到满意；

· 各种社会团体阅读兴趣增加。

利用如下方法得到数量数据：

· 文件分析；

· 能得到客观数据的访问调查。

利用如下方法得到质量数据：

· 文件分析；

· 用户与机构全体职员的调查；

· 社会舆论研究。

利用如下方法得到等级评价数据：

· 专家调查；

· 用户与机构全体职员的调查；

· 社会舆论研究。

（宋秀梅译）

德　　国

德国促进阅读基金会章程

导言

德国被称为“诗人与思想家的国度”,在这里诞生了大量伟大的科学家、思想家和哲学家。德国的经济实力位列世界前茅,可称之为软、硬实力兼具的典范之国。德国是古登堡金属活字印刷术的故乡之一,这项技术的再发明改变了欧洲大陆的命运,巨潮般的书籍从此打破了黑暗沉闷的中世纪,迎来了宗教改革和文艺复兴,同时也培育了日耳曼民族的阅读传统。1450 年古登堡金属活字印刷术的实用化和 1763 年世界上第一部《普遍义务教育法》的颁布,为德国 18 世纪晚期历时 25 年的“阅读革命”创造了条件。1871 年德意志帝国建立时,已基本消灭了文盲,德国的中产阶级也开始广泛地接触图书。诗人席勒也因此将 18 世纪称为“一个被墨渍铺盖的世纪”“一个读书成瘾的世纪”。[①]

德国的法兰克福拥有长达 500 年的书展历史。“二战”后为了振兴德国文化,于 1949 年举办了首届法兰克福国际图书博览会,今天已经成为全世界书业和阅读的盛会。德国是全世界人均书店密度

---

① 李工真:《德国人的“阅读革命”:用读书丰富国家的智慧》,2013年12月10日《长江日报》,第12版。

最高的国家，平均每1.7万人就拥有一家书店。德国的出版业更是实力强大，据统计，全德约有2632家出版社，每年出书8万种。德国书业协会的统计数据显示，德国国民中有91%在过去一年里至少读过一本书，25%的国民年阅读量超过18本，23%的国民年阅读量9—18本，完全不读书的国民只占9%。[①] 德国约有200多个阅读推广机构、组织，民间组织更是不计其数，[②] 各类阅读推广活动遍布各级政府、学校、图书馆、家庭以及各类社团，促进少年儿童阅读更是重中之重。

德国图书馆事业非常发达，“二战”时公共图书馆虽受到了重创，但战后很快重建恢复，到2000年，德国全国有公共图书馆11 322座，平均约每6600人就拥有一座。公共图书馆分为州、城镇、乡村三级，其中乡村级图书馆为居民在2万人以下的地区服务，设有中心馆、分馆及流动馆。任何人走进离家最近的图书馆，只要出示当地居住证明，交上10欧元年费，便可在一分钟内办好借书卡，这张借书卡可以在全国300多个城市图书馆借书。[③] 德国拥有世界上最早的大学图书馆——哥廷根大学图书馆，建于1737年。德国的许多大学图书馆与州立或市立图书馆合一，实现了经费与社会服务的双赢。除此之外，德国还有大量隶属于政府、议会、教会、企业、研究机构、学术团体的专业图书馆。德国政府还在积极促进图书馆的数字化，于2000年

① 宫丽颖、祁迪：《德国公共图书馆的青少年儿童阅读推广》，载《出版参考》，2014年7月（上）。

② 李蕊：《德国社会阅读推广考察及启示》，载《图书馆界》，2014年第1期。

③ 李工真：《德国人的“阅读革命”：用读书丰富国家的智慧》，2013年12月10日《长江日报》，第12版。

提出的《德国—21世纪白皮书》中明确了建立数字图书馆的重要性。[1]

在这样一个热爱阅读的国度，却没有图书馆或促进阅读的专门法律，其原因在于德国很早就进行了“阅读革命”，促进阅读、重视阅读的思想已经深深植入社会肌体和国民思想之中，并不需要以法规的形式唤起社会各界的关注、规范政府的责任。大量专业从事阅读推广的组织机构、阅读推广项目和阅读活动，维持着德国阅读促进工作的生机和效果。

其中，由历任总统任名誉主席的德国促进阅读基金会可以视为德国促进阅读的全国中枢机构。该基金会1988年成立以来，工作成效卓著，不仅吸引大批名人代言，还培育了大量专业志愿者，更凝聚了社会各界的力量——其99%的工作经费都源于社会捐助，并带动了同类志愿组织的繁荣生长。除此之外，优秀阅读推广组织还有：德国联邦及州教育规划和研究促进会委托设立并资助的“阅读在德国”网站。国际阅读推广机构“德国—以色列”阅读媒体俱乐部、朗读志愿者俱乐部、教师俱乐部等。

在这些社会组织的推动下，德国实施了大量社会阅读推广项目，其中许多创意具有世界影响力，如“阅读测量尺”“阅读起跑线”“阅读筑桥”“阅读童子军”“阅读小海盗”“爸爸给我读书”“全国朗读日”等项目。

鉴于德国促进阅读基金会对全国阅读促进事业的统领地位和卓越贡献，本文收入了该组织的规章制度，用以启发我们，如何能够更多地发动社会的力量，让热爱阅读植入民族文化之中。最后，特别想说明的是，德国史研究学者李工真教授在解释德国在两次世界大战

---

① 杨子竞：《德国图书馆现况与走向》，载《高校图书馆工作》，2006年第2期。

中给人类带来深重灾难和该民族阅读习惯的关系时，回答道："读书保证了德国基本的文明素质，但并没有保证这个民族的领导人在世界争端激烈的时代选择一条正确的道路"；[①] 同样，日本也曾是一个热爱阅读又热衷于战争的国家。阅读对人类行为、世界历史的影响是复杂而多面的，我们在为全民阅读大声疾呼的同时，更要以批判的眼光去深入研究阅读的科学规律，让人们为美好而阅读。

（张文彦）

① 李工真：《德国人的"阅读革命"：用读书丰富国家的智慧》，2013 年 12 月 10 日《长江日报》，第 12 版。

德国促进阅读基金会章程

德国促进阅读基金会（Stiftung Lesen）位于德国美因茨，致力于促进国民阅读和读写能力。我们深信，在当今这个由各种媒介主导的文化多元社会，阅读是实现充分社会参与的必要前提。对于人的发展来说，阅读是基础，它使生活充实而有意义，丰富着我们生存于斯的社区。

愿　景

德国促进阅读基金会将自身定位为德国阅读和媒介运用能力的促进者，目标在于确保德国所有儿童和成人掌握阅读和媒介运用的关键技能并享受阅读。着眼于为阅读技能的学习提供基础并提升整体读写能力，德国促进阅读基金会为每一个社会成员，不论其经济、文化和社会背景为何，设立了大量易于实施的项目。

作为在德国提升阅读能力的动力和媒介，本基金会设立项目、提供政治建议并开展科学研究。此外，基金会还作为其他组织之间的协调人，促成政府机构、政界、社会公众、科学界和经济界之间的对话、交流和合作。在国际上，德国促进阅读基金会是欧洲阅读推广平台 EURead 的重要合作伙伴和欧洲读写能力政策网络的核心成员。

成立背景

不会读书的人在社会中会处于劣势，因为阅读能力是学习能力的基础。对于个人的人生发展和社会融合来说，阅读能力至关重要。如经济合作与发展组织 2014 年报告《教育概览》所显示的，阅读能力极大地影响着人的收入。

关于德国儿童的读写能力，国际学生评估项目的研究和经合组织的报告都表明，在过去这些年里此领域存在严重不足：15 岁学生中，有 1/5 阅读能力只有初步水平（国际学生评估项目 2001 年和 2009 年的报告）。根据利奥组织（LEO）2011 年的研究，德国约有 750 万成人被列为"事实上的文盲"，总人口中只有 20% 经常读书。

工作内容

德国促进阅读基金会的活动、项目与辅助计划和研究计划互为补充，相辅相成。这些项目为家庭和幼教机构中婴儿的早期发展提供支持，而阅读能力的基础正是在此时期打下的。年龄更大的孩子和青少年则通过设立于学校内外的项目得到支持，他们的未来发展都涵盖于这些项目中。除直接受益的孩子外，儿童阅读能力成长的主要培育者，包括父母、幼托护工、教师、图书销售商和图书管理员，都被纳入了这些项目。

德国促进阅读基金会发起了一场阅读运动：

· 当前每年 4 月 23 日世界读书日的礼物图书"我会使你成为故事中的礼物"，吸引了 75 万儿童；

· 2014 年世界读书日，20 万册"阅读之友"图书作为礼物被赠送给成人；

· 2013 年，全国读书日举行了 8 万场阅读活动，听众超过 100 万人；

· 约 10.5 万德国促进阅读基金会志愿者积极参与阅读和讲故事活动；

· 900 万家庭通过麦当劳快乐大餐活动接收图书；

· 来自各类中小学的超过 3.6 万名教师积极加入基金会的教师俱乐部；

· 到 2018 年，将有总数达 450 万的家庭从“阅读起步”项目中收到“阅读起步包”。

架构与组织

德国促进阅读基金会创立于 1988 年，由三位董事领衔负责，德国总统约阿希姆·高克任名誉会长，首席执行官为约尔格·马斯博士。由科学专家组成的一个跨学科小组通过分析阅读和媒介能力方面的新趋势，为基金会制定新的研究主题、设立新的项目提供支持。

基金会的工作也得到了无数社会名流和阅读大使的支持，他们通过体育赛事、电视节目、政治活动和时事新闻而广为人知，志愿成为基金会各项活动的代表。

此外，通过基金会阅读俱乐部结合在一起的 15 万名志愿读者非常投入，他们在图书馆、幼教机构和学校中组织读书会。基金会把这些志愿者培训成了项目导师。

阅读与媒介研究所

2006 年，德国促进阅读基金会设立了自己的阅读与媒介研究所，以使基金会的项目跟上最新科学发现的步伐。研究所的任务是开展以下方面的科学研究：媒介的运用、阅读与阅读社会化、基金会项目的监督和评估、阅读和媒介研究等主题研讨会的组织。通过这些研究，本研究所分析新的主题和趋势，充当着基金会项目制定议程的重要发起者。

阅读与媒介研究所为基金会的协作和网络合作伙伴提供顾问和支持，向它们提供最新研究项目的成果。研究所充当着全国联络枢纽，也是阅读和媒介研究相关问题的评论者，在研讨会和小组讨论中代表着基金会。

（伊　哲译）

瑞　典

文学、文化杂志与阅读提高活动国家财政补贴条例

导言

瑞典是北欧最大的国家，经济与文化发达，人民生活水平较高，社会保障制度完善，在联合国开发计划署的人类发展指数中常常名列前茅。瑞典早在1905年就推出了首部《图书馆法》，今天，瑞典图书馆有着发达的服务网络、合理的布局和完善全面的读者保障。在瑞典首都斯德哥尔摩，每一地铁站周边都会有图书馆，图书馆拥有两辆各自可容纳2000册图书的“儿童流动图书馆”，学校和幼儿园可以通过电邮预约，邀请流动图书馆驶入校园。图书馆还设有“阅读障碍角”，专门服务于读写困难的人群。[①] 瑞典政府从2002年起，把图书的增值税税率从25%降为6%，这极大地促进了图书出版业的新发展。政府每年还拨出约4700万瑞典克朗（约合650万美元）的财政预算，以促进文学推广项目和图书发行项目，此举也确保了公共图书馆馆藏的逐年稳步提升。

儿童阅读是瑞典阅读推广工作的重心和亮点，政府的资助涵盖当年的大部分儿童文学出版物，并且免费发放给瑞典所有的学校、幼儿园、图书馆和普通民众。2008至2012年政府投资约150亿瑞典

① 闫予沨：《诺贝尔之乡的公共图书馆》，载《中国教师》，2014年11月（上）。

克朗（约合20.67亿美元）实施“阅读—书写—算数”计划，2012至2014年预计投资4800万瑞典克朗（约合661.5万美元）支持“社会性别计划”活动等。针对不同年龄段的青少年儿童，瑞典推行分级阅读推广策略，免费发放婴儿阅读包、图书礼包，并于1996年开始设立阅读推广的国家级网站——网络儿童图书馆。[①]瑞典社会各界经常发起各具特色的阅读推广活动，如瑞典领养老金者学会等单位共同推动的“隔代亲子阅读”计划（1999—2002）、瑞典童书协会发起的“阅读2000”活动、麦当劳和书业合作推出的阅读企业活动等。

2001年波士顿大学国际研究中心针对35个国家15万名四年级学生（平均9—10岁）做了“国际阅读素养成就调查”（The Progress in International Reading Literacy Study），调查报告显示，瑞典在阅读能力一项排名第一。而在另一项由经济合作与发展组织发起的国际学生评估项目中，瑞典中学生阅读能力排名也遥遥领先。

瑞典全民阅读事业的发达，还表现在阅读推广的高度专业化上。瑞典在图书馆中专门推行了名为“苹果图书馆”的特殊服务，为视障、精神发育迟滞、有诵读困难症等任何有阅读障碍的青少年儿童提供丰富的图书资源和多媒体资源。[②]瑞典还是研究阅读障碍并付诸实践的主要国家之一，成立了瑞典阅读障碍症协会，发起国家阅读障碍症运动，建立瑞典无障碍媒体机构，以管理全国有声读物的馆际互借服务，推出有声读物数据库，为有阅读障碍的读者打造无障碍的信息获取通道。同时，瑞典在知识产权、残疾人权益保障、社会援助、图

---

① 董倩、宫丽颖：《瑞典青少年儿童阅读推广探究》，载《出版参考》，2014年11月（上）。

② 同上。

书馆等相关领域的法律都涉及对阅读障碍症群体的服务保障。[1]

但耐人寻味的是，国际学生评估项目2012年报告显示，瑞典学生的阅读成绩较以往有了较大的退步，这引发了国际和瑞典国内持久的争论。我们姑且不去探究其内在原因，需要深思的是，即使阅读条件如此发达、阅读推广活动如此专业丰富的国家，也会遭遇国民阅读中的费解难题或不如人意。阅读推广不能一蹴而就，更不是一劳永逸，而需要持之以恒，永不懈怠。

瑞典并没有懈怠，新的措施和方案不断出台。2013年，瑞典政府提出了专门的“阅读生活 (Reading for Life) 法案”，旨在鼓励和提倡国民阅读，并扶持和繁荣文化出版行业。该法案指出：瑞典要在现有基础上提升国民阅读能力，提高国民的虚构/非虚构作品的日常阅读数量，提高国民对阅读在教育、文化和公共生活中的重要性的意识。[2]

瑞典的阅读推广政策和措施令人目不暇接。虽然在国民阅读习惯、阅读基础设施、阅读服务等方面我国与之还有不小的差距，瑞典的许多先进做法还不能快速移植推进，但其中许多宝贵的经验，值得我们在制定政策法规、确立项目方案的初始阶段就予以重视吸收，以实现“站在巨人肩膀上”的效果。由于时间和语言所限，本书未能全面地去汇总蕴含在瑞典诸多法律中的保障国民阅读的条款精髓，只收入了这项2010年颁布的《文学、文化杂志与阅读提高活动国家财政补贴条例》，望能窥一斑而知全豹。

(张文彦)

---

① 孙蓓、方家忠：《北欧图书馆“阅读障碍症”群体服务研究——基于挪威、瑞典、芬兰、丹麦的实践》，载《图书馆情报工作》，2014年第12期。

② 闫予沨：《诺贝尔之乡的公共图书馆》，载《中国教师》，2014年11月（上）。

文学、文化杂志与阅读提高活动国家财政补贴条例

（2010年1058号）

颁布部门：文化部
颁布时间：2010年7月1日
修订：2012年70号条例

引　　则

第一条　为向促进文学、文化杂志的繁荣与发展提供国家财政补贴，以及向促进阅读能力的提高提供国家财政补贴，特制定本条例。

国家财政补贴应控制在力所能及的范围内。

第二条　根据本条例，瑞典全国文化委员会享有此类国家财政补贴的审批权。

国家财政补贴的宗旨

第三条　促进文学与文化杂志发展的多样性、质量与深度，促进文学与文化杂志的传播，是提供国家财政补贴的宗旨。

定　　义

第四条　本条例所涉及的领域：

文学作品：用瑞典本国语言写作的文学作品以及译成瑞典文或

瑞典少数民族语言、优先在瑞典出版发行并面向普通大众的外国文学作品；

文化杂志：主要内容能以其文化观点而引起普通大众关注的杂志或以分析与介绍文化与艺术发展为主要内容的杂志。

国家财政补贴条件

第五条 国家财政补贴对象：

1. 在瑞典专门从事文学作品或文化杂志出版发行业务的人或组织；

2. 促进文学作品与文化杂志在瑞典传播的活动的组织者；

3. 促进阅读能力提高的活动的组织者，如市镇当局、幼儿园、学校、图书馆、书店、自愿者组织及瑞典的其他社会团体。

在根据本条例第五条第 1 与第 2 款提供国家财政补贴时，须特别注意兼顾全国各地的平衡。

根据 1984 年 326 号条例第一条有关国家文化财政补贴目标的规定，瑞典全国文化委员会还应向其他北欧国家萨米人组织在瑞典开展的文化活动提供国家财政补贴。

第六条 除印刷版的文学作品与文化杂志之外，国家财政补贴的对象还包括电子版的文学作品与文化杂志（2012 年 70 号条例）。

第七条 一些特别的文学作品可以在出版发行之后获得国家财政补贴。一些特别的文学作品也可以在计划出版发行之前获得国家财政补贴。出版发行之后提供的补贴须考虑到合理的出版发行费用。

出版发行之前提供的补贴须考虑到作品的成本费。

瑞典全国文化委员会须公布有关如何计算出版发行之后获得的补贴金额的规则。

作为资助的条件之一，文学作品的发行量应达到瑞典全国文化委员会的规定，不得低于或超过一定的幅度。

国家财政补贴只用于资助第一个版本的文学作品，除非该作品做如下更动：

1. 作为古典文学作品再版；

2. 以电子版再版，前提是在 2011 年 1 月 1 日之前仅出版过印刷版而未出版过电子版（2012 年 70 号条例）。

第八条 为出版发行文化杂志提供的国家财政补贴用于补贴杂志生产成本与发展。

作为资助的条件之一，文化杂志的发行期数应该达到瑞典全国文化委员会的要求。

国家财政补贴还可以用于促进文化杂志的营销与传播以及创办更多的同类杂志。

第九条 文学作品或文化杂志如果已经获得其他形式的国家资助，则只有具备特别理由，才能获得本条例所规定的国家财政补贴。

第十条 根据本条例第五条第 1 款而获得国家财政补贴的出版发行商须根据瑞典全国文化委员会的要求，预留一定数量的获资助文学作品，赠送给瑞典公共图书馆、冰岛和法罗群岛的北欧大厦、格陵兰岛与奥兰岛的北欧学会。

赠送这部分书籍的费用将获得补偿，补偿额度由瑞典全国文化委员会确定。

第十一条　遵循欧盟1996年12月15日就遵守小规模资助条约第八十七条和第八十八条规定而颁布的（EG）1998/2006号委员会条例和瑞典1988年764号国家对工商活动资助条例第十八条至第二十条确定的条件，本条例规定为促进阅读能力的提高而提供的国家财政补贴，是一种较小规模的资助。

审　计

第十二条　国家财政补贴获取者有义务接受瑞典全国文化委员会的审计并提供评估所需要的所有资料。

偿还与收回

第十三条　瑞典全国文化委员会如果审批补贴所依据的是虚假信息，将有权取消已批准的补贴。

第十四条　如果出现以下情况，根据本条例而获得补贴者须偿还补贴款：

1. 补贴获取者提供了虚假信息或以其他方式导致补贴款支付有误或超额支付；

2. 由于除上述原因以外的其他原因，国家财政补贴支付有误或超额支付；

3. 补贴款挪作他用；

4. 资助的活动半途而废或补贴款由于其他原因未得到使用；

5. 补贴获取者不接受本条例第十二条所规定的审计；

6. 补贴决定中所规定的条件未得到遵守。

第十五条　如果补贴接受者依照本条例第十四条规定必须偿还补贴款，瑞典全国文化委员会有权要求领取者偿还全部或部分补贴款。如果理由充足，瑞典全国文化委员会可以取消要求获得者偿还全部或部分补贴款的决定。

授　权

第十六条　瑞典全国文化委员会在与瑞典作家基金会执委会协商后，可以发布执行本条例所需要的规定。

申　诉

第十七条　1986 年 223 号条例第二十二条（a）款就向瑞典公共行政法院提出申诉的问题已做出了相关的规定。对于除根据本条例第十三条所做出的决定之外的其他决定，均不得提出申诉。

（吴　平译）

法　国

有关地方政府促进公众阅读和为电影院提供优惠的法律

导言

法国是世界主要发达国家之一，但自古以来，法国就是一个欧洲传统农业国家，其城市化进程比英国和美国要晚得多。但在文艺复兴之后，法国却孕育了光辉灿烂的法兰西文化，诞生了无数世界经典文学著作，引领着时尚的潮流。这种为世人称颂的文化品位和源源不绝的文化创造力，与法兰西民族钟情阅读息息相关，更与国家的推动和引导紧密相连。

法国对阅读的热爱，表现在该国曾经连续多年举办世界上少有的、倾国家全力去推动的国家读书节。该读书节创办于1989年，由法国国家图书中心主办，每年10月14—16日举办，为期三天，先后被命名为“阅读疯”“书香时代”和“欢乐中的阅读”，让国民平等享有阅读权利、通过阅读倡导文化的多样性表达与对话是读书节始终秉承的精神。这个盛大的节日致力于营造欢快的读书氛围，把作者、译者、出版社、书店、图书馆、读书协会和读者们联合起来，将阅读活动带到社会的各个角落，呼唤大家欣赏文学，热爱阅读。读书节举办过“文学之夜”“一城一书”等规模庞大、内容丰富的活动，这些活动甚至推广到其他国家，成为全球性的法语阅读活动。2009年，考虑到活动耗资日益巨大（2008年法国国家图书中心为活动支出经费90万欧元），且法国各地丰富多彩的地区性阅读推广活动已经发展起来，法国国家图书中心决定取消全国性的读书节。[①]

法国促进文学创作与阅读推广的活动保持着密切的互动关系。法国有各类文学奖项近2000种，知名奖项有龚古尔奖、花神奖、费米娜奖等，这些奖项大多不以大额奖金刺激作者竞争，而在于其权威性和公正性。众多文学奖项在11月初密集举行，由此在每年下半年催生出大量相关阅读活动，引发规模效应。众多出版社要赶在奖项颁布前推出大量新书，而这时正处于学生们秋季开学的前后。由此，自20世纪50年代开始，法国开始出现"返校阅读季"的概念，并于70年代末发展成熟。每年8月至圣诞节前，返校阅读季中阅读活动大量开展，各类推动阅读的广告铺天盖地，激发了法国人的阅读热情、创作欲望，推动出版产业良性循环。

法国的出版业极其发达，产值位列该国文化产业第一。法国的独立书店则多姿多彩，成为法国城市独特的文化地标和公共文化资源。这与法国政府一直以来采取各种措施扶持是分不开的，包括下调图书增值税、保护和援助实体书店等。相关法规政策包括：1981年通过的法律对图书价格实行统一定价，上下浮动不得超过5%；1995年，法国文化部长和商企部长共同签署了资助小书店的协议，每年从连锁书店上缴的税费中提取3亿法郎资助小书店，以防止中小书店被连锁店挤垮；2013年，又通过了一部规范图书网购的法律，以保护法国当地实体书商，该法迫使亚马逊等网上书店调整在法国

① 王珺：《2009年法国将取消全国性读书节》，载《出版参考》，2009年2月（下）。

的运费以及定价结构。2014年，在法国文化部长的主持下，法国又出台了一项针对独立书店的资助计划，总金额高达1800万欧元，由国家图书中心和出版界出资帮助独立书店在数字时代进行商业转型，并帮助他们解决可能面临的财务危机。长久以来扶持的结果，是保护了阅读文化的多样性，保持了丰富多元的阅读文化生态。

法国政府每年都会将一部分财政预算用于帮助公众阅读，且逐年提高。法国文化部2009年预算总共28.21亿欧元，其中用于帮助公众阅读的预算为1390万欧元，比2008年提高了1.4%。除直接用于帮助阅读的预算，法国文化部还将向公共图书馆系统提供8200万欧元的资金。①

此外，法国政府还密切关注青少年阅读状况。近年来，通过对青少年阅读情况的持续观察，教育部门发现法国学生的阅读量不断下降，其中研究性阅读和期刊阅读量停滞不前，甚至呈倒退趋势。2015年初，教育部长宣布，以后CE2（相当于中国大陆小学三年级）的学生都将接受法文阅读和写字评估。

阅读已经成为“法国式”生活不可或缺的部分，渗入到政治、经济和文化生活的方方面面。由于语言和时间所限，我们只寻找到如下一项与阅读相关的法规，录入本书。希望有更多的研究者全面深入地探析法国的阅读推广法规政策，甚至是文化扶持政策，让我们能够借鉴更多经验，实现阅读与文学创作之间更为显著的良性互动。

（张文彦）

① 文庭孝、李彬彬：《中法社会阅读比较研究》，载《高校图书馆工作》，2013年第5期。

有关地方政府促进公众阅读和为电影院提供优惠的法律

（1992 年 7 月 13 日，92—651 号）

1983 年 7 月 22 日 83—663 号法律第 60—1 条的第二段完善了有关市镇、省、地区和国家之间权力划分的 1983 年 1 月 7 日 83—8 号法律，规定如下：

“从 1992 年 1 月 1 日起，与国家在权力移交前一年对于国家级图书馆的投资数量相等的贷款纳入向地方下放权力的总体费用。该款项的数额可根据上述的 1983 年 1 月 7 日 83—8 号法律所规定的增长率进行调整。”

上述的 1983 年 7 月 22 日 83—663 号法律第 60—2 条规定如下：

“第 60—2 条　在第 60—1 条框架中向地方下放权力的总体费用中所包含的贷款分为两个部分，第一部分专门用于扶持 60—3 条中规定的、纳入省级权力下放费用中的图书馆，第二部分用于充实对 1983 年 1 月 7 日 83—8 号法律第 95 条最后一段所规定的、纳入市级权力下放费用中的对于图书馆的帮助。

“这两部分相应的数额由国家最高行政法院的法令确定。”

上述的 1983 年 7 月 22 日 83—663 号法律第 60—3 条规定如下：

“第 60—3 条　在省级权力下放费用中设立对图书馆扶持的专项资金，第 60—2 条中所述的第一部分贷款用于该用途。在第 60 条中所规定移交的授权范围内完成投资工作的省份或按照第61条所授权的、参与市镇或多个1万人口以下的市镇联合投资项目的可分享该贷款。

“国家最高行政法院发布法令确定本条款的执行条件。”

上述的1983年7月22日83—663号法律第60—4条规定如下：

“第60—4条 第60—2条中所提及的第二部分贷款用于地方用途的市级图书馆的建设或购置设备。地方用途的图书馆是建立在市镇或多个人口1万人以下市镇联合体或一个地区的首府的机构。它应与最高国家行政法院通过法令所确定的占地面积、投入资金、文献支持、现代化传播手段的运用等条件相适应。

“本条款第一段所述的贷款在最高行政法院确定的条件下分配。

“享受以上贷款的项目申报将最晚于1997年12月31日截止。”

上文提及的1983年7月22日的83—663号法律第61—1条的第二段由下文进行补充：

“在1992年1月1日正在实施或已立项的有关国家级图书馆的项目可在项目开始时的法律和财政制度下完成。

“从本法律公布之日起，国家级图书馆将更名为省级图书馆。”

1982年3月2日82—213号有关市镇、省和地区的权力和自由的法律第五条由以下条款IV进行补充：

“IV 市镇可以在国家最高行政法院确定的条件下对经营电影放映厅的企业进行补贴。

“但享受补贴的机构，无论其拥有多少放映厅，每周平均观众要少于 2200 人次。

“《税务总法典》第 281 条 A 项所涉及的、专门从事电影放映的企业不能享受该补助。

“津贴的发放应以经营者和市镇之间签署的协议为依据。”

上文中提及的 1982 年 3 月 2 日 82—213 号法律的第 48 条由以下条款 IV 进行补充：

“IV　省级政府可以在国家最高行政法院确定的条件下对经营电影放映厅的企业进行补贴，同时须征求企业所在地议会的意见。

“但享受补贴的机构，无论其拥有多少放映厅，每周平均观众要少于 2200 人次。

“《税务总法典》第 281 条 A 项所涉及的、专门从事电影放映的企业不能享受该补助。

“津贴的发放应以经营者和省级政府之间签署的协议为依据。”

1972 年 7 月 5 日 72—619 号有关地区设置和组织的法律第 11 条中的 A 项，应在编号“19”前插入编号“2，3，4，5，6，7，8，9，10，11，12，13，16，17，18”。

本法将以国家法律的形式执行。

（姜　涛译）

美　　国

卓越阅读法案

导言

作为一个超级大国,美国在众多领域的研究进展都居于世界前列,对阅读促进的研究与实践工作正是其中之一。而对未成年人阅读的推动,则是其中的重点,从制度、投入、科研等方面,美国都堪称世界的先行者,形成了集政策法规、机构标准、绩效评估、科学研究于一体的国家推广体系,积累了丰富的经验。

长久以来,阅读都是美国教育政策的主轴,这个领域也由此成为众多著名学者探索和争论的焦点,推进阅读的理念也经受过多种观点的左右。例如,19 世纪末 20 世纪初,约翰 · 杜威和斯坦利 · 霍尔等知名学者公开坚持强调儿童八岁之前不应学习阅读,否则将身心受到伤害。这些观点极大地影响了美国的小学教育。直至 20 世纪 50 年代,鲁道夫 · 弗莱斯出版了《为什么约翰不能阅读》(*Why Johnny Can't Read*),对进步主义教育主导下的美国阅读教育提出质疑,并引发全国性的大辩论。这场争论在研究者的实地调研中渐渐平息,新的阅读教育观点认为,阅读方法并非非此即彼,但无论如何,不能扼杀儿童的阅读乐趣,也就是说,培养儿童的阅读兴趣,是阅读教育的基础。[①]

1983 年，美国国家优质教育委员会向政府和教育部提交教育报告《国家在危机中：教育改革势在必行》，引发了美国政府和社会各界的危机感和深刻反思。同年，另一份《阅读之国：来自阅读委员会的报告》由全国教育研究院组织的数名知名阅读专家所组成的阅读委员会发布，分为七个部分，详细解释说明了阅读的相关知识、阅读教育的要素及建议。此后，美国的阅读事业的地位日益明晰和显要，开始了从写入国家政策、政府组织全国性活动，到写入法制、成为总统和政府重要政绩的光辉之路。

1991 年，老布什总统签发了教育部长亚历山大起草的《美国 2000 年教育战略》，其中第五个目标为：每个成年美国人将能读书写字，并将掌握在全球经济中进行竞争的本领、承担相应的责任。1997 年，克林顿总统于 10 月 21 日在白宫做了美国阅读动员报告，同年发起了“美国阅读挑战”(America Reads Challenge) 计划，成立了美国阅读挑战办公室，并签署了“美国阅读工读项目”(America Reads Work-study Program)，旨在通过支付报酬的方式鼓励大学生参与阅读挑战，帮助家长和儿童提高阅读能力。

1997 年美国国家研究院成立了早期教育委员会，经过大量细致研究，1998 年发布了研究报告《预防阅读困难：早期阅读教育策略》(*Preventing Reading Difficulties in Young Children*)，1999 年又发布了报告《正确开始：提升儿童阅读成就指引》(*Starting Out Right: A Guide to Promoting Children's Reading Success*)。这两份报告平息了

① 张燕：《20 世纪 80 年代以来美国阅读教育改革与发展研究》，福建师范大学硕士学位论文，2011 年 5 月。

有关儿童早期阅读的诸多争论，成为此后20余年间美国儿童早期阅读促进工作的奠基性文献。美国教育部还专门成立了克服儿童阅读困难委员会。

1998年5月，美国阅读挑战办公室关于《阅读卓越法案》(Reading Excellence Act)的提案经国会通过，并由克林顿总统签署生效，这标志着美国正式将阅读促进从政策层面提高到法制层面。1999年，美国众议院又通过了《卓越阅读计划》(The Reading Excellence Program)，配套《卓越阅读法案》实施。

2002年，小布什总统签署了《不让一个孩子掉队法案》(No Child Left Behind Act)，该法案是《初等和中等教育法案》的修正案；后者于2001年在参众两院通过，其中确立的以“阅读优先”为教育政策的主轴，获得了民主党和共和党的一致支持。就阅读问题，《不让一个孩子掉队法案》制定了两项方案：“阅读优先计划”和针对学前儿童的“早期阅读优先计划”。两项计划实施后直到2010年，美国每年投入大量的财政经费，用于支持最需要的贫困地区和学校的阅读教育、阅读项目等。

2009年，即将卸任的小布什在费城的一所公立学校发表了最后一次施政演说，其演说中心思想，就是对《不让一个孩子掉队法案》成功的肯定，并将其视为自己最关注也是最重要的成就，呼吁下一届总统不要弱化这部法案，而要在修订后继承、发扬。

2008年美国金融危机的影响仍然蔓延，这成为奥巴马上任后不得不面对的一个严峻问题。小布什时期大规模投入式的阅读政策不得不告一段落，但奥巴马仍然将促进未成年人阅读作为一项重要的工作。2009年2月，奥巴马签署了2009年《美国复苏与再投资法案》

(American Recovery and Reinvestment Act)，其中有50亿美元作为加强儿童早期教育的投入。2012年，奥巴马政府授予豁免权，各州可以不受《不让一个孩子掉队法案》的约束。到2013年，已有34个州和哥伦比亚特区收到豁免权，结束了《不让一个孩子掉队法案》时期的政策。

《不让一个孩子掉队法案》目前还没有完全宣布结束，这部法案的没落，并不意味着阅读教育对美国已经不重要，而是因为法案自身和实施方案存在太多不足，并且背后还夹杂着政治、经济等多种因素的博弈。但是，我们仍然看见其中许多闪烁着夺目光彩的理念。其中，将贫困儿童、残障儿童、少数族裔儿童等特殊儿童群体作为重点，进行阅读能力的大力促进工作，是对《卓越阅读法案》中相关内容的继承与强化。作为一场投入巨大的阅读扶贫运动，其富有人文关怀和全局视野的指导理念，无疑具有远见与现实针对性。

美国政府在建立国家促进机制方面身体力行30余年，为促进少儿阅读种下了一片广袤的科学试验田，成功或失败，都为我们留下了大量可供借鉴的宝贵经验，值得我们去深耕和挖掘，从而为我所用。篇幅所限，本书只收录了《卓越阅读法案》，供读者参考。

（张文彦）

卓越阅读法案

1997 年 10 月 24 日提交众议院全体委员会

教育和劳动力委员会的古德林先生提交了如下报告

以及

少数派与持异议者针对 H.R. 2614[①] 的观点

向教育和劳动力委员会提交 H.R. 2614 法案，旨在通过改进在职阅读教师的教学实践，提高儿童及其家庭的阅读与读写能力，激励更高质量家庭读写计划的发展，以为儿童在课外提供学习时间与机会，进而确保孩子们不晚于三年级即可以进行独立、流畅的阅读并实现其他类似目标。出于同样考虑，报告附上了修正案，并建议通过该法案修正案。

修正案如下：

删除制定条款后的所有条款，并加入下述替代条款：

第 1 节　简称

本法案可被援引为"卓越阅读法案"。

第一章　阅读补助

第 101 节　1965 年《初等和中等教育法案》阅读补助修正案

1965 年《初等和中等教育法案》（20 U.S.C. 6301 以及下列等等）

① 即《卓越阅读法案》。

在其结尾处增加了如下内容作为修正案：

“第十五章　阅读补助

“第 15101 节 目的

“本章目的在于：

“（1）教育每个儿童在其童年早期进行阅读：

“（A）他们一准备好进行阅读就可以进行；或

“（B）在他们入学后尽快进行，但不得晚于三年级。

“（2）通过使用源自可靠的、可复制的阅读研究（包括自然拼读法）的发现，改进学生的阅读技巧，以及阅读课教师的在职教学实践。

“（3）增加高质量家庭读写计划的数目。

“（4）减少由于阅读障碍而被不当归入特殊教育范畴儿童的数量。

“第 15102 节 定义

“本章所列：

“（1）有资质的职业发展提供商——术语‘有资质的职业发展提供商’是指基于对阅读可靠的、可复制的研究，向教师提供阅读教学职业发展的提供商。

“（2）有资质的研究机构——术语‘有资质的研究机构’是指已经进行了基于可靠的、可复制的阅读研究的高等教育机构。

“（3）家庭读写能力服务——术语‘家庭读写能力服务’是指在自愿的基础上提供给参与者的服务，此类服务需要保证足够的时长、充足的持续期，以使被服务家庭发生可持续变化（如消除或减少福利依赖）。此类服务整合了下列所有活动：

“(A) 亲子间互动读写能力活动。

“(B) 培养父母在学习方面与孩子们成为伙伴。

“(C) 父母读写能力训练，包括有益于经济自足的培训。

“(D) 对接受父母读写能力服务的父母的孩子进行的适当指导。

“(4) 阅读——术语‘阅读’是指依靠下述能力理解书面文本的过程：

“(A) 在默读或朗读中使用拼读技能的能力，即对字母和发音知识的掌握，迅速、轻松地将拼写与读音关系运用于印刷文字的能力；

“(B) 运用以前学过的策略进行阅读理解的能力；以及

“(C)对于文本意义、消息和审美价值进行批判性思考的能力。

“(5) 阅读准备——术语‘阅读准备’是指

“(A) 提供语言发展经验和机遇的活动；

“(B) 创造性欣赏书面文本的活动；

“(C) 养成对印刷语言、字母系统以及音素系统意识的活动；以及

“(D) 理解语言和文字是由音素、音节、词构成的活动。

“(6) 可靠的、可复制的研究——术语‘可靠的、可复制的研究’是指客观的、有效的、科学的研究，该研究

“(A) 包括对学科严格定义的样本，这些样本足够广泛、有代表性，足以支持得出一般结论；

“(B) 依赖于满足可靠性和有效性既定标准的测量值；

“(C) 测试多种理论并存的竞争理论；

“(D) 在研究结果发布前，提交同行评审；以及

“(E) 探索提高阅读技巧的有效策略。

“第 15103 节 阅读与读写能力合作伙伴关系补助

“(a) 授权项目——部长可在竞争的基础上，向阅读与读写能力合作伙伴关系提供授权，以使其可以根据第 15104 节和 15105 节发放补助。

“(b) 阅读与读写能力合作伙伴关系

“(1) 构成

“(A) 必要参与者——为根据此节规定接受补助，相应州应建立阅读与读写能力合作伙伴关系，至少包括以下参与者：

“(i) 该州州长。

“(ii) 州立学校主管官员。

“(iii) 州议会负责教育政策的各委员会主席和高级成员。

“(iv) 一位由州长和州立学校主管官员共同选定的代表，该代表来自至少一个地方教育机构，在该机构服务的地域中至少应有一所学校被根据第 1116 (c) 节选为学校改进计划学校。

“(v) 一位由州长和州立学校主管官员共同选定的代表，该代表来自从事儿童工作以提高儿童阅读能力的组织，确切地说是使用志愿者的基于社区的组织。

“(B) 可选参与者——阅读与读写能力合作伙伴关系可以包括其他参与者，他们应由州长和州立学校主管官员共同选定，其中可能包括

“(i) 阅读元素占比较大的适当的联邦或州计划的州主管；

“(ii) 公立或私立学校的学生家长或在家中教育孩子的家长；

“(iii) 阅读教师；或

“(iv) 运作州师资队伍培养项目的高等教育机构的一位代表；

地方教育机构的一位代表；有资质的研究机构的一位代表；可提供基于可靠的、可复制的阅读研究指导的有资质的民办非营利或营利的职业发展商的一位代表；家庭读写能力服务提供商的一位代表；成人教育机构的一位代表；参与阅读项目的志愿者组织的一位代表；或提供儿童或家庭阅读或读写能力计划的学校或公共图书馆的一位代表。

“（2）协议——建立阅读与读写能力合作伙伴关系的合约协议

“（A）须详细说明

“（i）第（1）段中提到的参与者联合会的性质和范围；以及

“（ii）每个此类参与者的作用与职责；以及

“（B）根据第（e）小节，应在合作伙伴关系的补助申请中提出的补助期限内持续有效。

“（3）职能——如果阅读与读写能力合作伙伴关系希望根据本节规定获得补助，那么每个州的阅读与读写能力合作伙伴关系应根据第（e）小节准备并提交申请。

“（A）应根据第15104节和第15105节提出申请并发放分拨补助；

“（B）应监督分拨补助的使用情况，并根据第（h）小节提交执行情况报告；

“（C）如果根据本章规定，获得了足够的资金补助，则要

“（i）努力加强州内机构在学校、教室和早期教育和儿童保健提供商处对于可靠的、可复制的阅读研究的宣传能力；

“（ii）根据第15104节和第15105节促进为分拨补助接受人提供技术援助，这可以通过向他们提供技术援助提供商的信息来实现；

以及

“(iii) 建立并促进州读写能力计划间的协调，以提高其效率、避免工作重叠；以及

“(D) 须确保合作伙伴关系根据第15104节提供给每个地方教育机构的分拨补助，可以根据要求，以可理解的、统一的方式，在其服务的地区向第15104 (a) (2) 节选定的任何学校的所有学生家长提供关于在校教师资质的信息，以便提供阅读指导。

“(4) 财务代理人——州教育机构应当充当阅读与读写能力合作伙伴关系的财务代理人，以确保收到来自部长的资金，并根据第15104节和第15105节向补助接受人分拨资金，并对此类资金负责。

“(c) 预先存在的合作伙伴关系——在《卓越阅读法案》颁布日期之前，如果某个州已建立某个合作团体、合作伙伴关系或其他任何类似的组织，且组织中包括部长和州立学校主管官员，并将促进从幼儿阶段到三年级的孩子的读写能力作为自己的核心使命，但该组织不满足第(B) (1) 小节的规定，该州不可以不受该小节规定制约，选择将该合作团体、合作伙伴关系或机构作为该州的读写能力合作伙伴，这种合作伙伴关系应被视为遵循本章其他条款的目标。

“(d) 多州合作伙伴关系安排——满足第(b) 小节规定的阅读与读写能力合作伙伴关系可与其他州的此类合作伙伴关系组合，以提出满足第(e) 小节要求的单一申请，并应作为多州合作伙伴关系的财务代理。鉴于本章其他条款的目标，任何此类多州合作伙伴关系应被视为阅读与读写能力合作伙伴关系。

“(e) 申请——希望根据本节规定收到补助的阅读与读写能力合作伙伴关系须在此时，以此种方式向部长递交申请，申请中应包括

部长可能要求的信息：

“（1）申请应描述合作伙伴关系将如何确保95%的补助资金能用于第15104节和第15105节规定的款项分拨；

“（2）申请应最大限度地与本法案下的州计划和项目、《残疾人教育法案》涉及的个体，以及《成人教育法案》的某些适用范围进行整合；

“（3）申请应描述合作伙伴关系将如何确保职业发展资金可以在州与地方各级基于可靠的、可复制的阅读研究，有效地用于改进阅读教学实践；

“（4）申请须描述

“（A）建立合作伙伴关系的合约协议，至少包括第（b）（2）小节所述协议要素；

“（B）合作伙伴关系如何定期评估，合作伙伴关系及其分拨补助承受人根据本章规定达成本章目标的有效程度；

“（C）鉴于分拨补助将根据第15104节和第15105节拨付给地方教育机构，那么合作伙伴关系将使用何种评价工具决定地方教育机构在实现本章目的方面成功与否；

“（D）合作伙伴关系根据这些节的规定拨付的分拨补助将如何达到本章的要求，包括合作伙伴关系如何确保分拨补助承受人使用基于可靠的、可复制的阅读研究；以及

“（E）合作伙伴关系将如何在切实可行的范围内，拨款给农村和城市地区的分拨补助接受人；

“（5）申请须包括一项保证，即合作伙伴关系根据第15104节提供分拨补助的每个地方教育机构

“（A）将根据第一章 B 部分的规定，开展基于平等起点家庭读写计划模式的家庭读写计划项目，让家长成为孩子的第一个也是最重要的教师，并会为因此类项目的发展获得的技术援助进行支付；

“（B）将开展计划，以帮助那些未准备好过渡到小学一年级的幼儿园学生，特别是存在阅读困难的学生；

“（C）将使用受到基于可靠的、可复制的阅读研究适当训练过的辅导人员（包括导师），在诸如上学前、放学后、周末等非学期内教学时段或暑假，为存在阅读困难的一年级到三年级学生提供额外支持；以及

“（D）将对任课教师和其他适合的教学人员提供基于可靠的、可复制的阅读研究的职业发展；以及

“（6）申请应描述合作伙伴关系将如何确保其在本财年收到的补助资金的一部分将根据第 15105 节用于分拨补助。

“（f）同行评审小组

“（1）同行评审小组的构成

“（A）总则——经与国家科学院国家研究委员会以及国立儿童健康与人类发展研究所以及教育部长磋商，国立读写能力研究所应召集小组评估根据本节提交的申请。该小组的成员至少应包括国立读写能力研究所、美国国家科学院国家研究委员会、国立儿童健康与人类发展研究所以及部长的代表。

“（B）专家——该小组应包括在培训、专业知识或经验方面都能胜任的专家，以评估根据本节提交的申请；以及向基于可靠的、可复制的阅读研究的儿童与成人阅读课教师提供职业发展的专家。

“（C）限制——小组成员中联邦政府雇员的数量不得超过三分

之一。

“（2）特定成员费用及经费的支付——部长应使用根据第 15109（b）（2）节预留的资金支付非联邦政府雇员小组成员的费用及经费。

“（3）小组的职责

“（A）申请表格范本——同行评审小组应为希望根据本节申请补助的阅读与读写能力合作伙伴关系制定申请表格范本。同行评审小组应将此申请表格范本提交部长进行最后批准。

“（B）申请的选择

“（i）评审小组推荐

“（I）[①] 总则——部长应根据本节规定接收阅读与读写能力合作伙伴关系申请，并将它们转发同行评审小组评估。对于每一份申请，同行评审小组应首先建议给予资助或不予批准。

“（II）优先——在向部长推荐申请时，同行评审小组应将优先权给予已修订、正在修订或计划修订（在根据本节收到拨款一年内）基于可靠的、可复制的阅读研究的州阅读教师资格认证的州，但本法案的任何内容不应被解释为要建立教师资格认证国家体系。

“（III）申请排序——对于建议资助的申请，评审委员会分配给每份申请一个相对于其他推荐申请、基于第（II）小款规定的优先级的评级，有利于进一步实现本法案目的的程度，以及该申请的整体质量。

“（IV）建议资助额度——对于建议资助的申请，评审小组应在向部长推荐的同时就资助补助额度给出建议。

“（ii）部长的选择

① 为避免引起混乱，本法案译文序号层级沿用原文，未按中文习惯调整。

“(I) 总则——根据第（iii）款规定，部长应基于同行评审小组的推荐，决定来自阅读与读写能力合作伙伴的申请哪些可以获得资助，并确定补助金额。在决定补助额度的过程中，部长应考虑根据本节规定可获得的补助总额度，以及合作伙伴关系拟开展的活动类型。

“(II) 评审小组排名的作用——根据本节发放补助时，部长应根据同行评审小组对申请的排名来选择申请，除非部长决定出于正当理由对原有顺序进行调整。

“(iii) 最低补助额度——根据本条规定，每个被选定接受补助的阅读与读写能力合作伙伴关系每个财年内可接受不低于 10 万美元的补助额度。

“(g) 对行政支出的限制——根据本条规定接受补助的阅读与读写能力合作伙伴关系可使用不高于 3% 的补助资金用于行政支出。

“(h) 报告

“(1) 总则——根据本节规定接受补助的阅读与读写能力合作伙伴关系应根据部长确定的日程表向其提交绩效报告，每年最多提交一次。该报告应包括

“(A) 使用第（e）（4）（C）小节所述评估工具的结果；

“(B) 用于选择分拨补助接受人的过程；

“(C) 对根据本章接受资金的分拨补助接受人的描述；以及

“(D) 与第 15104 节规定的分拨补助相关的阅读教学模式，基于可靠的、可复制的阅读研究，由分拨补助接受人选择。

“(2) 同行评审小组规定——部长应根据第（1）段规定向根据第（f）小节规定召集的同行评审小组提交报告。该小组应根据此类

报告推荐根据此节规定递交的拨款申请。

“第 15104 节 地方阅读改进分拨补助

“(a) 总则

“(1) 分拨补助——根据第 15103 节收到拨付补助的阅读与读写能力合作伙伴关系应在竞争的基础上，在该教育机构服务区域内向拥有至少一所根据本法案第 1116 (c) 节被确定进入学校改进计划学校的地方教育机构拨付分拨补助。

“(2) 地方教育机构的作用——根据本节规定收到拨付补助的地方教育机构应使用与本节规定一致的方式推动阅读教学的改革，由该教育机构选择的学校应

“(A) 在地方教育机构收到分拨补助时，根据本法案第 1116 (c) 节确定进入学校改进计划；以及

“(B) 和一个或多个基于社区的组织形成合作伙伴关系，这些基于社区的组织需要已建立阅读准备效力记录和对从幼儿园到三年级的孩子提供的阅读教学以及幼年读写能力的记录。

“(b) 补助周期——根据本条规定提供的分拨补助应为期三年，在资助期内，对于根据第 1116 (c)节被认定为学校改进计划的学校，不得以学校停办为理由撤销或者终止资助。

“(c) 申请——希望根据本节规定收到分拨补助的地方教育机构应在此时，以此种方式向阅读与读写能力合作伙伴关系递交申请，申请中应包括合作伙伴关系可能要求的信息。该申请

“(1) 应选择一种或多种阅读教学模式，使用可靠的、可复制的阅读研究作为根据第 (a) (2) 小节规定的机构或者 (在适当情况下) 学生父母选定的所有在校教师和儿童实现和改进阅读教学的模式；

“（2）应描述每一个此类模式；

“（3）应证明负责每个此类模式的开发者，或对此类模式及其实施拥有经验或专业知识的人，已同意和与此类实施及完善工作有关的申请者一起工作；

“（4）应描述

“（A）申请人如何确保本章规定的可用资金，以及其他适当来源的可供孩子从幼儿园到六年级阅读使用的资金，可以有效地协调，并在合适的地方与根据本法案提供的资金进行整合，以提高阅读教学、职业发展、项目改进、家长参与以及技术援助等方面的活动，以满足本章的目的；以及

“（B）来自非本章规定的其他适当来源的可供孩子从幼儿园到六年级阅读使用的资金额度，包括来自本法案第一章［未要求描述根据本法案第一章 B 部分可使用的资金除外，除非申请人已根据第（d）（2）小节规定与根据 B 部分规定的有资质的实体成立了合约协会］、《残疾人教育法案》和其他为这一阶段阅读教师职业发展提供联邦财政援助的法律，这些资金将用于帮助实现本章的目的；

“（5）应描述来自任何其他公共或私人来源资金的数额与性质，包括根据该法案和《残疾人教育法案》收到的资金，这些资金将与款项分拨下收到的资金相结合；

“（6）应包括保证申请人

“（A）将根据第一章 B 部分授权开展基于平等起点家庭读写计划模式的家庭读写计划项目，让家长成为孩子的第一个也是最重要的教师，并会对为此类项目的发展获得的技术援助进行支付；

“（B）将开展计划，以帮助那些未就过渡到小学一年级做好准备

的幼儿园学生，特别是存在阅读技能困难的学生；

“（C）将使用受到基于可靠的、可复制的阅读研究适当地培训的辅导人员（包括导师），在诸如上学前、放学后、周末等非学期内教学时段或暑假，为存在阅读困难的一年级到三年级学生提供额外支持；以及

“（D）将对任课教师和其他阅读教学人员提供基于可靠的、可复制的阅读研究的职业发展；

“（7）应说明地方教育机构如何向未被认定为由于缺乏阅读教学而残疾的孩子（如《残疾人教育法案》第602节所述）提供阅读指导；以及

“（8）应说明分拨补助资金数额（如果有的话），申请人将用其来执行第15105（b）（2）节中描述的职务。

“（d）优先——在根据此节规定批准申请时，阅读与读写能力合作伙伴关系应优先考虑提交申请的如下情况申请人：

“（1）申请人与《领先计划法案》规定的一个或多个领先计划项目订立了合同章程，据此

“（A）领先计划项目同意选择相同类型或多种类型的阅读教学，作为落实和完善参与该项目的儿童阅读准备的模式，供申请人选择；以及

“（B）申请人同意

“（i）与领先计划项目共享其适量的关于模式的信息资源，如课程设计材料等；以及

“（ii）培养领先计划项目的人员；

“（2）申请人与一个或多个州或联邦资助的幼儿园项目，或家庭

读写能力项目订立了合同章程，据此

“（A）项目同意选择相同模式或多种模式的阅读教学，作为落实和完善该项目中项目阅读教学的模式，供申请人选择；以及

“（B）申请人同意培训项目人员，这些项目人员在获得分拨补助的学校中与孩子及家长共同工作；或

（3）申请人与一个或多个向学龄前儿童，或学龄前儿童及其家庭提供阅读或读写能力服务的公共图书馆订立了合同章程，据此

“（A）图书馆同意选择相同模式或多种模式的阅读教学，作为落实和完善图书馆阅读或读写能力项目的模板，正如由申请人选择那样；以及

“（B）申请人同意培训来自以下项目的人员（包括志愿者），这些项目在获得分拨补助的幼儿园中与学龄前儿童或学龄前儿童及其家长共同工作。

“（e）资金使用

“（1）总则——根据第（2）段，在本节下收到分拨补助的申请人可以使用分拨补助资金进行由本章授权并在分拨补助申请中所描述的活动，包括如下活动：

“（A）对负责阅读教学模式开发的人员或对此模式及其实施有经验或有专业知识的人员（他们已经同意与接受人就模式实施一起工作）的技术和其他援助进行合理支付。

“（B）实施第（d）小节所述的合约协议。

“（C）职业发展（包括志愿者培训），购买课程及其他辅助材料和技术援助。

“（D）在自愿的基础上，向就读于第（a）（2）小节下选定学校的

孩子家长提供培训，培训的内容是如何帮助他们的孩子完成学校作业，特别是在阅读能力发展方面。这种培训可以直接由分拨补助接受人提供，或通过补助或与其他人的合同实现。这种培训应当与学校里的阅读改革一致。

“(E) 根据第一章 B 部分的规定，开展基于平等起点家庭读写计划模式的家庭读写计划项目，让家长成为孩子的第一个也是最重要的教师，并会对为此类项目的发展获得的技术援助进行支付。

“(F) 在申请者使用的基于可靠的、可复制的阅读研究的教学实践中，向就读于第 (a) (2) 小节下选定学校的孩子家长以及其他愿作为此类儿童阅读导师的志愿者提供指导。

“(G) 帮助那些在根据第 (a) (2) 小节选定的学校就读的未就过渡到小学一年级做好准备的幼儿园学生，特别是存在阅读技能困难的学生；

“(H) 向就读于第 (a) (2) 小节下选定学校的在一到三年级有阅读困难的孩子提供额外援助，这种援助可以在上学前、放学后，以及在校期间的非教学时间、周末和暑假期间予以提供。此类额外援助应发挥受到监督的个人 (包括导师) 的作用，他们受到了基于可靠的、可复制的阅读研究的培训。

“(I) 为就读于第 (a) (2) 小节下选定学校的孩子履行第 15105 (b) (2) 节所述的职责。

“(J) 根据本法案第 614 (b) (5) 节，向缺乏阅读教学且未被认定为残疾的孩子 (如《残疾人教育法案》第 602 节所述) 提供阅读指导。

“(2) 对行政支出的限制——根据本条规定的分拨补助接受人

可使用不高于3%的补助资金用于行政支出。

“(f) 培训非接受人——本条所述的分拨补助接受人可以以有偿服务的方式培训来自学校或地方教育机构的未收到此类分拨补助的人员，此类人员在接受人使用的基于可靠的、可复制的阅读研究的教学实践中未收到此类分拨补助。此类非接受人学校可使用依据本法案第一章规定收到的资金，以及其他用于阅读指导的适当的联邦基金来支付此类培训，支付范围限于与收到此类基金的法律相一致。

“第 15105 节 辅导援助分拨补助

“(a) 总则

“(1) 分拨补助——根据第 15103 节收到拨付补助的阅读与读写能力合作伙伴关系应在竞争的基础上拨付分拨补助予

“(A) 地方教育机构，在这些教育机构服务区域内拥有至少一所学校，该学校

“(i) 位于根据 1986 年《国内税收法案》第 1 章第 U 小章第 1 部分被指定为授权区域的区域；

“(ii) 位于根据 1986 年《国内税收法案》第 1 章第 U 小章第 1 部分被指定为企业团体的区域；或者

“(B) 如果地方教育机构所在州没有任何此类授权区域或企业团体，那么分拨予拥有至少一所学校根据第 1116 (c) 条被认定为学校改进计划的地方教育机构。

“(2) 申请——希望根据本节规定收到分拨补助的地方教育机构应在此时，以此种方式向阅读与读写能力合作伙伴关系递交申请，申请中应包括合作伙伴关系可能要求的信息。该申请应保证该机构将使用分拨补助为就读于该机构选择的、第 (1) 段中所述的一所或

多所学校的孩子履行第（b）小节所述的职责。

“（b）资金使用

“（1）总则——在本节下收到分拨补助的地方教育机构应使用分拨补助资金履行第（2）段规定的所有职责。

“（2）职责：本段所述职责包括向有阅读困难的孩子提供阅读辅导援助，以及使用基于可靠的、可复制的阅读研究的教学实践，通过以下方式实现：

“（A）颁布、维护和批准辅导援助提供商列表，这些提供商须

“（i）已建立阅读准备效力记录、幼儿园直到三年级孩子的阅读教学记录，以及幼年儿童读写能力记录；

“（ii）位于便利于学校的地理区域；以及

“（iii）能够向有阅读困难的孩子提供辅导，此类辅导应使用基于可靠的、可复制的阅读研究的教学实践，同时，此类辅导使用的方法应与孩子就读学校采用的教学方法一致。

“（B）开发程序，接受父母们为其孩子寻求辅导援助的申请，该程序将可以从（A）小段述及的辅导援助提供商清单中选择提供商，继而孩子们将在选定的提供商处获得阅读辅导。

“（C）制定根据（B）小段对于拨款申请的遴选过程，（B）小段为对存在阅读困难的孩子提供援助进行了限定，此类孩子包括无法掌握基本的发声、理解或词汇技巧的孩子。

“（D）制定根据（B）小段进行拨款申请的程序，在资金不足以援助所有根据（C）小段所述符合资质儿童的家长的完整申请的情况下使用；这些程序

“（i）对通过国家或地方阅读评估认定为最需要辅导援助的孩子

给予优先；以及

“（ii）对于通过国家或地方阅读评估认定为同等需要辅导援助的孩子，优先权的确定将基于随机选择的原则。

“（E）开发一种可以将款项直接支付给辅导援助提供商的方法，此处的辅导援助提供商指的是根据（B）小段从申请者中选定资助并进行支付的提供商。

“第 15106 节 项目评估

“（a）总则——根据第 15109（b）（1）节规定，部长应根据本章规定对项目开展全国性的评估。在决定评估标准的过程中，部长应接受根据第 15103（f）节规定召集的同行评审小组的建议。

“（b）提交同行评审小组——部长应根据第（a）小节规定将评估结果提交给根据第 15103（f）节规定召集的同行评审小组。

“第 15107 节 信息传播

“（a）总则——基于根据第 15109（b）（2）节预留的资金，国立读写能力研究所应宣传关于可靠的、可复制的阅读研究，以及根据第 15104 节和第 15105 节资助并且显现效果的分拨补助接受人项目的信息。国立读写能力研究所至少应将此类信息向本法案第一章和第七章、《领先计划法案》、《残疾人教育法案》以及《成人教育法案》规定的联邦财政援助的所有接受人进行宣传。

“（b）协调——在执行本节的过程中，国立读写能力研究所

“（1）应在实际可行的范围内使用其他公共和个人开发并维护的信息网络，包括部长、家庭读写能力国家中心以及 Readline（逐行读取）计划；

“（2）应与国立儿童健康与人类发展研究所、教育部长以及所有

教育研究与改进办公室召集的小组协同工作，评估基于研究的阅读发展知识的现状，包括多种教授孩子阅读的方法的效度，以确定国立读写能力研究所用以评估可靠、可复制研究的标准以及传播此类信息的发展策略的标准；以及

“（3）应援助根据第15103节选定以接受补助的任何阅读与读写能力合作伙伴关系，此伙伴关系要求用该援助来

“（A）确定提交合作伙伴关系的分拨补助申请是否符合本章关于可靠的、可复制的阅读研究的要求；以及

“（B）编制分拨补助申请表格。

“第15108节 状态评估

“（a）总则——每个根据本章规定接受补助的阅读与读写能力合作伙伴关系应预留不超过2%的补助资金，用以评估分拨补助接受人在实现本章目的方面取得的成效。至少，该评估应衡量合作伙伴关系选定的作为分拨补助预期受益人的学生在提高他们的阅读水平方面所达到的效果。

“（b）合同——阅读与读写能力合作伙伴关系应与符合资质的研究机构订立合同，进而根据本节开展评估。

“（c）提交——阅读与读写能力合作伙伴关系应将根据本节规定得出的评估结果提交给根据第15103（f）节规定召集的同行评审小组。部长和同行评审小组应将根据本小节规定得出的评估结果的摘要信息提交给包括众议院的教育和劳动力委员会在内的国会相关委员会。

“第15109节 拨款授权；拨款预留；定期废止

“（a）授权——在1998财年、1999财年和2000财年获得授权拨

款 2.6 亿美元执行本章规定。

“(b) 预留——根据第 (a) 小节规定的拨款金额，部长

“(1) 每一财年应预留根据第 (a) 小节获得的拨款总额的 1.5% 用于执行第 15106 (a) 节的规定；

“(2) 应预留 507.5 万美元执行第 15103 (f) (2) 节和第 15107 节的规定，其中 500 万美元应预留给第 15107 节；以及

“(3) 应预留 1000 万美元执行第 1202 (c) 节。

“(c) 定期废止——尽管存在《一般教育规章法案》第 422 (a) 节的规定，本章仍被废止。废止 2000 年 9 月 30 日生效，不受制于本节延期规定。”

第二章　平等起点家庭读写能力计划修正案

第 201 节 补助预留

1965 年《初等和中等教育法案》第 1202 (c) 节现予修订如下：

“(c) 补助预留

“(1) 授权补助——部长可以从根据第 15109 (b) (3) 节预留的资金中，在竞争的基础上向各州拨付，以使各州得以规划并执行全州范围内的家庭读写能力项目，进而协调和整合现有联邦、州和地方与本部分目的一致的读写能力资源。此种协调和整合应包括《成人教育法案》、《领先计划法案》、本法案本章 A 部分的本部分，以及《社会保障法案》第四章 A 部分下的可用资金。

“(2) 联合体

“(A) 建立——要根据本小节获得补助，州应根据下列法律，建立州级项目联合体：

“（i）本章；

“（ii）《领先计划法案》；

“（iii）《成人教育法案》；

“（iv）所有其他州资助的学前计划和向成年人提供读写能力服务的计划。

“（B）计划——要根据本小节获得补助，州建立的联合体应创建计划，使用根据第（A）小段所述计划获得的州资源的一部分，加强和扩展该州的家庭读写能力服务。

“（C）与第十五章保持一致——如果某州根据该节规定收到补助，联合体应根据第15103节协调其与该州阅读与读写能力合作伙伴关系的活动。

“（3）阅读教学——根据本小节规定执行的全州家庭读写能力计划应基于可靠的、可复制的阅读研究基础上的阅读教学（如该术语在第15102节所定义）。

“（4）技术援助——部长应直接或通过补助或与具有家庭读写能力服务开发与运作成功经验的组织签订合同的方式，向根据本小节收到补助的州提供技术援助。

“（5）匹配要求——根据本小节规定，部长不得向某个州提供补助，除非该州同意，对于符合资质的联合体在开展拨付补助所要求的活动时产生的成本，该州将提供额度不少于补助提供的联邦资金的非联邦资金。”

第202节 定义

1965年《初等和中等教育法案》第1202（e）节现予修订如下：

（1）将原第（3）段和第（4）段分别重新编号为第（4）段和第（5）

段；以及

（2）在第（2）段后插入如下内容：

“（3）术语‘家庭读写能力服务’是指在自愿的基础上提供给参与者的服务，此类服务需要保证足够的时长、充足的持续期，以使被服务家庭发生可持续变化（如消除或减少福利依赖），此类服务整合了下列所有活动：

“（A）亲子间互动读写能力活动；

“（B）培养父母在学习方面与孩子们成为伙伴；

“（C）父母读写能力训练，包括有益于经济自足的培训；

“（D）对接受父母读写能力服务的父母的孩子进行的适当指导。

第203节 评估

1965年《初等和中等教育法案》第1209节现予修订如下：

（1）在第（1）段结尾处突出显示“以及”一词；

（2）在第（2）段结尾处突出显示句号，并插入“以及”一词；以及

（3）在末处加入以下内容：

“（3）直接或通过补助或与具有家庭读写能力服务开发与运作成功经验的组织签订合同的方式，向根据本部分规定收到补助的各州和符合资质的机构提供技术援助，以确保根据第1205（10）节进行的地方评价可以提供关于本部分援助项目效度的准确信息。”

第204节 项目质量指标

（a）总则——1965年《初等和中等教育法案》现予修订如下：

（1）将原第1210节重新编号为第1212节；以及

（2）在第1209节后加入以下内容：

“第 1210 节 项目质量指标

“每个根据本部分接受资金的州应基于最佳可用研究和评估数据制定本部分援助项目的质量指标。这些指标将被用于监测、评估和改进州内的这些项目。这些指标应包括以下内容：

“（1）就符合资质的项目成年参与者而言：

“（A）在阅读、写作、英语习得、问题解决以及计算能力方面的成就；

“（B）拥有高中毕业证书或普通同等学力证书；

“（C）参与高等教育、就业再培训计划，或者就业或事业促进项目，包括在军中；以及

“（D）州可能制定的其他指标。

“（2）就符合资质的参加项目的儿童而言：

“（A）对阅读能力等级水平或阅读准备的改进；

“（B）就学；

“（C）等级保留和提升；以及

“（D）州可能制定的其他指标。”

（b）州级活动—— 1965 年《初等和中等教育法案》第 1203（a）节现予修订如下：

（1）在第（1）段结尾处突出显示“以及”一词；

（2）在第（2）段结尾处突出显示句号，并插入“以及”一词；以及

（3）在末处加入以下内容：

“（3）执行第 1210 节。”

（c）分拨补助的拨付—— 1965 年《初等和中等教育法案》第

1208（b）节第（3）段和第（4）段现予修订如下：

“（3）持续符合资质——在连续第二、第三或第四年向一个项目拨付分拨补助资金时，州教育机构应基于州根据第1210节制定的项目质量指标进行评估。如果有启动期，这种评估应安排在启动期结束后。

“（4）进展不充分——基于州根据第1210节制定的项目质量指标，如果州教育机构认定符合资质的机构未充分提高项目质量，那么州教育机构可以在采取下列措施后，拒绝拨付分拨补助资金：

“（A）向符合资质的机构提供技术援助；以及

“（B）通知符合资质的机构并给予其听证的机会。”

第205节 研究

1965年《初等和中等教育法案》由第204节修订后，插入第1210节，进一步修订如下：

“第1211节 研究

“（a）总则——部长须通过补助、合同对于读写能力服务成功因素进行研究，并以此

“（1）改善本部分援助的现有项目的质量，或根据本法案或《成人教育法案》进行的其他家庭读写能力计划；以及

“（2）根据本法案或《成人教育法案》制定将要执行的新项目的模式。

“（b）传播——国立读写能力研究所应根据第15107节向本部分规定的各州以及分拨补助承受人传播第（a）小节所述的研究结果。”

第三章　用于联邦勤工助学项目的资金

第 301 节 使用勤工助学资金进行辅导与读写能力活动

1965 年《高等教育法案》第 443 节现予修订如下：

（1）第（b）（2）小节中：

（A）在第（A）小段结尾处突出显示“以及”一词；

（B）将原第（B）小段重新编号为第（C）小段；以及

（C）在第（A）小段后插入以下新的小段：“（B）在 1998 学年和以后的学年，机构应根据第（d）小节使用在本节规定下拨付补助总金额的至少 2%供学年使用；以及”；以及

（2）在末处加入以下新小节：

“（d）辅导和读写能力活动

“（1）资金使用——在任何第（b）（2）（B）小节适用的学年，机构应使用本小节规定使用的数额来补偿（包括补偿与培训和出差直接相关的时间）以下学生：

“（A）受雇为幼儿园到小学阶段在校孩子的阅读导师；或

“（B）受聘于家庭读写能力计划。

“（2）给予学校的优先权——机构应

“（A）将优先权给予使用这些资金雇用学生，以提供辅导服务的学校，这些学校

“（i）根据 1965 年《初等和中等教育法案》第 1116（c）节被确定为学校改进计划学校；或

“（ii）由地方教育机构根据本法案第 15104（a）（2）节选定；

“（B）确保任何根据 1965 年《初等和中等教育法案》第 15104（a）（2）节选定学校雇用并获得此种资金补偿的学生，将根据第 15104

节规定由学校在基于可靠的、可复制的阅读研究的教学实践中进行培训。

“(3) 联邦份额——根据本小节对于勤工助学学生的补偿，联邦承担的份额可以超过 75%。

“(4) 豁免——如果认为执行这些规定会导致学生在该机构遭遇困难，部长可不强求执行本小节的要求。”

第四章　废止

(略)

立法背景

宗　旨

《卓越阅读法案》的宗旨是教会每个孩子一准备好阅读时即进行阅读，或一入学就能阅读，最迟不晚于三年级。该宗旨将通过以下途径实现：通过运用可靠的、可复制的阅读(包括拼读)研究的发现，改善阅读授课教师在职教学实践；扩展高质量家庭读写能力计划，确保父母具备必要的读写技能，以帮助孩子学习阅读，并在入校时做好学习阅读的准备；其他能够提高学生阅读技能的活动，如增加社区在教孩子阅读方面的参与度等。本法案的宗旨还包括通过辅导援助补助提高父母的参与度，使父母们可以从地方教育机构列出的提供商名单中为孩子选择阅读导师。此外，本法案将努力减少因阅读困难被不当归入特殊教育的儿童的数量。最后，本法案将提供额外的高校勤工助学学生与孩子和家庭合作，帮助他们提高阅读能力。

委员会行动

1997年7月10日、7月31日和9月3日，教育和劳动力全体委员会分别三次召开关于读写能力的听证会。

1997年7月10日，在华盛顿特区召开的听证会探索了儿童如何学习阅读的研究现状。委员会收到如下来源证词：特拉华州纽华克市特拉华大学语言学与计算机科学学院教授理查德·维尼斯基博士；马里兰州罗克维尔市国立健康研究学院国立儿童健康与人类发展研究所儿童发展与行为科代理主任里德·里昂博士；马萨诸塞州剑桥市哈佛大学教育研究生院凯瑟琳·斯诺博士、亨利·李·沙特克教育教授；马里兰州巴尔的摩市约翰斯·霍普金斯大学学校社会组织中心危险学生教育研究中心主任鲍勃·斯莱文博士；宾夕法尼亚州费城宾夕法尼亚大学教育学研究生院国立父亲与家庭中心主任卫维恩·加兹登博士。此外，还收到了如下来源的证词：加利福尼亚州索诺玛县加利福尼亚教育委员会委员珍妮特·尼古拉斯女士；伊利诺伊州法兰克福村教师芭芭拉·拉格尔斯女士以及得克萨斯州休斯敦市阅读委员会执行董事玛格丽特·道蒂女士。

1997年7月31日，在华盛顿特区召开的听证会评估了现行的联邦读写能力计划在帮助孩子们学习阅读方面所发挥的作用。委员会收到如下来源证词：密歇根州安阿伯市密歇根大学社会研究所政治研究中心高级研究员、历史学教授马里斯·维诺夫斯克斯博士；伊利诺伊州芝加哥市伊利诺伊大学教育与心理学研究教授赫伯特·沃尔伯格博士；得克萨斯州奥斯汀市得克萨斯大学查尔斯·A. 达纳中心学校改进协作所主任约瑟夫·约翰逊博士；威斯康星州麦迪逊市学院主管谢丽尔·维尔海伊特博士，代表弗吉尼亚州阿灵顿美国学校管理者协会；以及北卡罗来纳州威明顿市北卡罗来纳大学教育学副教授安德鲁·海耶斯博士。

1997年9月3日，在华盛顿特区召开的听证会，聚焦于阅读教师以可靠的、可复制的阅读研究为基础，对职业发展的强烈需求。委员会收到如下来源证词：马里兰州霍华德县小学语言艺术学科教学督导安·明茨夫人；加利福尼亚州克雷森特城德尔诺特县小学教师黛布拉·韦克菲尔德女士；华盛顿特区美利坚大学研究生金伯利·威尔逊女士；佐治亚州亚特兰大市佐治亚州立大学教育心理学系和特殊教育系劳拉·弗雷德里克博士；弗吉尼亚州纽波特纽斯学区阅读语言艺术督导贝丝·切克女士；以及华盛顿特区儿童健康与人类发展研究所早期干预项目总监路易莎·莫茨博士。

《卓越阅读法案》的通过

1997年10月6日，众议院议员比尔·古德林提出H.R. 2614，即《卓越阅读法案》。

立法行动

1997年10月22日，教育和劳动力委员会召开会议考虑《卓越阅读法案》。教育和劳动力委员会在口头表决中对修正后的H.R.2614给予了有利通报。

在委员会审议H.R.2614期间，以下修正案获得通过：

里格斯先生提出的对法案中关于地方教育机构领取辅导援助补助资格条款的修正案。法案之前规定地方教育机构辅导援助补助资格的条件是需要该地方教育机构至少有一所学校位于该机构所在地域的授权区域、企业社区。对于那些地方教育机构所在州内没有授权区域、企业社区的地方教育机构,需要至少有一所学校进入学校改进项目,该地方教育机构才有资格领取辅导援助补助。

口头表决通过。

由米勒先生提出的,经古德林主席修订的修正案。该修正案要求各地方教育机构根据第15104节规定接受分拨补助,并向地方教育机构根据第15104节选定学校的所有在校学生的家长,提供关于授课教师阅读教学资质的信息。

以20:15投票表决通过。

由基尔迪先生提出的修正案。该修正案提出在州阅读与读写能力合作伙伴关系可选成员名单上增加一所学校或公共图书馆,以向儿童或其家庭提供阅读或读写能力计划。

口头表决通过。

由基尔迪先生提出的修正案。该修正案旨在给予那些可以证明其与一所或多所向学龄前儿童或学龄前儿童及其家庭提供阅读或读写能力服务的公共图书馆有契约关系的申请人资金上的优先考虑。

口头表决通过。

由佩恩先生提出的修正案。该修正案旨在以部长领导下的国家评估取代H.R.2614中的评估规定。

以15:13投票表决通过。

由里格斯先生提出的修正案。该修正案提出恢复根据佩恩修正案删除的各州对于地方分拨补助接受人的评估。

口头表决通过。

概　要

《卓越阅读法案》建立了竞争性补助项目，以便各州获得改进第一章中改进学校项目以及其他相关提升学生阅读技能活动所需的阅读教学资金。各州的读写能力与阅读合作伙伴关系所接收的补助中的一部分必须用来向地方教育机构提供分拨补助，以便其开展辅导援助补助项目。本法案还修改了平等起点家庭读写能力计划，以为寻求读写能力援助的家庭提高服务质量。高校勤工助学项目也有所调整，以鼓励学校让参与勤工助学的学生作为儿童及其家庭阅读项目导师。最后，本法案还废除了 67 项无资金补助的联邦教育项目。

背景、立法需要以及委员会观点

我国的文盲问题一直是教育和劳动力委员会多年来的主要关注点。近年来，委员会通过修订《成人教育法案》，一直致力于改进向成人提供读写能力服务的规定。特别是，该法案修订后，允许了家庭读写能力计划的实施，这些计划同时涉及父母和子女的读写能力技能。

1997 年 4 月下旬，总统向国会提交了他关于“美国阅读挑战”倡议的立法提案。随后，资深议员克莱和本委员会的 13 名民主党议员，引入了这一倡议。

概括地说，总统的提案支持花费资金，以便在下午、周末以及暑假为孩子们提供额外的阅读帮助。这将通过使用导师完成，而导师将会经过招募和训练，以便提供个人化与小群体的协助。大部分资金将支付给 3 万名“阅读专家”，而他们将负责培训约 100 万名志愿者导师。导师将由美国志工团的志愿者们进行管理。额外的资金将用于支付“父母作为孩子的最初教师”计划，以支持父母们帮助他们的孩子在三年级结束时成为成功阅读者。

随后，众议院和参议院共和党领袖和总统宣布了一项五年内平衡预算的协议。从概念上看，该协议包括为一项读写能力行动提供全权委托资金的承诺。该协议声称，国会将资助与“‘美国阅读挑战’宗旨和目标相一致的”读写能力行动。我们认为，该协议赋予了委员会广泛的行动自由，以提出一项符合我们的政策目标，并与总统的“宗旨和目标”相一致的读写能力行动。该法案履行了我们在预算协议下的授权。

为响应总统提高幼儿阅读技能的号召以及财政预算达成的协议，教育和劳动力委员会举行了一系列关于阅读的主题听证会。这些听证会探讨了孩子们如何学习阅读的最新研究现状，阅读教师基于可靠的、可复制的阅读研究所产生的职业发展的强烈需求，以及现行的联邦读写能力计划在帮助孩子们学习阅读方面所发挥的作用。

基于证人提供的证词，以及审阅国家教育进展评估的最新数据，该委员会与总统改进我们孩子的阅读与读写能力的目标是一致的。大量的美国儿童没有学习阅读或不拥有良好的阅读能力。国家教育进展评估 1994 年阅读报告卡发现，40%的学生在四年级仍未达到阅读能力基本水平。而且，根据国立儿童健康与人类发展研究所儿童发展与行为科代理主任里德·里昂的看法，在三年级结束前未能学会阅读的孩子再也不能真正赶上他们的同龄人。委员会还听取了其他证人证词，这些证词表明这个问题可通过为阅读教师提供基于可靠的、可复制阅读研究的更好的职前及在职培训予以解决。此外，委员会对使用志愿者导师和社区化组织来确保孩子在三年级结束前能够学会阅读的支持者们进行了听证。

虽然委员会赞赏总统呼吁国人关注阅读问题,但它决定,总统采用的达到帮助每个美国孩子在三年级结束前学会独立阅读目标的方法需要改进。

委员会关于“总统美国阅读”提案的一个主要关注点是建立一个复杂的新的州和地方补助计划,以(1)为当地学校现有工作人员岗位提供资金支持,以供专家们培训志愿者导师;以及(2)聘请美国志工团的参与者协调当地导师的活动。

然而,委员会得出的结论是,支持总统倡议的最好办法是通过聚焦阅读教师来提高儿童的阅读能力。要做到这一点,最好的方法就是将可靠的、可复制的阅读研究,向阅读占比较大的联邦计划中参与儿童阅读教学的个体进行传播。

国立卫生研究院的里昂博士在委员会作证说,我国的教师只有不到10%对于阅读能力如何发展或如何向深受阅读问题困扰的读者提供阅读指导有足够的了解。我们的教师中只有不到2%曾经见过他们的教授和拥有不同技能的孩子一起系统地展示教学实践。约90%的教师从未将他们学到的理论信息直接运用于向大范围的孩子们提供指导。其他证人在委员会指出,许多教师仅选择一门阅读课程作为他们师资培养的一部分。在描述她在招聘小学教师时的角色时,霍华德县小学语言艺术学科教学督导安·明茨说:

> 然而,阅读并不是需要掌握的一个内容,而是需要学习的一个过程。这就要求教师要了解每一个孩子目前达到了什么水平,要帮助他或她进步需要进一步做什么。阅读教学是一门艺术,

这门艺术需要一位周到体贴的教师，他或她可以以及时、符合发展规律的方式帮助每一个孩子实现从A点到B点的转换。我为我所看到的情况所困扰，即我遇到的许多教师准备不足，处于岗前水平。许多新教师缺乏对于优秀的阅读教学包括什么的理解。

明茨夫人还引述她的一位一年级老师的话说："回想大学阶段，我学会了很多理论，但没有人教我具体怎么做。"

其他证人在委员会质疑现行联邦读写能力计划的效力，如"第一章"在帮助孩子学习阅读方面是否有效。密歇根大学社会研究所政治研究中心高级研究员马里斯·维诺夫斯克斯博士指出：

花了超过1500亿美元进行这些补偿教育计划着实令人震惊，而且我们仍然不知道哪些做法和计划在帮助处于危险的儿童，特别是生活在内陆城市极端贫困地区的儿童方面尤为有效。这些教育计划的前提是一种不切实际的期望，即我们可以通过一些不协调的、资金不足的、未经检验的并在很大程度上较新的联邦倡议几乎完全消除贫困。

几十年来，美国的教育一直遵循潮流。新的想法，或者按照其通常的称谓叫作"教育创新"，已星火燎原般横扫我们的中小学校园。应对这些最新的"新思路"或哲学，教师经常不知道有效的最新研究成果，甚至有没有研究成果也不知道。在医学领域，没有广泛的评估和测试，任何新的药物或治疗方法都不可能考虑投入公共用途。然而,不知何故,教育却并非如此。

尽管我们曾经追求的那些教育实践几乎都有某些人提供的数据支持,但其中很大一部分是不可靠的。《我们需要的学校:为什么我们没有这样的学校》的作者E.D.赫什1997年4月在致加州教育委员会的函中这样谈道:

> 对于各学科的内核,专家学者们达成了共识,这种共识是非常可靠的。很多是足够接近真理的,你可以为这种科学内核赌上你的一生和你孩子的一生。但在边缘处,在学科的前沿,则有很多分歧,我们不能肯定竞争中的理论哪种是正确的。当国会议员们说,教育政策应基于研究时,法律的精神就意味着可靠的共识研究。任何其他解释都将意味着,并且已经意味着,在我们自己的孩子身上进行毫无根据的人类实验。

如何教孩子们阅读的争论充斥着本世纪的绝大部分时间。钟摆已经从"完全的拼读教学法"摆到了"非拼读教学法"。但是,随着新世纪的到来,我们现在已经有了无可争辩的证据可以表明,在幼年时期,如果给予适当的指导,孩子们是可以学会阅读的。英语是一种奇妙且多样化的沟通手段,但其内核却是简单且始终如一的。幼儿园和小学一年级是大多数孩子们学习阅读技能的起点。随着在幼儿园和一年级掌握基本拼读技巧,阅读成为一种乐趣,而且可以用来学习对于所有学习都至关重要的复杂事实和理念。

一旦孩子掌握了英语语言中的44个音素的使用知识,那么英语中至少85%的单词对于孩子们来说就都是"可解码"的了。然后随着学生开始阅读和学习指定的文本材料，理解问题就迎刃而解了。所有六岁的孩子都爱学习字母和它们的发音。大多数孩子为其着迷。掌握这种技能所需要的死记硬背，他们没有什么问题。如果阅读教师了解关于阅读教学的可靠的、可复制的研究，并将其应用到教学中，他们将能把孩子们培养为终身热爱读书的学生。

在阅读研究领域，对于孩子们如何最佳地学习阅读，已经取得了一些突破。做这项研究的成本非常昂贵，而且不幸的是，很多研究仍然被"封锁"在研究界。雪城大学教育学教授、国立儿童健康与人类发展研究所研究团队成员贝妮塔·布莱赫曼提出了如下观察报告，认为作为学习阅读的第一步，教授直接的、系统化的拼读法是非常必要的：

> 好消息是，在读写能力发展的认识方面，我们已经取得了科学突破。我们相当了解如何解决阅读问题，甚至在它们出现之前。可悲的是，我们并没有利用我们所了解的去减少阅读障碍的几率。具体而言，目前提供给我们的孩子的教学方法并不能反映我们的研究成果。直接的、系统的音标教学并未作为规范在幼儿园与一年级提供，尽管就我们目前所知，这可能是我们扫除文盲最强大的武器。

让教师了解来自对阅读教学可靠的、可复制的研究的最新信息可以帮助减少文盲的概率，赋予教师们教孩子阅读所需要的工具，并确保我们的孩子发挥最大的阅读潜能。

尽管过去的30年间，就阅读教学进行了广泛的研究，但最新的研究却是国立儿童健康与人类发展研究所完成的。1985 年，美国国会批准在阅读和其他学习障碍领域进行一项综合研究。国立儿童健康与人类发展研究所的研究已经花费了纳税人超过 2 亿美元，研究已经在美国和加拿大一些最负盛名的大学中展开。这些研究和其他同样著名的研究的结果，可以总结如下：在幼儿园直接教授音位意识；教孩子单词如何“发音”；明确地教每一个音对应的拼写；系统地教授频繁出现、规律性强的声音与拼写的关系；教授声音与拼写如何融合在一起形成单词；在学生掌握以上基本的语音技巧后，教授阅读理解以及词汇拓展。

教师没有得到他们所需要的研究信息。一项对于用来培训阅读教师的 43 份文本的调查显示，其中没有任何一份倡导系统化拼读教学法，只有 9 份仅仅提到了对于这个问题存在争议。国立儿童健康与人类发展研究所研究员路易莎·莫茨在委员会和国立儿童健康与人类发展研究所一位研究员面前这样证实：

> 正如解剖之于内科医生，对于读写能力教师来说，语言掌握是核心。使教师掌握它是我们的义务。

如果孩子们无法获得那种培训，他们往往会作为“学习障碍”者被送到特殊教育学校。然而，令人遗憾的是，这些孩子中有许多并非学习障碍，或者目前是学习障碍，但如果他们在入学的最初几年被教会阅读，就不再需要转而接受特殊教育。1997 年《残疾人教育法案》修正案在放缓对于孩子残疾的不当鉴定方面向前迈了一小步。修正案第 614（b）（5）节规定：“如果此决定的决定性因素是缺乏阅读教学,学校需确保不将儿童认定为残疾人。”在随后几年间,这一变化意味着真正问题在于缺乏阅读能力的儿童被误认定为残疾儿童的情况越来越少。

但第614(b)(5)节只针对未能学会阅读的非残疾儿童的问题。它并未能协助那些有学习障碍的孩子,如果他或她的老师知道正确的教授阅读的方法,他们之前就可以学会阅读了。真正的解决办法是在这些孩子首次尝试阅读时,就教授他们阅读方法。只有当他们的老师拥有关于孩子如何学会阅读的基于研究的知识时,我们才能看到那些被认定为残疾人和需要特殊教育服务以协助他们克服困难的儿童数量的减少。

《卓越阅读法案》规定的教师培训将基于可靠的、可复制的研究,如果将其应用在课堂上,则会为那些本来永远无法发挥真正潜力的孩子们创造无限的机会。

委员会认为,每一个孩子尽快学会阅读是非常重要的。如果教导得当的话,大多数孩子都能在一年级结束时学会阅读。全国成人读写能力调查评估了成人的读写能力,发现我们几乎50%的成年人口的阅读层次处于五个读写能力层次的最底部两个层次。除非我们改善在孩子们幼年教授其阅读的方法,否则这些发现将很可能一次次重演。

如果我们要保持国家强大,我们不能让又一代人成为文盲,我们输不起。对于读写能力较差的个人来说,未来的图景不甚光明。43%的最低读写能力水平的人群生活在贫困之中;17%正在接受食品救济券,而70%的人失业或半失业。此外,有超过三分之二的未婚父母、辍学者和被拘捕者读写能力位于平均水平之下。今天高度发展的技术社会对于读写能力和工作技能的要求比以往任何时候都要高得多。每一个孩子毕业时都要受到过创造性生活和在世界市场上参与竞争所需的教育,这是至关重要的。

职业发展

孩子能否学会阅读的一个主要因素就是他或她的教师教授阅读的能力。如果教师的教学不成功,这将会影响孩子今后所有对阅读能力有较高要求的其他学科的学业成功。

正如本报告前面指出的,有证据表明,只有不到10%的教师在第一次进入课堂前的实习期获得过足够的指导或曾拥有足够的阅读教学经验。此外,许多教师在委员会作证时指出,他们开始教学后很少有机会获取关于儿童如何学习阅读的最新信息,也没有机会基于此类信息更新其教学技能。华盛顿特区美利坚大学教育学研究生金伯利·威尔逊指出:

> 他们并不拥有教授阅读所需的信息,那么多的速成方案,他们不知道如何辨别合适的方法。教师或将继续气馁,直到获得可以武装他们的信息与研究成果,以便他们与所有学生取得共同成功。教师的职业发展是阅读成功的关键。

加利福尼亚州克雷森特城德尔诺特县统一校区的小学教师黛布拉·韦克菲尔德指出:

> 多年的课堂教学后,使我发生巨大改变的培训,其实际步骤

的第一点就是阅读当前的专业材料并与同事一起研究；连续进行的明确的在职实践是至关重要的。如果没有适当的培训，教师的工作将受到严重阻碍，并会危及我们孩子的未来。

针对这一信息，委员会选择了把《卓越阅读法案》的重点放在提高课堂教师教授阅读的能力之上。

在学校改进项目中有学校希望根据本法案参加活动的地方教育机构，必须同意改进校内所有教师及其他适当的教学人员教授阅读的方式。每所参与学校必须选择一种或多种阅读教学模式，使用可靠的、可复制的阅读研究作为所有在校教师和儿童实现和改进阅读教学的模型。此外，学校必须与对每种模式及其实施有经验者或专家共同工作，以保证其适当和有效的应用。

委员会认为，改革学校中的阅读教学模式，加上其他所需活动，将会对确保在校孩子尽快且不晚于三年级期末学会阅读大有裨益。如前所述，里昂博士在其关于孩子如何学习阅读的综合性研究中发现："九岁三年级时，大多数孩子基本都能轻松学会阅读了，如果我们直到此时再提供适当的阅读教学的话，那么存在阅读障碍的孩子中的75%在他们今后的一生中仍将阅读困难或阅读能力差。"在三年级结束前无法学会阅读的儿童仍然可能学会阅读，但他们再也无法赶上占尽先机的同伴们。因此，在孩子的早期教育经验中，阅读能力的开发必须在美国所有学校享有优先地位，以确保我们的子孙后代有读写能力，受良好教育。

委员会认为，确保孩子们学会阅读的最佳途径之一就是提高教师教授阅读的能力——无论是现在任职的教师，还是准备成为教师的人们。佐治亚州立大学副教授劳拉·弗雷德里克博士指出：

> 教师应该学习我们从科学研究得知的孩子如何学会阅读，阐释研究，并需要将他们阅读的材料翻译进教室，学会评估阅读，以确定在他们课堂的哪个部分以及如何开始教授孩子们。定期评估阅读，如每天或每周，并进行流畅度、准确度测试，这样一旦教学方法无效，我们可以立即进行必要的修改，并了解目前可用的许多阅读计划，以及如何对其进行评价，以确定它们对不同群体儿童的潜在有效性。

基于社区的志愿者活动

除了注重职业发展，委员会还认识到需要针对课后、周末及暑假辅导提供基于社区的志愿者活动，作为保证孩子们能在三年级学会阅读的有效方法。该法案包括了允许此类型活动的一系列条款，但要求基于社区的组织使用基于可靠的、可复制的阅读研究的方法提供阅读辅导。

参加地方教育机构的活动

除了职业发展，委员会支持多种建立在完善教学实践基础上的活动，以帮助孩子学习阅读。寻求资金支持的州和地方接受人将利用根据本法案接受的或其他适当地源自联邦、州和地方的资金开展这些活动。

正如一些证人在委员会听证会上所指出的那样，孩子们入学时拥有各种阅读准备技能。佐治亚州立大学的弗雷德里克博士指出，

"不是每个人都能同时准备好接受相同的教学"。

美利坚大学教育学研究生金伯利·威尔逊表示:"我们应该停止期待教师能够使用相同的方法教所有的孩子阅读。有些孩子可能需要直接教学。未充分开发的阅读技巧既是健康问题,又是经济问题。"

有些孩子词汇量有限,必须进一步拓展才可以学习阅读。另一些孩子词汇量丰富,认识字母表,了解字母和声音之间的关系。孩子进入幼儿园后,教师必须与他们合作,利用他们现有的技能,确保他们进入一年级之前都准备好学习阅读。此外,有的孩子入园时缺乏社会技能,在学年结束时未能准备好过渡到一年级。根据本法案,参与的学校必须提供额外援助,以帮助这些孩子过渡到小学一年级。这种援助的形式可以是额外在校一年,即过渡性的一年级。对于其他孩子,可以延伸该学年至包括暑假。委员会认为这些孩子如果直接升入一年级,很有可能在学业上遭遇挫折,这可能对他们产生终身的负面影响。过渡期有助于确保孩子为一年级做好准备,同时为学习阅读做好准备,避免让他们在首次教育经历中体验失败。

委员会还知道,很多孩子的家庭中,父母没有能力帮助他们学会阅读,或成为他们的第一个也是最重要的教师。在许多案例中,这些父母本身都经历过教育失败,在学校环境中感觉不舒服。一方面这些家长想要帮助他们的孩子在学校取得成功,另一方面他们可能不知道怎么帮。然而,委员会认为,如果这些孩子们的父母不能积极参与他们的教育,这些孩子会在教育过程中处于明显的劣势。因此,收到资金的学校必须提供家庭读写能力计划,以协助读写能力有限的家长和他们的孩子。此类计划包括为父母和其他主要监护人提供的成人教育服务、对孩子的适当教育援助，以及对他们就如何帮助孩子取得学业成功进行培训。通过授权父母成为孩子的第一个也是最重要的教师，我们让他们控制自己子女的教育，帮助确保他们的孩子学会阅读并在学校取得成功。家庭读写能力计划的参与家庭将基于自愿的基础之上。

《卓越阅读法案》要求规定向在一至三年级期间有阅读障碍的孩子提供额外援助。委员会期盼这种援助可以在上学前、放学后和在校期间的非教学时间，以及周末和暑假期间予以提供。对于给学生提供的额外援助，学校须使用经过适当培训与指导的个人，包括导师。委员会期望，这些个人所受的培训也是教师在学校中所采用的基于可靠的、可复制的阅读研究的教学方法。一方面委员会认为如果孩子们最初接受的教学是基于可靠的、可复制的阅读研究，那么遇到阅读困难的孩子将会更少，但另一方面它也意识到，有的孩子在学习阅读方面可能会有更多的问题，这将需要额外的援助。

该法案与其他教育项目的关系

《卓越阅读法案》是1965年《初等和中等教育法案》的新的一章。委员会认为，本立法可以同时被认为是在第106届国会审议的另一个初等和中等教育项目。

由于阅读是包括“第一章项目”和双语教育在内的几个现有小学和中学教育项目的重中之重，委员会认为，考虑如何将《卓越阅读法案》形成过程中收集到的信息用于改善帮助儿童学习阅读的其他计划的效力是非常重要的。

根据国家教育进展评估的数据，考察的所有三个年级（三年级、八年级、十二年级),“第一章项目”的参与者中表现低于基本水平的百分比高于不是“第一章项目”参与者的同龄人。事实上,四年级中80%的“第一章项目”参与者基本技能均低于基本水平。根据国家教育进展评估,三个年级中非“第一章项目”参与者中只有约三分之一或更少的学生表现低于基本水平。虽然《卓越阅读法案》规定向所有侧重阅读的联邦教育计划的参与者传播可靠的、可复制的阅读研究,这可能不足以促成改善“第一章项目”或其他项目的表现所必需的那种改变。

通过将《卓越阅读法案》与《初等和中等教育法案》放在相同的授权时限内,我们将能够确定《初等和中等教育法案》下的项目是否可以通过应用已并入 H.R.2614 的关于阅读教学的相同原则来加以改进。我们还可以评估是否有必要继续《卓越阅读法案》和其他“阅读”计划,以及它们的目标是否可以通过对其他项目的改善来完成。

《卓越阅读法案》与《残疾人教育法案》的关系

《卓越阅读法案》认识到了阅读教学不足与学生被不适当转至特殊教育之间的关系。今年早些时候,委员会通过了对 1997 年 6 月 4 日总统签署的《残疾人教育法案》的修正案。该法案修正了美国具有核心地位的特殊教育法规《残疾人教育法案》,增加了对于评定孩子为残疾人这一过程的新的考虑。在未来,如果根据《残疾人教育法案》认定孩子残疾的“决定性因素”是缺乏阅读教学,则不能因此将儿童认定为残疾人。缺乏阅读教学的孩子们将不再会被错误地纳入特殊教育体系,但他们仍然需要学习如何阅读。《卓越阅读法案》承认这些孩子无疑是需要援助的,并确保本法案下的拨款将会用来帮助他们。

选择补贴接受人

委员会认为,这些拥有可靠的、可复制的阅读研究知识的个人应在确定哪些州可以根据本法案获得资金方面发挥关键作用。因此,委员会规定成立同行评审小组,由在这一领域拥有强大的知识基础的一些个人组成,以审查各州的申请。该小组将由国立读写能力研究所与教育部长、美国国家科学院国家研究委员会以及国立儿童健康与人类发展研究所磋商召集。除了可以选择额外的小组成员,研究所、部长、美国国家科学院国家研究委员会以及国立儿童健康与人类发展研究所的代表将作为小组成员。

部长收到申请后,会将它们转交同行评审小组,同行评审小组将会评估申请,进而建议给予资助或不予批准。申请将基于质量以及进一步实现本法案目标的程度由小组依次排列。委员会强烈认为,这些申请应该按同行评审小组排名的顺序得到补助。若部长决定根据同行评审小组建议外的其他排名进行资金拨付,委员会希望部长能为自己的行为做出解释。

为鼓励各州审查其批准阅读教师资质的标准,委员会要求同行评审小组优先考虑来自已修订、正在修订或计划修订(在根据本法案收到拨款一年内)州阅读教师资格认证以反映可靠的、可复制的阅读研究的州的资金申请。然而,这一优先考虑并不能解释为要建立全国教师认证体系。

聚焦学校改进计划中的“第一章项目”学校

委员会认为，基于可靠、可复制研究的阅读教学可以帮助全美的学校提高儿童学习阅读的能力。但是，对于学校改进计划中的“第一章项目”学校，更为重要的是，它们有机会改变教师的阅读教学方式。根据1994年国家教育进展评估阅读报告卡，“第一章项目”学生表现低于基本水平的百分比在十二年级是59%，而在四年级是80%。这意味着他们只是部分掌握了熟练完成其年级任务所必需的知识和技能。全部三个年级中只有约三分之一或更少的非“第一章项目”参与学生处于基本水平之下。因此，委员会认为将此项倡议的关注点置于这些在提高“第一章项目”学生学业水平方面遭遇最大困难的学校（学校改进项目中的学校）是很重要的。如果参与《卓越阅读法案》的学校能够通过基于可靠的、可复制的研究的阅读教学提升学生的成绩，那么它们可以成为整个美国阅读教师教学方法改革的领路人。

对州级合作伙伴关系的需求

委员会认识到，一些最有效的阅读倡议已经通过州层面的努力汇聚了提高幼儿阅读能力的关键决策者和活跃群体的代表。本法案的宗旨在于基于这些努力，通过允许这些现有的州读写能力合作伙伴关系来争取本法案下的补助，而这种读写能力合作伙伴关系至少包括州长和州立学校主管官员。委员会强调，这些州没有必要为参与此计划再建立机构或合作伙伴关系。

对于那些还没有此类合作伙伴关系并想要竞争这些拨款的州，州长、州立学校主管官员、州立法机构的相应成员、至少一名来自在学校改进计划中拥有一所"第一章项目"学校的州的地方教育机构代表、有改进儿童阅读技能经验的基于社区的组织,必须联合起来组成阅读与读写能力合作伙伴关系。在建立这种合作伙伴关系的过程中,大力鼓励州长和州立学校主管官员将参与对象扩展至其他合适的个人,如符合资质的研究机构的代表,家庭读写能力服务提供商,以及公共、私人和居家学校的学生家长。

通过形成这样的合作伙伴关系,州显示出了在负责并有志于改进整个州的读写能力的不同团体和实体机构之间存在合作与协调。这些团体也扩大了知识基础,并提升了在整个州的范围内大规模改进阅读的能力。

地方层面的合作伙伴关系

委员会知道,学校并不是儿童阅读援助的唯一来源。许多基于社区的组织投入了很多时间来为孩子们及其家庭提供阅读援助。这些努力,如果辅以孩子的家庭教育所提供的高品质阅读指导,孩子学习阅读的能力将会得到提高。委员会希望鼓励这种合作伙伴关系,并要求在本法案的框架下争取资金的地方教育机构和一个或多个基于社区的组织形成合作伙伴关系,这些基于社区的组织需要已建立阅读准备效力记录,以及对幼儿园直到三年级的孩子和幼年读写能力提供阅读教学的效力记录。委员会认为,只要这些机构的人员以和学校中使用的基于可靠的、可复制的阅读研究同样的方法进行培训,此类合作伙伴关系就会加强学校中任何阅读改革的成效。

委员会还对那些与一个或多个领先计划,或一个或多个州或联邦政府资助的学前项目或家庭读写能力计划形成合作伙伴关系的地方教育机构提供优先资助。委员会认为学校和幼儿教育计划之间的关系可以为孩子们提供重要的阅读准备技能,这将确保他们一入校就学会阅读。

辅导援助补助

委员会注意到,尽管学校、教师、家长均付出了努力,但是很多孩子仍然无法掌握阅读所必需的基本概念和技巧。鉴于这一事实,本法案为存在阅读困难但由于生活在高度贫困社区而不太可能得到额外援助的孩子们提供阅读教学的机会。

根据本法案,每个接受补助的州必须使用此资金的一部分向地方教育机构提供分拨补助,以供企业社区和授权开发区内的学校(如该州没有这样的指定管辖情况,则应将款项拨付给学校改进计划下的“第一章项目”学校)使用。阅读困难并就读于此类学校的孩子的父母,将有机会申请辅导援助补助,以支付他们给孩子聘请阅读导师的费用。

委员会认为,本法案下的辅导援助应是高质量的,并且应与孩子们在校的授课内容联系起来,这是非常重要的。这些目标可以通过几种手段实现。根据本法案,所有导师必须由地方教育机构对其资质进行认证,地方教育机构编撰并不断更新一份有资质的导师名单。为了进入此名单,导师必须拥有阅读准备、幼儿早教与为幼儿园至三年级的孩子提供阅读教学的可靠工作业绩,并且必须致力于提供基于可靠的、可复制的研究的阅读教学。

父母们也会督促辅导援助质量的提升。根据本法案,父母们有权从地方教育机构提供的导师名单中为其孩子选择导师。在阅读教学上不成功的导师,即使他们能够保留在地方教育机构编制的名单上,最终也会由家长和教师的口耳相传,或通过其他更正式的方式,被认定为工作效能不足。而能够提供优质阅读教学的导师将很快被其他家长和教师选中。从本质上说,这种方式建立了导师间的良性竞争,将会使更多儿童获得优秀导师的指导,从而使更多的孩子能够学会阅读。

问责/评估

委员会的一个主要目标一直是确保联邦政府资助的项目建立在问责制度基础上。在《卓越阅读法案》框架下,这种问责的第一步是使用源自可靠的、可复制的研究的调查结果。具体来说,该研究必须用于支持与在职教学、家庭读写能力计划以及诸如向在校儿童提供额外阅读教学的导师等个人相关的活动。

本法案下的问责也是通过评估建立的。具体来说,部长可使用资金开展全国范围内的评估。委员会着重强调,要求部长在制定评估标准时接受同行评审小组的建议。委员会强调需要为实现这一点共同努力,以此来确保这一评估环节在设计和实施方面最大程度的客观性。除了全国范围评估外,每一个根据本法案获得资金的阅读与读写能力合作伙伴关系需要使用其资金的一部分来评估分拨补助接受人是否成功地达到了本法案的各项目标。委员会强调,这些目标中最重要的是分拨补助接受人提高学生阅读能力的程度。

根据本法案,阅读与读写能力合作伙伴关系要与有资质的研究机构(定义为开展可靠的、可复制的研究的高等教育机构)订立合同来开展州评估。委员会认为,这些机构凭借自己在这一领域的工作,有成熟的条件与这些合作伙伴关系合作，评估阅读与读写能力计划。

信息传播

正如本报告前面详细说明的那样，在关于读写能力主题的听证会的全过程，委员会从各位证人，特别是教师那里听到的信息是一致的，即提供给阅读教师关于教授孩子学会阅读的基本技能的信息严重匮乏。尽管联邦纳税人的数百万美元已花在了研究这些课题上，但是情况仍不容乐观。

本立法应对这个问题的方式是，要求国立读写能力研究所传播关于可靠的、可复制的阅读研究，以及本法案资助的成功项目的信息，给所有在"第一章项目"、《残疾人教育法案》、领先计划以及《成人教育法案》等联邦项目下接受资金的受助人。不是所有的州，当然也不是所有的学校，都将获得地方阅读改进分拨补助的资助，但通过传播重要的研究成果，本法案可以使接受联邦援助的所有学校受益。

委员会认识到，目前正在进行多项努力以召集小组成员们评估以研究为基础的阅读开发知识的现状，包括多种教授孩子阅读的方法的效度。国立读写能力研究所被要求与这些小组成员一起确定构成阅读质量可靠的、可复制的研究的判断标准以及传播此类信息的拓展策略的标准。在执行这些策略时，委员会强调需要国立读写能力研究所与现有的教育信息网络协调合作，以避免可能的工作重复。

委员会强调，国立读写能力研究所是一个与教育部共事并为教育部服务的独立机构；健康与人类服务部以及劳工部担负着一些新的重要义务和责任。这主要是基于一个事实，即国立读写能力研究所的使命完全集中于读写能力问题，而且它一直致力于通过其全国成人读写能力和学习障碍中心来开发能反映阅读方面最佳做法的材料。此外，国立读写能力研究所已建立最先进的基于互联网的通讯与信息系统（LINCS）。LINCS在全部50个州都有，而且拥有扩容的能力，以满足阅读提案提出的要求。这是国立读写能力研究所在为印刷产品的分销向全国范围内免费电话号码和票据交换所提供支持外的另一创举。

基于国立读写能力研究所过去和现在的阅读与读写能力活动，委员会相信，它们完全有能力承担本法案所示的额外责任。

平等起点计划修正案

1995年，教育部发布了对于平等起点计划的评估。

报告中最令人失望的方面是以下发现：除那些提供密集服务的项目，平等起点家庭的收益并不比其他类似家庭利用现有服务自己获取到的多多少。1996年，作为哥伦比亚特区拨款法案的一部分，该法案进行了修正，要求提供更多"密集的"服务。

委员会强烈认为，那些父母是他们的第一个也是最重要的教师，并且在孩子的教育上发挥积极作用的孩子更容易在学校取得成功。平等起点家庭读写能力计划是一项自愿的家庭读写能力计划，为家长提供了他们在孩子教育中发挥关键作用所需的学术和育儿技巧。

虽然1995年报告令人失望，一项最近的报告证实参与提供密集服务的高品质平等起点家庭读写能力计划的个人获得了积极成果。这份由家庭读写能力国家中心编撰的报告发现，在所有年级中，参与平等起点计划的孩子们达到了或超过了同龄孩子的水平。这一发现十分重要，因为来自父母一方或双方文化水平较低家庭的孩子的表现一般不如他们更具优势的同伴。此项研究中，62%的成人拥有普通教育水平证书或高中证书。此外，45%的参与者或是减少或是消除了其对公共援助的依赖。

委员会希望，所有的平等起点计划都可以提供同样高品质的、密集的服务，以确保计划的参与者获得积极成果。因此，《卓越阅读法案》包含了委员会认为将加强现有计划的许多变更。

首先，也是最重要的，委员会已增加条款，要求接受平等起点资金的州制定项目质量指标，以用于监测、评估和改善州内计划。这将为各州提供工具，供其判断当地平等起点计划的质量。如果州已经为当地承受人提供了技术援助，但他们仍然不能改善项目质量，那么州有权拒绝为未在达到质量指标方面取得令人满意进展的地方补助接受人提供额外资金。

提高平等起点计划质量的另一项努力是要求对成功的家庭读写计划要素进行信息传播。本法案要求部长开展（通过授权或合同）对成功的家庭读写服务要素的研究，并作为样板将结果向开展了家庭读写能力活动的联邦项目传播，或改进现有项目的质量。在适当的时候，很多联邦项目鼓励使用平等起点家庭读写能力模式，如“第一章项目”、《双语教育法案》和移民教育计划。委员会了解到，家庭读写能力国家中心开展了对于优质家庭读写能力计划要素的广泛考察，并将鼓励教育部与该中心合作开展此项研究。

委员会还对平等起点家庭读写能力计划中的家庭读写能力服务进行了定义。同样的定义也出现在了《卓越阅读法案》第一章。该定义明确了家庭读写能力计划应在自愿的基础上进行。此外，委员会希望澄清,“父母”一词也包括其他可对孩子教育负责的“适当的监护人”。这可能包括祖父母、养父母等。“父母”一词无意限制与孩子教育息息相关的其他个体的参与。此外,委员会想指出的是,诸如减少福利依赖等在家庭中实现可持续改变的例子,并不意味着应该以减少目前非福利领受人参与此计划后社会福利依赖度的能力来判断州或地方所取得的成绩。

最后,委员会认为,家庭读写能力模式可以起到减少幼儿阅读困难的重要作用,希望看到各州使用其他联邦、州和地方资金来开展此类项目。因此,委员会为这一倡议提供了1000万资金,以供拨付平等起点家庭读写能力计划,用作奖励补助,授予那些通过协调和整合现有联邦、州和地方读写能力资源规划并执行全州范围内的家庭读写能力倡议的州。为了确保这些活动与高品质的家庭读写能力计划相一致,委员会要求部长或者直接、或者通过授权或协议向这些州提供技术援助。

高校勤工助学计划的调整

1965年《高等教育法案》C部分的高校勤工助学计划现予修订,以拓展高等教育机构提供的辅导服务。纳入本立法的修正案的措辞严格遵循1992年《高等教育法案》修正案的措辞,该修正案旨在促进高等教育机构增加社区服务活动。与目前的社会服务要求类似,高等教育机构将被要求使用其部分勤工助学资金,补助以下学生:(1)在幼儿园或小学担任孩子们阅读导师的学生;(2)参与家庭读写能力计划的学生。

高等教育机构将被要求使用其年度勤工助学配额的至少2%,补助从事此类活动的学生。基于1997财年8.3亿美元的筹资水平，这一要求将使得约1600万美元用于辅导和读写能力活动。为了帮助学生和机构支付任何与培训和差旅相关的费用，机构将被允许使用其勤工助学资金，以补助学生花在与辅导和家庭读写能力计划直接相关的培训及差旅上的时间。此外，为了鼓励机构和学生广泛参与此类活动，本条款下勤工助学补助的联邦份额可以超过75%。而且，为避免学生在特定机构遭遇的任何困难，部长有权放弃本条款的要求。

在使用根据本条款拨付的资金时，高等教育机构应优先雇用那些在以下学校提供辅导服务的学生，这些学校应为根据《初等和中等教育法案》被认定为符合学校改进计划要求的学校，或接受根据本法案授权的资金提供的分拨补助的学校。在根据本法案接受分拨补助的学校里提供辅导服务的勤工助学学生，将会在学校使用的基于可靠的、可复制的阅读研究的教学实践中进行培训。

修正说明

具有替代属性的修正在本报告中均已说明。

委员会的监督结论

根据众议院规则第11条第2（1）（3）（A）款以及众议院规则第10条第2（b）（1）款规定，委员会的监督结论和建议体现在本报告正文中。

政府改革与监督

关于众议院规则第十一条第2（1）（3）（D）款的要求，委员会未就 H.R.2614 从政府改革与监督委员会收到任何监督结论和建议。

委员会估算

众议院规则第十三条第 7 款要求委员会估算并比较执行 H.R.2614 的过程中会产生的成本。然而，该规则的第 7（d）款规定，如果委员会已在其报告中附有国会预算办公室主任根据 1974 年《国会预算法案》第 403 节就该法案成本编写且及时报送的预算，则该要求不适用。

宪法权威

1965 年《初等和中等教育法案》和 H.R.2614 对其做的修正案，根据宪法支出条款第一条第 8 节第 1 款是符合宪法的。

立法机构的法律适用性

公法 104—1 第 102（b）（3）节要求就本法案对立法机构的适用性进行说明。本法案向各州提供的资金应用于向有资质的承受人提供项目与服务；本法案未禁止符合条件的立法分支雇员申请此类服务。

无资金补助授权声明

《国会预算和扣留法案》第 423 节规定对上报法案的条款是否包括无资金补助授权做出声明。委员会从国会预算办公室主任处收到了关于无资金补助授权的来信，因此委员会同意该法案不包含任何无资金补助的授权。见下文。

预算授权和国会预算办公室成本估算

根据众议院规则第十一条第2(1)(3)(B)款、1974年《国会预算法案》第308(a)节、众议院规则第十一条第2(1)(3)(C)款以及1974年《国会预算法案》第403节规定,委员会收到了来自国会预算办公室主任就H.R.2614所做的如下成本估算。

美国国会,国会预算办公室,

华盛顿特区,1997年10月24日

威廉·F.古德林,

教育和劳动力委员会主席

众议院,华盛顿特区。

尊敬的主席先生:

国会预算办公室已拟定了H.R.2614——1997年《卓越阅读法案》的成本估算,随信附上。

如果您需要此估算的详细信息,我们很乐意提供。负责接洽此事的国会预算办公室的工作人员是贾斯汀·拉图斯和克里斯蒂娜·霍利·萨多蒂。

真诚地,

詹姆斯·L.布鲁姆

(代琼·E.奥尼尔主任)

附件:

H.R.2614——1997年《卓越阅读法案》

摘要:H.R.2614将修订1965年《初等和中等教育法案》,向各州提供阅读项目补助，并授权在1998、1999和2000年三个财年间每年2.6亿美元的补助额度。此外，该法案将废止几个教育项目，这些项目在最近几年均未收到拨款。这些项目目前并未获得授权，但有三个特例。这三个目前得到授权的项目是：改善印第安儿童教育机会的特殊项目与计划，德·卢戈区域教育改进项目，以及维京群岛一般区域援助。1998财年和1999财年间，这三个项目的总授权额度是每年1100万美元。因此，这项法案的颁布将导致1998和1999年2.49亿美元授权额度的净增长，以及2000年2.6亿美元授权额度的净增长。这些授权的实际资金提供需根据年度拨款程序进行；现收现付程序将不适用。

该法案未包含1995年《无资金补助授权改革法案》定义的私营企业或政府间授权，不会为州、地方或部落政府增加任何成本。

估算基准：H.R.2614的第一章将授权在1998、1999和2000年三个财年每年拨付2.6亿美元资助各州提高孩子和家庭的阅读技巧。该法案将要求国立读写能力研究所召集同行评审小组，评估州阅读与读写能力合作伙伴关系提交的补助申请，并向教育部长提供拨款建议。在总授权额度中，将预留7.5万美元以补助小组中的非联邦成员。根据该小组的建议，部长将为合作伙伴关系提供三年的补助，相应地，合作伙伴关系应使用收到的至少95%的资金向地方教育机构分拨补助。这些分拨补助将分为两类：地方阅读改进和辅导援助。

本法案为部长预留了1.5%额度（每年约400万美元），供其拨付以根据本章规定进行全国范围内的项目评估。本章也将指导国立读写能力研究所传播关于"可靠的、可复制的阅读研究以及分拨补助接受人项目"的信息，并预留了总授权额度中的500万美元作此用途。

该法案的第二章将预留第一章授权的1000万美元额度开展平等起点家庭读写能力项目下的计划。这些资金应由等额的非联邦配套,以便州可以根据本章接收资金。

假定阅读补助将遵循与1965年《初等和中等教育法案》授权的其他项目同样的支出模式,并进行了相应的拨款,则第一章与第二章将导致1998财年增加3100万美元的支出,而1998—2002财年期间支付额共计将增加7.8亿美元。

第三章将要求高等教育机构使用至少2%的授权资金拨付给为辅导和读写能力活动进行的勤工助学计划。这个要求部长可酌情豁免。国会预算办公室预计,这一规定将不会对联邦预算产生影响。

本法案第四章将废止对几个教育项目的授权,这些项目目前均未收到拨款。但有三个待废止项目曾在1998和1999财年间获得授权接收拨款。此三个项目(改善印第安儿童教育机会的特殊项目与计划、德·卢戈区域教育改进项目,以及维京群岛一般区域援助)的授权额度在1998和1999财年每一年总额均为1100万美元。对这些授权的废止会将1998财年的支出减少100万美元,而1998—2002财年期间减少支出将达2200万美元。

现收现付注意事项:无。

对政府间组织和私营企业的影响:H.R.2614未包含《无资金补助授权改革法案》定义的政府间或私营企业授权,不会为州、地方或部落政府增加任何成本。任何对州和地方教育机构的要求都将成为根据本法案授权接受联邦援助的条件。本法案将在1965年《初等和中等教育法案》框架下为阅读补助重新拨款。国会预算办公室估计,根据H.R.2614,在1998至2000财年期间,各州和地方教育机构每年将获得2.41亿美元补助。本法案还要求公立高等教育机构为辅导与读写能力活动预留2%的勤工助学经费。

估算编制者:联邦成本,贾斯汀·拉图斯和克里斯蒂娜·霍利·萨多蒂;对州、地方和部落政府的影响,马克·尼科尔;对私营企业的影响,纳比勒·阿尔萨拉姆。

估算批准者:预算分析副主任保罗·N.凡·德·沃特。

少数派观点

我们赞赏克林顿总统为儿童读写能力所做的组织领导工作,赞赏他对以社区为基础的组织和志愿者参与提升儿童读写能力目标的认可。总统的"美国阅读"立法呼吁在学校、图书馆、社区组织和工商企业间拓展社区伙伴关系,以辅助课堂阅读教学。该法案为孩子们在放学后、周末以及暑假提供了额外的读写能力协助,旨在确保所有的孩子在三年级末都能独立进行阅读。

该总统法案由众议员克莱、马丁内斯、米勒和其他37位民主党众议员于1997年5月1日发起。在"美国阅读"立法发起后不久,总统和国会领袖遵照"总统美国阅读"倡议的"目标和理念",在预算中列出了2.6亿美元协议资金启动读写能力计划。

通过整合"美国阅读"与多数派的倡议,我们已经制定了一项法案,该法案将对我们国家的教育工作者教导孩子们阅读的努力产生积极的影响。该项立法旨在通过既努力提高教师阅读教学的职业发展,又利用以社区为基础的组织动员志愿者导师,来确保儿童在小学三年级末能够独立进行阅读。

然而,在为此法案提供毫无保留的支持之前,我们对辅导援助补助问题的关切必须得到解决。根据该项法案，州读写能力项目合作伙伴关系将会被要求将资金分拨到有学校在授权区域或企业团体的地方教育机构。如果某个州没有此类指定区域，州读写能力项目伙伴关系会将资金分配到至少有一所学校被指定列入“学校改进”计划的地方教育机构。接受这些补助的地方教育机构将需要创建一个辅导援助提供商列表，以便父母们随后可以从中选择。

我们担心，这一规定缺乏对学习效果和联邦资金支出的问责机制。尽管此法案规定了需要具有在提供基于可靠的、可复制的阅读研究的辅导援助方面的经验，但根据本法案流入学校所在区域的这些资金将会造成很大的政治压力使不合格的提供商进入名单。这种动因显然会导致编制出一份庞大的、完全随机的提供商名单，而这将会使家长们进行选择，以确保孩子得到所需帮助的过程更加复杂。

此外，我们担心这些补助在很大程度上与法案其余部分的活动和目的基本无关。范围更广的地方阅读改善补助，其资金将提供给地方教育机构，它们将把资金主要用于提供职业发展、家庭读写能力计划，为没有准备好过渡到小学一年级的孩子提供帮助，并为学生在非教学时间（上学前和放学后、周末和暑假期间）提供额外支持。所有这些活动将孩子们的学习经验与学校和学校采用的教学方法紧密地结合在了一起。相比之下，辅导援助补助可能会采用与学校采用的阅读策略不一致的非学校提供商。

我们注意到，教育部编制的一份分析报告显示，该法案下的辅导援助成本是地方上范围更广的类似改善阅读补助下辅导援助成本的近四倍。教育部预计将为辅导援助补助框架下的每名儿童花费2150美元提供辅导援助，但地方上范围更广的改善阅读补助框架下每个孩子只需 593 美元。我们无法支持如此昂贵的、不协调的阅读援助方式。

出于这些担忧，众议员马丁内斯提出了一项修正案，来删除该法案下的辅导援助补助条款。为承认多数派的政策目标，众议员马丁内斯提出，民主党和共和党应就双方在此问题上的分歧在国会对该法案审议之前，达成双方满意的解决方案。以下评论代表马丁内斯先生和古德林主席之间达成的共识：

马丁内斯先生：在我们进入下一个修正案前，我可以理解为在国会对该法案审议之前，我们将（就辅导援助补助）达成某种双方协议吗？

古德林主席：是的，您可以这么理解。

除马丁内斯修正案外，委员会还通过了众议员佩恩提出的修正案。该项修正案以成本更低、更高效的国家评估取代了对本法案资助项目进行的同行评审以及部长和州联合评估。而随后的里格斯修正案恢复了原来法案中的州评估小节，而佩恩修正案中的国家评估规定依然保留，以确保部长拥有对本法案资助项目进行单方面评估的能力。

尽管里格斯修正案已被接受，我们仍然对州评估和国家评估的双重影响表示担忧，并将努力解决这些分歧。

对于众议员基尔迪提出的旨在提高图书馆在该项立法中的作用的两项修正案，我们同样表示赞赏。此两项修正案允许来自图书馆的代表作为州阅读与读写能力合作伙伴关系的备选参与者，并给予能表明与一个或多个公共图书馆有合同关系的申请以优先地位。此两项修正案均以口头表决的方式被委员会通过。

我们致力于确保本辅导援助补助的拨付既能够反映我们的政策目标,又能够满足多数派的诉求。随着辅导援助补助拨付条款的修改,该法案将给予家长、教师、学生和教育工作者一个提高阅读成绩的强大的新工具。

威廉·L. 克莱
戴尔·E. 基尔迪
梅杰·R. 欧文斯
帕奇·T. 明克
蒂姆·罗梅罗
琳恩·伍尔希
查卡·法塔赫
罗恩·金德
小哈罗德·福特
乔治·米勒
马修·G. 马丁内斯
唐纳德·M. 佩恩
罗伯特·E. 安德鲁斯
鲍比·斯科特
卡洛斯·罗梅罗—巴尔塞洛
鲁本·伊诺霍萨
约翰·F. 蒂尔尼
洛丽塔·桑切斯

持异议者观点

国会正在考虑以通过《卓越阅读法案》（H.R.2614）来启动另一个违宪且无效的联邦教育计划。该法案的支持者们称，联邦政府通过《卓越阅读法案》将"使每一个孩子学习阅读"。这无疑是一个崇高的目标，但在国会启动又一个联邦计划前，或许我们应考虑一下，60年来国会已经启动了大量的社会计划，每一个计划都雄心勃勃地希望终止某些社会弊病。这些方案不但没有创造承诺的乌托邦，在许多情况下，甚至恶化了其试图解决的特定问题。

联邦政府在通过福利国家计划改善美国人民生活方面的失败在教育领域表露最甚。1963年，联邦教育支出尚低于90万美元，学业成就测验（SAT）的平均分数约为980。30年后，联邦教育支出激增至190亿美元，平均SAT成绩却下滑至902。此外，根据国家教育进展评估1992年调查显示，美国的十二年级学生中，只有37%的学生能够真正读懂十二年级水平的读物。

尽管联邦计划屡屡失败，国会再次计划通过增加联邦政府的权力来解决社会问题。讽刺的是，我们正在考虑这个法案的原因是因为预算通过了，而其本意是要结束"大政府时代"，呼吁创立联邦读写能力计划。显然，预算协议并没有结束大政府，反而在政府既没有合法性也没有竞争力的领域保留并扩大了违宪的保姆国家干预。

根据第十修正案，本法案不是要把金钱和权力归还给各州与人民，而是将创建另一套复杂的官僚流程，其中遍布法规、规章和国家指令。根据该法案，接受读写能力补助的各州必须建立阅读与读写能力合作伙伴关系，其构成由联邦政府决定。该伙伴关系必须再向教育部申请拨款，申请时需说明将如何遵守法案的所有规定。然后由同行评审小组批准拨款，该评审小组由国立读写能力研究所与其他联邦政府资助的机构选择的一批"专家"组成。这项计划下获得拨款的州必须将其分发至向各州阅读与读写能力合作伙伴关系上报计划的地方教育机构。要求各州提供的信息中要包括对于合作伙伴关系提供的补助如何达到法案目标、合作伙伴关系如何评估补助接受人，以及各州如何保证资金的一部分被用于提供辅导援助补助的详述。

联邦读写能力资金仅限用于联邦规定的目的。因此，该项立法将创建植根于伪联邦制的另一套官僚程序，即各州有权在国会设定的权限内，把钱花在联邦政府确定的目标上——当然，前提是能够越过国会设置的重重联邦层面的障碍。

联邦读写能力资金的受助者必须将项目立基于"可靠的、可复制的研究"，即满足同行评审科学标准的研究。尽管无人质疑对各种教育方法所做研究的价值，关于阅读教学的最佳方式可以完全通过实验室实验来确定仍然是令人怀疑的。学习阅读是一个复杂的过程，涉及许多变量，其中最重要的是儿童个体的技能和能力。许多有效的技术可能不容易由"可靠的、可复制的研究"予以支持。因此，这一计划最终可能会阻碍许多有效阅读教学手段的使用。联邦基金的受助人只使用基于"可靠的、可复制的研究"的阅读技术这一要求，在实践中意味着这些由联邦政府资助的同行评审小组专家批准的方法使得仅有有限的阅读方法可以"贴上联邦政府批准的标签"。

此外，该法案规定参加联邦读写能力计划的学校必须向家长提供教师资质担保。地方学校向家长提供此类信息可能是一个好主意，但命令地方学校执行国会认定为好主意的所有事情并不是联邦政府的职责。此外,这一规定似乎是由某种欲求驱动,即让国会走上确立教师认证的全国统一制度之路。

由于联邦政府的不幸影响,这项计划资助下的教学方法将成为全国每个教室中所使用的方法。因此,该法案代表迈向国家课程强制标准的另一步。该法案的支持者会回应说,联邦政府仅仅是鼓励使用合理的教学技巧。且不说基于"可靠的、可复制的研究"的技术是否真正引导人们发现教育孩子的最佳手段,宪法禁止联邦政府从方法论上对儿童教育进行任何干扰。联邦宪法对于教育干扰的禁止对基于"可靠的、可复制的研究"的技术并无例外。

该法案将引导美国迈向国家课程标准制定的另一个迹象是,法案以联邦的名义对阅读进行了定义,从而使教育目标符合联邦标准。

此外,《卓越阅读法案》要求各接受人评估其项目的成功。当然,评估各种联邦基金支持的读写能力项目成功与否的最有效的方式是对参与项目的学生进行统一的测试。因此,尽管上个月国家测试刚刚在国会遭到压倒性的否决,国会目前正在考虑授权设立事实上的全国阅读考试。

另一个反对这项法案的理由是它增加了联邦对所谓"家庭读写能力服务"的支持。尽管对于参与这些计划的措辞是"自愿的",但这些计划使政府资助的社会工作者得以巧妙地迫使父母将其孩子的控制权让渡给政府。

总之,《卓越阅读法案》代表了对于各州、地方社区和家长不受联邦政府干涉地教育孩子之权利的另一种违宪侵犯。该法案也在引导美国在国家课程标准制定的危险道路上迈出了几大步。因此,国会应该驳回这项法案，并采取支持措施，如教育税收抵免，使家长更有能力为他们的孩子提供有效的读写能力指导。

罗恩·保罗

（付　满译）

加　拿　大

全国阅读规划

导言

加拿大位于北美洲，与美国为邻，官方语言为英语和法语（主要分布在魁北克省）。加拿大国民生产总值和人均收入在全球都居于前列，地广人稀，人民生活富裕，国家在教育和公共文化领域上的投入都比较高。加拿大重视国民阅读始自儿童时期，极其注重儿童的校园阅读教育。这些投入获得了巨大的回报，加拿大在文化、体育、科技等方面都走在世界前列，人才辈出，迄今已有超过20名加拿大人获得了诺贝尔奖。

在阅读设施方面，加拿大共有625个公共图书馆系统，分布在全国各地的公共图书馆共有2996座，平均每1.18万人就拥有一座公共图书馆。[①] 在阅读内容方面，加拿大的图书出版业一直受到英美等国跨国公司的垄断影响，为了保护本国出版业，加强加拿大文化相对的独立与完整，20世纪60年代以来，加拿大政府开始通过资金投入、减免税收、间接资助等方式扶持本土出版社、作家与翻译家等。今天，加拿大的儿童文学、青少年图书、环境类图书、北美土著人研究图书

① 国际图联《公共图书馆标准》（1973—1977）提出的标准是每5万人应有一座公共图书馆。

等在国际市场都颇具声誉，小说尤其具有声誉，多部作品获得英国布克奖。2013年，加拿大作家艾丽丝·门罗获得诺贝尔文学奖，成为该国第一位女性诺奖得奖人。

多种资料表明，加拿大人民热爱阅读。安格斯列特民意调查公司（Angus Reid）2012年的一项调查发现，加拿大国民平均每个月至少阅读一本书。2000年，国际学生评估项目显示，加拿大中学生的阅读素养测试成绩紧随芬兰之后，排名第二。2005年，加拿大文化名城蒙特利尔击败西班牙的巴塞罗那市和意大利的都灵市，被联合国教科文组织、国际出版商联合会和国际图书馆协会等组织共同评选为“世界图书之都”。

加拿大经常开展各类阅读推广活动，既有英、美舶来项目，也有本土全民阅读活动，如“一城一书”阅读活动、“暑期阅读营”、“阅读起跑线”等。

2008年，非营利机构“全民阅读运动”（National Reading Campaign）开始致力于加拿大全国阅读推广工作，并在2009年、2011年、2012年分别在多伦多、蒙特利尔和温哥华召开了三次全民阅读峰会（The National Reading Summit）。峰会汇聚了来自世界各地的阅读推广代表，为《全国阅读规划》的制定和推广奠定了基础。第二届峰会后，社会各界人士共同合作提出《全国阅读规划》的初步方案。2012年的峰会则重点审议、讨论、补充并完善了该规划，负责推广该规划。可以看出，该规划希望发动包括政府在内的加拿大所有相关机构和相关环节、发动所有个体的力量，共同培养加拿大人终身阅读的习惯，培育加拿大阅读文化，从而建造一个阅读社会。虽然该规划并非政府制定，但经历了长期的酝酿，多次讨论，广泛征求了社会各方意见，其构思和内容设计与其他国家的政府相关规划有一定相通之处。鉴于其重要的参考意义，本书亦将其收录，以飨读者。

（张文彦）

全国阅读规划

使　　命

使阅读成为加拿大全国性的重要活动。

愿　　景

为一个阅读社会奠基并促其成长，使每一个加拿大人都有同等机会成为终生读者。

基本原则

1. 使所有人都有同等机会获得阅读材料。

2. 阅读任何内容的自由。

3. 无差别对待各类阅读材料和阅读平台。

4. 母语、官方语言、土著语言阅读材料都可获得。

5. 推广加拿大作家的各类作品，使其能被读到。这对我们的自我认知、文化认同和民主实践都极为重要。

6. 尽早享受阅读乐趣是所有孩子的权利，在民主国家，学校是保障这种权利的场所。

涉及各方

本规划关乎热爱阅读的每一个人和机构，包括一般读者、父母、青年、学者、图书馆员、教育工作者、所有媒介的出版者、图书销售商、读写能力组织、作家、社区组织、大小公司、工会、选任官员、土著长者、保育机构、非政府组织 / 协会、各级政府、社会公众。

行动安排

“全民阅读运动”力求提高对阅读重要性的认知，推动各级政府制定必要的政策，使加拿大成为书香之国。我们已启动一项为期三年、旨在唤醒公众意识的活动——“重视阅读”（Reading Matters），内容既包括电视、报纸和杂志上的宣传，也包括网络互动。“重视阅读”活动邀请人们讲述阅读对他们来说为什么重要，并提供各种参与途径。

“全民阅读运动”委员会和秘书处事项安排

1. 支持阅读活动和相关政策，以推动各级政府中的阅读活动。

2. 研究加拿大的阅读模式、趋势、人口数据、数字媒介的影响以及能够为政策制定提供支持和信息的其他任何领域。

3. 就阅读以及与本领域的先行者进行合作的最佳做法和标准提供政策建议。

4. 推进《全国阅读规划》。通过技术、社会媒介和其他方式将加拿大人连接到一起，使他们进一步认识阅读和阅读推广。

5. 通过研究、交流论坛以及现有项目 / 活动和观点的全国性数据库 / 信息交换中心，支持其他省级、地区和市级组织所做的工作。

6. 与现有的协会、组织和各级政府合作。

7. 与整个加拿大怀有如下信念的教育工作者合作，他们认为，要确保加拿大的所有儿童都有同等机会成为熟练而快乐的读者，学校是关键。

8. 努力确保那些由于残疾、种族、出生国家、经济地位或所处地区而无法获得充分机会进行阅读的人，获得必要帮助而成为积极的读者。

9. 不时发起活动，促进《全国阅读规划》的实施。

合作伙伴和地方社区的事项安排

1. 促进本规划。

2. 接触社区内的其他人，扩大他们的参与。

3. 将“全民阅读运动”的材料纳入当前的计划安排。

4. 运用简报、博客、谈话等沟通机制，提供具有附加值的活动，比如获得地方支持、联络地方名流。

5. 提供信息，让我们知道人们在全国、地区和地方各个层面的活动。

6. 利用“全民阅读运动”支持公共图书馆、学校和其他机构，使阅读推广成为它们的核心工作。

政府角色

政府的角色非常关键，它要在各个层级制定政策，推动所有领域的阅读活动。

应鼓励政府开展以下事项：

1. 支持现有的出版活动支持项目；

2. 取消生产和销售链条上所有层级阅读材料的物品服务税 / 协调销售税；

3. 支持适当情形下以官方语言和其他语言为目标语的翻译活

动；

4. 增加对公共图书馆的资金支持；

5. 确保在各个层级的教师培养工作中纳入阅读推广的内容；

6. 对中小学图书馆再次投资，培养教师图书馆员；

7. 支持所有司法管辖层级的作家；

8. 支持加拿大居民数据库；

9. 支持电子书格式及其在加拿大图书馆中的应用；

10. 投资支持阅读的项目，努力将阅读纳入所有政府资助的活动，以巩固公民社会、加强公民参与；

11. 致力于为所有那些由于残疾、种族、出生国家、经济地位或所处地区而无法获得充分机会进行阅读的人，提供特别的措施；

12. 评估所有项目对阅读的影响。

计划和资源的适应对象

家庭

应该支持所有家庭营造家庭阅读文化。父母读给孩子听，孩子享受阅读，全家人讨论读书——当家人一起阅读时，一种稳定的阅读模式就建立起来。每个人都获得了来自阅读的快乐，也获得了分析和批判思考的能力。公共健康部门、儿童援助团体、儿科医生和一般医师、图书销售商以及所有可能的社区资源，可以携起手来确保所有儿童获得同等机会享受阅读乐趣。

学校

教授阅读技巧是中小学教育的基础内容，其最佳方式是创造环境，使阅读成为一种享受。要实现这个目标，经过培训的教师图书馆员和掌握阅读促进技能的教师是关键。对中小学校的评估，应该看它是否能成功地激起孩子阅读的欲望和爱好。在民主国家，中小学校是所有孩子拥有同等机会进行阅读的场所，因此也是任何全国性阅读战略的关键组成部分。

加拿大土著

推动土著社区（包括城市和乡村、保护区内和保护区外）的阅读活动应成为一项优先考虑的全国事项。土著社区应对所有此类活动进行规划控制，并且作为一项紧要事项，应获得经济支持和相关培训。只要社区有强烈需求，就应该向他们提供土著语言的阅读材料。

新加拿大人

综合研究表明，阅读是学习语言的最佳方式。然而在阅读促进和支持方面，当前针对新加拿大人的语言和社会融合项目几乎完全付诸阙如。研究显示，当前的做法并不能使他们对加拿大的官方语言有基本的掌握。

有阅读障碍的加拿大人

贫穷的人、部分残障人士、许多生活在乡村或边远社区的人、处于社会困境中的人（如囚犯或精神病患者），这些人的阅读机会大大降低，无论是何种形式的阅读。要安排特别的资源来确保所有加拿大人获得阅读材料和技巧，以享受阅读乐趣。

终身读者

在这个碎片化、注意力分散和技术多元时代，即使是坚定的终身读者也可能遭遇困难，无法留出时间阅读、分享阅读体验或找到进行观念思考的空间。公共图书馆、随处可读的电子书、读书俱乐部、高速互联网、博客、网站、书店和其他所有提供阅读材料的场所，对维持一种终身阅读的文化至关重要。

“全民阅读运动”概况

“全民阅读运动”相关事宜始于2008年。本组织基础广泛，成员遍布于加拿大所有地区，代表着学校和公共图书馆员、父母、一般读者、教育工作者、作家、学生、图书和杂志出版商、图书销售商、阅读推广者以及全国所有与阅读相关的人。本组织已经在多伦多、蒙特利尔、温哥华召开过三次全国阅读峰会（全国远近地区代表广泛参会），组织了多个超过一百名成员的工作团队。《全国阅读规划》是所有这些同仁的劳动成果。

2012年，“全民阅读运动”被确定为非营利组织。

（伊　哲译）

智　　利

建立国家促进书籍和阅读基金并修改相应的法律

导言

智利位于南美洲西南，是阿根廷的邻国，属于中等发展水平国家，但该国被世界银行集团视为高收入经济体，按照部分评判标准（例如人类发展指数），又可以算作发达国家。2010年，智利成为南美洲第一个经济合作与发展组织的成员国。智利曾经是西班牙的殖民地，故官方语言是西班牙语，印第安人聚居区则使用马普切语。智利是拉美教育水平最高的国家之一，也是拉美文化艺术水准较高的国家，1945、1971年先后有两位诗人获得了诺贝尔文学奖，第二位获奖者聂鲁达创作的小说《邮差》，被译为30多种文字流传于世界各国，同名电影荣获1996年奥斯卡金像奖。

智利是南美现代化程度相对较高的国家，超过八成居民居住在城市，工作、生活节奏快，电视、网络、手机等各种媒体占据了人们的闲暇时间，阅读状况则不太乐观。一项由智利文化部门和“前沿读书基金会”对1500名智利人的社会调查显示，52%的受访者承认从不读书，偶尔读书者占27%，经常读书者只有21%。对于不读书的原因，50%的人表示没兴趣，14%的人表示没时间，36%的人认为书价太贵。调查还显示，藏书超过100本的智利家庭只占8%。

针对这种情况，智利采取了一些阅读推广措施进行改善。如1996年开始就推行了“地铁图书馆”项目，如今在圣地亚哥4条地铁线路中，已有22个站点建立了书站，注册会员近20万名，累计借书量超过300万册。书站里既有西班牙文书也有英文书，还可以免费上网，读者可以在书籍目录中查询需要的书，也可以上网搜索所需要的图书资料在哪家书店。除了常规的借阅书籍以外，地铁图书馆还经常组织读书会、电影展播等文化阅读活动，培育人们的读书热情。

《建立国家促进书籍和阅读基金》颁布于1993年，主要内容是成立国家促进书籍和阅读基金，并在教育部下成立相关管理机构以及国家书籍和阅读委员会。该法律旨在推进书籍的创作、出版和传播，改善公共图书馆的升级与建设，进而全面促进阅读。虽然这部法规出台已20多年，但我们可以看到其中推进书籍阅读的诸项要素和做法现在并不过时。阅读推广并没有太多的捷径可言，是否能够取得长效，取决于能否恒久地坚持。近年来，我国“两会”代表、委员和众多学者名人屡次提出设立国家阅读基金和国家阅读指导委员会的建议，这部法律可以提供给我们一些可资参考的思路。

(张文彦)

建立国家促进书籍和阅读基金并修改相应的法律

法规标识：第 19227 号法律
发布时间：1993 年 7 月 10 日
颁布时间：1993 年 7 月 1 日
组织：公共教育部

第一章　关于国家促进书籍和阅读基金

1. 智利政府认同书籍和文学创作在发展和传播文化、提高国家认同感和青年教育中发挥的有效和必不可少的作用。

教育部将采取必要措施来完成本法律确定的方针，以便肯定智利作家的贡献并推动所有的文化机构和社会媒体的参与。

2. 为保障本法律的效果和现行法律、法规或者在未来执行关于书籍的国家政策，需明确以下定义：

(1) 书籍：所有一次性印刷的出版物，不是定期出版的，而是一次性出版完毕，或是间断性地，分一卷或多卷或多册出版，包括出版周期不低于双月刊的科学、学术和专业出版物，满足之前第一个条款里提到的某种目的。同时还包括补充材料或电子版、电脑版、可视的和音频的材料，这些材料是随书籍同时产生的，不能单独出售；

(2) 智利书籍：在智利出版和印刷的书籍，不论作者为本国人还是外国人；

(3) 作者：创作了作为书籍出版的作品的单个人或多个人；

(4) 智利作者或作家：所有有智利国籍的作者和在智利定居的作者；

（5）出版者：对出版和发行一本书负责的，以及直接或委托第三方实现出版的必要手续的自然人或法人。

3. 创建国家促进书籍和阅读基金，由教育部通过文化推广部门来管理，基金将用于资助符合本法律的促进书籍和阅读的方案、计划和行动，其资金由以下部分组成：

（1）符合条件的资源每年必须通过国家预算法的审核；

（2）政府通过技术援助或国际合作获得的资源；

（3）收到的捐赠、继承物和遗产。

这些捐赠不受继承手续的约束，具体参见民法第1401条。基金资源的分配将以分散的方式进行，参照每年预算法的规定。

4. 基金资源将全部或部分用于资助以下提到的方案、计划和行动：

（1）创立和加强阅读习惯；

（2）对书籍和阅读的传播、推广和研究，不包括公司广告或特殊书籍的相关活动；

（3）推广和发展智利书籍的出口；

（4）组织智利作者参与当地、本地区、国内或国际的图书展会，这些展会以固定的或流动的形式存在；

（5）组织与出版和图书管理工作有关的活动或培训课程；

（6）发展在书籍和阅读领域的国际合作计划；

（7）发展关于书籍、阅读和作者版权信息的综合系统；

（8）获取书籍。但是，在任何情况下，政府资源都不能用于获取同一出版物超过其数量总和20%的书籍；

（9）推广、升级和改善公共阅读中心和图书馆；

（10）通过竞赛、奖学金、交流、讲习所、奖品和其他对创作者的奖励方式，创作任何一种文学作品；

（11）培训和挑选在教育和图书管理方面的专业人才或是阅读和书籍领域的其他社会人才；

（12）促进在媒体上发表文学评论和相关活动；

（13）根据国家书籍和阅读委员会制定的相关要求，为附属于国家图书馆的公共图书馆提供300册智利作者创作的书籍。

5. 在教育部下成立国家书籍和阅读委员会，以下简称委员会。

委员会由以下方面组成：

（1）教育部部长或主事的教育部部长代表；

（2）一名共和国总统代表；

（3）书籍、档案和博物馆领导机构的负责人或负责人代表；

（4）两名由校长委员会任命的具有威望的学者，其中一位应该在全国第一到第十二区的大学工作；

（5）两名由全国最具代表性的作家协会推荐的作家，这两名作家不需要是上述组织或其他类似属性协会的活跃成员；

（6）两名由全国最具代表性的出版者、分销商和书商协会推荐的代表。其中一名应与出版有关，另一名与商业运作有关；

（7）一名在推广阅读方面富有经验的教育专家，由全国最具代表性的教育家协会推荐；

（8）一名具有公共图书馆或学校图书馆丰富经验的图书学家，由全国最具代表性的图书学家协会推荐。

在执行其职责和贡献方面，委员会享有高度的自治权和决定权，可以与文化领域的其他机构合作。

委员会秘书处的职责由教育部的文化推广部门的负责人执行，但他只有话语权。

(4)、(5)、(6)、(7)、(8)诸项提到的成员任期两年，可以连任。

如果上述提到的职位空缺，候补者将由相应的机构任命，其任期是其前任剩余的任期时间。

在开会时，委员会须有大多数成员在场，其决议须经到场的大多数成员的同意方可通过。

6. 委员会的职责如下：

(1) 每年根据实际情况在全国范围内举办公共竞赛，要符合在第4条中提出的要求，以便合理分配和使用基金资源；

(2) 每年挑选出国内作家最好的文学作品，包括诗歌、故事、小说、散文和戏剧几大类，事先将进行相关的作品选拔。同时，在这些类别中，委员会将在全国范围内举办竞赛来挑选出最优秀的文学作品。每年，将使用基金来奖励最多10部优秀作品，以上类别的作品每种至少奖励一部，除非该类别宣布空缺；

奖励包括给作者的奖金，其金额每年由委员会决定。此外，委员会还将确定在第4条中提到的其购买该获奖作品第一版发行时的册数，用于文化或推介用途。

(3) 为教育部确立关于书籍和阅读的国家政策提供咨询；

(4) 定期监督已通过的项目或行动的进展；

(5) 每年发行一份关于举行竞赛、项目或其他活动所采取的行动、投资或实际花费的备忘录，该备忘录需提交国家议会的参众两院；

(6) 预防和推动在本法律和相关法规中履行职责；

(7) 汇集规范标准，以确定那些符合第4条第(13)项要求的作品。

该法规还将确定其他的需求、方式和程序，以便使开展的公共竞赛与能够授予基金资源的项目相匹配。

第二章　促进书籍和阅读

7. 在智利，书籍的出版、印刷和流通都是自由的，只有相关的司法决议能限制或阻止它。

8. 在不损害第 16643 号法律的第三、四条和第 17336 号法律的第五十五条规定的基础上，所有在智利印刷的书籍都必须具有国际标准书号，该国际标准书号是相关的公共机构或私人机构对书进行的公共注册。在对作品进行注册时，对与作品相关的作者、出版者或印刷者或是相关的分支或行业组织不做要求，只需在第一次出版书籍时支付注册国际标准书号的费用，并且该费用只用于对此注册的管理和维护。

9. 那些属于海关关税中第 4901 批次中规定的商品，如其出口符合财政部在 1991 年颁布的第 641 号法令中所规定的条件和方式，有权根据第 18480 条法律，享有对印花税额的减免系统。

10. 出版者、经销商、书商和其他个体商人，在销售过程中可以降低法律中第一级税收规定的所得税，在第二年清货盘点中减少书籍所得税的 25%，从第一次有效注册的日期到第二年同一天为有效期，第三年减少 50%，第四年减少 75%。到第五年时可以免交所得税。这一减免将参照所得税法律中关于盘点所规定的标准以及国内税收服务的说明。

第三章　违法、犯法和制裁

11. 该法律中提及的违法、犯法及制裁，参照知识产权的第17336号法律和第16643号关于滥用广告的法律中所提到的规定。

同样，将依照第17336号法律中第七十九条的规定进行处罚：

（1）故意出售非法出版和印刷以及未经拥有知识产权者授权的盗版书籍；

（2）通过欺骗性和作假手段来不正当获取本法律授予的权益。在这种情况下，推断所有作假书籍都是非法的，前例可参考第8条，同时不损害其他法律中规定的制裁办法。

12. 违法书籍应交给作者或拥有知识产权的人。如果未交还或无法确定，这些书籍将交予图书馆、档案馆和博物馆领导机构，该机构将对所有违法刊物进行处理。

第四章　总条例

13. 在收入法律中的第五十九条，包括1974年发布的第824号法律的第一条，即"因出版权或作者版权而支付的费用，将受15%的定价的影响"前，插入第三条，使现有条款第三、四、五条变为相应的第四、五、六条。

14. 在关于文化捐赠法的第一条第一句，包括第18985号法律的第八条中，"由国家……"和"为公司……"两句之间插入"为向全体公众开放的图书馆或管理机构"这句话，并在句号后加上下面这句话："同时，这些图书馆将受益于向公众开放的教育设施，参照相关规定及相应的地方教育部部长所批准的规定。该规定必须符合该设施所在社区的利益。"

15. 在第 8737 号法律第三条第 1 款中进行以下改动：

（1）把“7”这个数字改成“8”；

（2）把“由司法部法令指派的一名政府代表”改为“两名分别由司法部和教育部法令指派的政府代表”。

（刘　娜译）

墨　西　哥

促进阅读和图书法

导言

墨西哥是美洲大陆上的印第安人古老文明中心之一，这片土地上曾经升腾起神秘先进的玛雅文化、托尔特克文化和阿兹特克文化。因为曾属西班牙的殖民地，至今其官方语言仍为西班牙语，也有少数居民讲印第安语。墨西哥是个多种族国家，印欧混血人和印第安人占总人口的 90% 以上，其中印第安族共有 62 个。墨西哥经济实力排名美洲第四，世界第十三，但贫富分化严重。据墨西哥国家统计局 2008 年统计，该国贫困人口占总人口的 45%，其中极端贫困人口占总人口的 18%。

墨西哥的图书馆等公共阅读服务设施并不发达，出版业状况不佳，书店数量不多，且许多门店正面临营业危机。墨西哥国立自治大学在 2008 年进行的一项调查表明，墨西哥人平均每人每年只读 2.9 本书。33.5% 的受访者近一年来连一本书都没有读过，30.9% 的人读过 1 至 2 本书。另据调查，15.4% 的墨西哥人热爱读书，33.3% 的人喜欢读书，36% 的人对读书兴趣一般，15.3% 的人讨厌读书。这种状况源于墨西哥政府对民众读书活动缺乏足够重视。墨西哥现拥有学校达 12 万所之多，但其中设置图书馆的学校仅有约 5000 所。[①]

近年来，墨西哥政府开始努力改善这种状况，在全国开展“促进阅读”运动，设置可供居民随时随地阅读的移动图书馆（移动图书车），通过改善阅读习惯来提高整体文化水平，对出版业进行财政补贴，以“每一所学校设置一座小图书馆”为目标制定了“读书计划”，创建了儿童图书馆等。

1995 年，墨西哥主导实施了“国家阅读计划”，同时在全国 32 个州和首都墨西哥城设立了国家阅读办公室。该计划主要是为了推荐书目，促进儿童阅读。该计划曾被国际少年儿童读物委员会主席帕特里夏·埃达娜评价为最有价值、最好、最值得参考的计划。2000 年墨西哥政府调整了该计划的目标，并更名为“面向一个国家的读者们”，2008 年再次更名为“墨西哥阅读”。随着不断地更名推进，该国家计划推荐阅读教育的内涵也在不断扩大，将阅读促进工作视为尊重文化多样化、提高人们的能力与知识、推动社会平等的一项国家重大工程。除此之外，墨西哥还开展了“我的暑假在图书馆”计划、读书屋、马拉松阅读活动、小读者活动等多种活动项目。[②] 这些举措不仅是为了培养国民阅读习惯，也是为了抵御近邻美国的强大文化入侵，保护和发扬本国传统文化。

《促进阅读和图书法》体现了墨西哥政府自实施国家阅读计划以来，促进国民阅读越来越清晰的思路和经验办法，加强阅读教育仍然是其中的重要组成部分，明确了多个相关政府部门的责任和义务，规定建立国家促进图书和阅读理事会，并要求公共教育部制定与该

---

① 宫丽颖、贾曦：《墨西哥阅读推广策略》，载《出版参考》，2014 年 5 月（上）。

② 同上。

法相配套的促进图书和阅读的规划。毫无疑问,促进儿童阅读是国民阅读的重要基石,需要社会各界的努力。墨西哥既将其作为阅读促进工作的重点,不断凝练内涵,改进做法,又制定法律加以保障推进,形成了相对完整、有效的促进体系,其操作方式和实施效果值得我们进一步探索。

(张文彦)

促进阅读和图书法

（2008 年 7 月 24 日联邦官方公报公布）

第一章　一般性规定

第一条　本法是涉及公共秩序和社会利益的法律，是全国领土应普遍遵守的法律。

本法规定的实施，不损害印刷法、联邦作者权利法、教育总法、图书馆总法及其相关规定，以及该领域任何其他法规的规定，无论其内容是否与本法规定相抵触。

第二条　本法涉及的词语释义如下：

出版：从文本和其他内容的选择到生产并供应给读者的图书形成过程；

出版商：选择或构思出版，并由自己或通过第三者进行加工的自然人或法人；

发行：在图书出版者和批发销售者之间从事的、推动图书进入市场的中介活动；

发行商：从事图书和杂志发行的自然人或合法组建的法人；

图书生产链（联合体）：参与图书生产各个过程、由纸浆和纸张工业、印刷工业和出版社组成的生产链（联合体）。印刷工业包括参与提供以下服务：出版服务、印刷服务、装订服务，这些服务的收入应占其与图书和杂志有关工作的收入的 80% 以上；

图书链（联合体）：参与图书创作、生产、发行、促销、销售和阅读

的自然人或法人之链(联合体);

图书:任何文学、艺术、科学、技术、教育、信息或娱乐性质的,印刷在任何载体上的,一次一部或多次分批多部出版的、单一的、非定期的出版物。同时还包括任何载体上的补充内容,包括电子产品,与图书构成一个不可分开销售的单一出版物;

杂志:非每日出版的、一般图文并茂、包含多种内容或专业内容的出版物。依照本法,杂志可享受图书所享受的同样的特权;

墨西哥图书:由国际标准书号确认为墨西哥出版物的任何单一的非定期的出版物;

墨西哥杂志:由国际标准连续出版物编号确认为墨西哥杂志的非每日出版的定期出版物;

地方教育当局:每个联邦单位 a 执行机构,以及为实施社会教育职能而设立的机构和单位;

国家教育体系:由受教育者、教育者、教育当局、教育计划、规划、方法和材料、州教育机构、权力下放的教育机构、私人与当局合作建立的或被承认具有正式研究价值的机构、法律授予自治权的高等教育机构组成;

学校图书馆和图书室:公共教育部在地方当局参与下,挑选、购置和分配的用于公共基础教育的教室和学校教学过程的图书库存;

阅览室:学校和图书馆内的空间,该空间由公民社会志愿者协调,可以免费进入阅读图书和其他印刷物,开展促进阅读的各种活动;

作者:创作用于以图书形式传播的某种作品的个人。在与现行

---

① 即州,相当于省。

立法规定的要求不相抵触的情况下，翻译作品的译者、编译者、原作品的节录者或改编者、插图作者、摄影者，也可被认为是各自作品的作者；

向公众销售的单价：由出版商或进口商为各自作品自由确定的销售价格；

图书零售商：向公众销售图书的自然人或法人。

第三条 根据对以任何载体出版的图书的创作、出版和发行自由的宪法保障，本法规定促进阅读和图书，以推动全体居民获得阅读保障和图书。

联邦、州、市或联邦区[①]当局不得限制或阻碍图书和定期出版物的创作、出版、生产、发行、销售或传播。

第四条 本法的目标：

1. 帮助制定和采取旨在推动和促进阅读的政策、规划、项目和行动；

2. 推动和鼓励图书和期刊的出版、发行和销售；

3. 推动和支持书店、图书馆和其他用于图书阅读及传播的公共与私人空间的设立与发展；

4. 建立与政府各部门的协调机制，与社会和私人部门建立联系，以推动与促进阅读和图书的教育和文化功能有联系的活动；

5. 提高图书的拥有量并促使其接近读者，使全国各地都能在平等条件下获得图书；

---

① 即首都墨西哥城。

6. 加强图书链（联合体）以推动墨西哥出版生产，履行国家文化教育的要求；

7. 鼓励墨西哥图书与定期出版物参与国际竞争；

8. 鼓励对图书链（联合体）各种活动者及阅读推动者的专业培训。

第二章　责任当局

第五条　在各自职权范围内负责实施本法的当局是：

1. 公共教育部；

2. 国家文化艺术理事会；

3. 国家促进图书和阅读理事会；

4. 州、市和联邦区政府。

第六条　公共教育部和国家文化艺术理事会应在考虑国家促进图书和阅读理事会的意见和建议的情况下，共同：

1. 制定促进图书和阅读的规划；

2. 实施规划中包含的政策和战略，建立与政府各级机构间的部门协调，以及与公民社会各部门的协调。

第七条　责任当局应使用属于国家官方和公共部门的媒体时间推动图书和阅读。

第八条　各责任当局应共同或分别在保证品质、数量、价格和品种的适当条件下，促进墨西哥图书的创作、出版、生产、传播、销售和出口及联合出版，以保证墨西哥图书在本国和国际上的存在。

第九条 实施本法的责任当局有义务共同或分别地推动职业培训和发展规划，以培训从事促进阅读和书面文化的人员。

第十条 公共教育部的职责包括：

1. 与地方教育当局相协调，促进全国教育体系内图书与阅读设施的可获取性，促进体系内正在受教育的读者的培养，使之具有与其受教育水平相适应的阅读理解力；

2. 与地方教育当局协调，保证免费内容的图书和用于学校图书馆、阅览室的物品，以及其他培养基础教育学校和师范学校的读者所必需的教育材料，及时、全部、有效地分配；

3. 与地方教育当局合作设计政策，把与促进阅读和有助于培养读者的交流竞赛有关的内容，纳入教师、领导、图书馆员和技术小组的起步与永久培训；

4. 在教育总法规定的参与机制基础上，在设计从国家教育体系内部促进阅读和图书的政策时，考虑地方教育当局、教师、社会各部门的意见；

5. 与政府各部门当局、私人企业、高等教育和研究机构及其他相关人士合作，推动有助于丰富各类不同题材图书的可支配供应的图书的生产，用于国家教育体系内的阅读和咨询；

6. 与地方教育当局、其他当局、私人企业、高等教育和研究机构、国际机构及其他相关人士合作，推动定期研究国家教育体系内的阅读实践，研究公共投资对促进体系内阅读规划的影响及其成果在媒体上传播的情况；

7. 与地方教育当局、高等教育和研究机构、私人企业及其他相关人士合作，推动图书的获取与发行，加强学校与公共图书馆的联系；

8. 与政府各部门教育当局、中等教育和高等教育机构及私人企业合作，推动图书出版、生产、销售和传播等方面的技术和职业教育。

第十一条 国家文化艺术理事会的职责包括：

1. 与政府不同部门协调，推动在公开居民[①]中进行经常性培养读者的各项规划、计划和行动；

2. 与私人企业共同推动鼓励培养和教育读者的行动；

3. 鼓励和支持公民的社会参与、发展在公开居民中培养读者的行动；

4. 保障适合国家公共图书馆网用户不同兴趣和旨在加强公开居民阅读的计划，如阅览室需要的书面阅读材料的存在；

5. 与联邦级、州级和市级及联邦区政府，以及私人企业成员协作，开展保障公开居民通过免费或付费的不同方式，如图书馆、阅览室或书店，获取图书的行动；

6. 制定促进公开居民阅读和国家公共图书馆网图书馆员培训的职业发展规划。

第三章 国家促进图书和阅读理事会

第十二条 建立国家促进图书和阅读理事会，作为公共教育部的咨询机构，以及所有与图书和阅读有关联的公共、社会、私人部门

① 原文poblacion abierta，按官方解释，为在墨西哥定居的有选举权的合法居民。

的协调与顾问空间。

第十三条 国家促进图书和阅读理事会依照按本法及其章程的规定发布的运行手册运行。

第十四条 理事由以下成员组成：

1. 主席：为公共教育部长。在其缺位时，由其任命的人员代理；

2. 执行秘书：为国家文化艺术理事会理事长。在其缺位时，由其任命的人员代理；

3. 全国土著语言理事会理事长；

4. 墨西哥全国出版业协会主席；

5. 墨西哥书商协会主席；

6. 全国图书馆协会主席；

7. 墨西哥作家协会总会主席；

8. 公共教育部教育材料司司长；

9. 国家文化艺术理事会广告司司长；

10. 国家文化艺术理事会图书馆司司长。

根据理事会的决定，可召集联邦各单位、联邦区的文化局、理事会、委员会的负责人，或理事会认为履行其职责需要的任何人士或公共和私人机构，作为其非常任特邀人士参与理事会。

理事会的成员和参与者均为荣誉职务。

第十五条 国家促进图书和阅读理事会的职能如下：

1. 协助执行和实施本法；

2. 在本法第六条规定的促进图书和阅读规划的设计、制定和实施方面提供顾问；

3. 整合公私部门的努力和利益，推动国家图书和阅读政策的持续发展；

4. 向职能当局提议采取有助于促进和加强图书市场、阅读和整体出版活动的司法、税收和行政方面的政策措施；

5. 在本法规定的有关事务中，为图书和阅读联合体的各个方面提供咨询、协调和协商服务；

6. 推动有关图书、图书发行、阅读和作者权利的信息的完整体系的发展；建立基础数据库，包括墨西哥的作者、作品、出版社、印刷工业、图书馆和书店的整体目录和名录，以用于来自任何国家的网上查询；

7. 组建实现其目标所必要的工作委员会和工作小组；

8. 应三级政府、权力机构、自治机构、社会和私人机构的请求，在促进阅读和图书方面为它们提供顾问；

9. 建立公众可自由访问的、包含图书单价登记册的基础数据库，并保持其不断更新；

10. 推动图书联合体各个环节的职业培养、更新和培训；

11. 推动公民参与所有与图书和阅读有关的规划，并设计公民参与机制；

12. 推动有关作者权利的文化；

13. 建议进行调查研究，以支持其活动的发展；

14. 建议对国内不同语言图书创作、出版、生产、传播和出口的鼓励措施，支持将民族文学和世界文学的文字翻译成国内不同语言的

工作;

15. 颁布其活动手册,并依照手册规范其组织、运行和工作。

第十六条 国家促进图书和阅读理事会的例会至少每年举行三次,以讨论规定的事务。

第十七条 特别会议由主席召集,或者由理事会 1/3 以上成员建议举行,会议须提前 48 小时通知召开。如未达到法定人数,无论例会还是特别会议,都须立即发出第二次通知,以便会议在不超过 48 小时的期限内举行。如仍达不到法定人数,可再次发出通知,以便会议在不超过 48 小时的期限内举行。在这种情况下,可由到会成员举行会议。

第十八条 会议法定人数为全体理事的 50% 加 1。会议决定须由与会理事的多数通过才有效,前一条规定的情况除外。

第四章 机构间、政府间及与公民社会间的协调

第十九条 公共教育部和国家文化艺术理事会负责根据国家促进阅读和图书政策的目标、战略和优先要求,鼓励和推动政府各不同部门的规划和行动的参与、联系和聚集。

第二十条 为推动机构间和政府间在实施本法方面的协调,公共教育部和国家文化艺术理事会应该:

1. 建立协调、合作和联系的机制和工具,推动与政府不同系统和

级别的部门以及国家自治机构达成协议和协定，以设计、计划、协调、实施和加强阅读和图书的政策、规划、项目和行动；

2. 与国际组织签署协议，通过双边或多边协议或协定，鼓励该领域公共政策的统一发展，为作者、出版商、推销商、读者提供推广和传播的空间和选择，推动国外了解我国的出版物和文学作品；

3. 制定包括那些对促进阅读和图书工作提供支持、对国家文化发展具有重要作用的个人、私人援助机构、学术机构、公民协会、信托机构、合作社和集体组织的规划。

第五章　公平拥有和获取图书

第二十一条　在墨西哥出版的图书必须包括以下内容：作品的题目、作者姓名、出版者、出版期数、印刷地址和日期、出版者姓名和住址、国际标准书号和条形码。不具备上述资料的图书不能享受税收优惠和法律规定的其他优惠。

第二十二条　任何出版或进口图书的自然人和法人都必须确定其出版或进口的图书出售给公众的价格。出版商或进口商可自由确定公开售价，作为其单价。

第二十三条　图书价格将在国家促进图书和阅读理事会负责的基础数据库登记，供公众查询。

第二十四条　图书零售商必须执行对公众销售的单价，不得做任何改动，但本法第二十五条和第二十六条规定的情况除外。

第二十五条　在国家、为公众服务或借阅的图书馆、教育单位、职业培训机构或研究机构为其自身目的购买图书时，可不执行本法第二十二条规定的单价，但转而再售者不在此列。

第二十六条　如果提前18个月以上销售已出版图书或进口图书、旧书、二手书、已从目录删除的书、断档书和手工书，零售商可以按低于本法第二十二条规定的向公众销售之单价的价格销售。

第二十七条　任何竞争者、出版和图书传播专业人员、著作者和任何保护著作者的组织，都可以采取行动，制止和弥补违反本法规定的单价行为。

上述保护（维权）行动，应通过相关管辖部门进行。需要进行仲裁时，理事会将作为专家机构方仲裁。

过渡性规定

一、本法在联邦官方公报发布次日起生效。

二、本法公布并生效后，2000年6月8日公布在联邦官方公报上的《促进阅读和图书法》即废止。

三、自本法生效之日起，应根据本法第十二条和第十四条的规定，在90天内组成国家促进图书和阅读理事会。如不能成立，应由执行秘书召集会议。

四、国家促进图书和阅读理事会应在组成后60天内公布其行动手册和工作规划。

五、公共教育部应在本法生效后不超过120天的期限内，公布本法规定制定的促进图书和阅读规划。

（沈　安译）

巴　　西

关于国家图书和阅读计划的规定及其他措施

导言

巴西是南美洲最大的国家,以足球和桑巴闻名世界。该国曾为葡萄牙的殖民地,今天官方语言仍为葡萄牙语。巴西是一个多民族国家,有过多次移民浪潮,来自欧洲、亚洲、非洲等各国、各种族的居民在这里繁衍生息,形成了今天具有浓郁拉美风情的多重民族文化特性。巴西的经济实力居拉美首位,经济结构接近发达国家水平,但国民生活水平也存在着较大差距。著名电影《上帝之城》让巴西贫民窟“享誉世界”,这里教育和公共文化设施匮乏,成为犯罪、吸毒和贫穷的代名词。巴西政府为此采取了多种措施,改善贫民窟居民的生活水平,并取得了一定成效。2010 年巴西政府还为此开始了一项大胆的计划——贫民窟旅游,吸引了众多国外游客前来猎奇观光。

刚落幕不久的巴西世界杯将奇异的拉美文化和景观传播给了全世界的观众。位于里约热内卢的巴西国家图书馆历史久远、美轮美奂,但许多信息显示,这个热情的民族并不太热爱阅读。例如,2008 年,巴西首次对学生读书情况进行调查,结果却不容乐观——巴西学生每年读书 7.2 本,其中课外书仅 1.7 本。2012 年的一则报道展示了巴西图书爱好者协会的一项调查,结果显示,在问及“3 个月内是否读过书”时，回答“是”的受访者仅为50%；问及不读书的理由，回答是“没有耐力”“读书慢”“不能集中注意力”等。约75%的受访者没有到过图书馆。在问及“图书馆是何种场所”时，71%的回答是“学习的地方”。

在阅读设施方面，据巴西文化部2010年4月30日公布的首个全国公共图书馆普查公报显示，截至2009年末，在巴西全国5565个城市中共设有公共图书馆4763座，79%的城市至少设有一座公共图书馆，未设立的占8%。这些公共图书馆大多规模较小，在馆舍面积、图书馆员数量、藏书量、服务和专业设备拥有量等指标上与西方发达国家均有较大差距。公共图书馆中定期举办文化阅读活动的比例也较低，有44%的公共图书馆从未举办过任何活动。

近年来，巴西开始采取各种措施推进国民阅读，包括出台1992年《关于建立全国公共图书馆体系的法律》、2003年《关于建立国家图书政策的法律》、2007年《关于促进文化项目发展的法律》、2010年《教育机构图书馆设置法》等一系列法律加强阅读公共设施建设，促进全民阅读。2012年，巴西政府还制定政策，规定被关押在巴西4所联邦监狱中的囚犯可以通过读文学名著、哲学、科学或经典书籍减刑。每年最多可读12本书，每本书可减刑4天，一年最多可减刑48天。虽然其目的是为了缓解监狱系统的拥挤现状，但仍然可以看到，巴西人相信“读书的力量”。

巴西2011年颁布的这项《国家图书和阅读计划》，规定了指导委员会、协调执行委员会和咨询委员会这3个主要负责机构的组成与责任，并罗列了3个机构所要负责的4部分共19项工作内容，提出设立“阅读奖”。可以看到，该计划希望推动全民阅读促进工作成为一项国策。巴西的全民阅读工作显然还处于起步阶段,该计划的多项内容都可以看作重要的奠基性工作,这项计划将会如何改变巴西的国民阅读,我们拭目以待。

(张文彦)

关于国家图书和阅读计划的规定及其他措施

（2011 年 9 月 1 日 7559/11 法令 | 第 7559 号法令）

共和国总统行使宪法第八十四条IV款和VI款a项赋予之权限，并根据2003年10月30日第10753号法律第一条、第十三条和第十四条之规定颁布。

一

《国家图书和阅读计划》是一个旨在规划、支持、协调和推动以鼓励阅读为目的而开展的各项工作的长期战略。

1.《国家图书和阅读计划》的宗旨：

（1）普及图书的享用；

（2）培养阅读推广人；

（3）从制度建设上提升阅读，强化其象征意义；

（4）以图书经济的发展推动智力生产和国民经济发展。

2.《国家图书和阅读计划》的各项活动、计划和项目须方便残障人士的参与，配备无障碍设施。

《国家图书和阅读计划》由文化部和教育部共同协调。文化部长和教育部长将共同任命《国家图书和阅读计划》的执行秘书。

《国家图书和阅读计划》将由联邦、州、联邦区和各市政府合作实施。

公立或私立机构可通过依法签署的文件参与《国家图书和阅读计划》范畴的各项计划、项目和活动。

二

《国家图书和阅读计划》由下列机构依合议制度管理：

1. 指导委员会；

2. 协调执行委员会；

3. 咨询委员会。

在上述机构任职视为无偿提供的重要公共服务。

指导委员会职能

1. 为《国家图书和阅读计划》的实施制定宗旨和战略。

2. 根据2003年10月30日第10753号法律制定的《国家图书政策》，制定《国家图书和阅读计划》的管理模式和定期修订流程。

3. 为《国家图书和阅读计划》的各项工作和活动制定年度进度表。

4. 为《国家图书和阅读计划》制定内部管理规章，并提交文化部和教育部批准。

指导委员会由以下委员和候补委员组成：

（1）文化部代表2名；

（2）教育部代表2名；

（3）文学造诣深厚的社会代表2名；

（4）图书作者代表1名；

（5）图书出版商代表1名；

（6）在无障碍设施领域具备丰富知识或参与热情的社会代表一名；

（7）《国家图书和阅读计划》执行秘书。

上述代表将由文化部和教育部共同指派，任期2年，期满可续任2年。

上述（1）、（2）、（7）项代表的产生须与作家界、出版界、阅读和无障碍设施方面的专家代表机构协商，以便指定各自领域的代表。

指导委员会的决定经简单多数通过。

上述代表将从（1）项规定的代表中指定指导委员会协调工作负责人。

执行协调委员会职能

1. 协调落实《国家图书和阅读计划》，确保：

1）完成《国家图书和阅读计划》的战略和宗旨；

2）与该计划的各项工作和项目的执行者或与其相关的执行者保持沟通；

3）对该计划各项工作和项目进行宣传。

2. 参与《国家图书和阅读计划》的定期修订流程并参与其管理模式的制定。

3. 根据规章，每届委员会在任期期满时发布关于《国家图书和阅读计划》的目标和指导委员会决定执行情况的报告。

协调执行委员会由以下委员和候补委员组成：

（1）《国家图书和阅读计划》执行秘书，负责该委员会的协调工作；

（2）文化部代表 1 名；

（3）教育部代表 1 名；

（4）国家图书馆基金会代表 1 名；

（5）来自根据 2005 年 8 月 24 日第 5520 号法令第十二条第 4 项规定建立的、隶属全国文化政策委员会的文学、图书和阅读行业协会的代表 1 名。

由相关机构或部门，或在第（5）项情况下由行业协会会员指定之后，上述代表由文化部和教育部共同任命，任期 2 年，可续任 2 年。

咨询委员会职能

咨询委员会的职能是辅助指导委员会和协调执行委员会的工作。

1. 咨询委员会将由上述第（5）项提及的行业协会的会员组成。

2. 咨询委员会的协调工作由文化部和教育部共同确定。

三

《国家图书和阅读计划》包括四部分和十九项工作：

第一部分：普及图书的享用

第一项：按照无障碍化要求建立新图书馆；

第二项：按照无障碍化要求，加强社区公共图书馆网建设；

第三项：开辟新的阅读场所；

第四项：通过各种可用的途径，根据青少年和成年新读者的特点发放免费图书；

第五项：改进图书及其他阅读载体的享用；

第六项：按照无障碍化要求，配备和使用信息传播技术；

第二部分：鼓励阅读，培养阅读推广人

第七项：举办活动，以使鼓励和推动阅读的工作得到广泛认可；

第八项：培养阅读推广人和身为教育者的读者；

第九项：面向大众的阅读项目；

第十项：研究和鼓励在图书和阅读领域开展调研；

第十一项：图书馆、出版物目录和出版市场的信息系统；

第十二项：奖励和认可，鼓励和推动大众阅读行为；

第三部分：从体制上提升阅读及其象征意义

第十三项：为使对大众阅读行为的鼓励成为一项国策而开展的工作；

第十四项：为形成图书和阅读的社会价值意识而开展的工作；

第四部分：推动图书创意链和产业链

第十五项：发展图书产业链；

第十六项：推动阅读产品的发行、流通和消费；

第十七项：支持图书创意链发展，鼓励文学阅读；

第十八项：根据青少年和成年新读者的特点和各种可用的途径，推动图书和其他阅读资料的生产、发行和流通；

第十九项：扩大本国的文学、科学和文化产品在海外的影响。

四

《国家图书和阅读计划》设立“阅读奖”，以鼓励、推动并肯定推广阅读的最佳实践活动。

文化部和教育部将共同制定“阅读奖”的规则和运作方式。

文化部和教育部将为《国家图书和阅读计划》的实施提供包括人员支持在内的技术和业务支持，必要时允许签订协议或相关文件。

《国家图书和阅读计划》的实施者将把公众咨询作为一项常设机制，以确保公共部门和大众的互动参与。

指导委员会将在本法律公布后的90日内制定第一部分提及的宗旨和战略。

为实施《国家图书和阅读计划》所需的开支将由该计划的工作和项目的实施机构或部门的预算拨款账目支付。

本法令自公布之日起生效。

（国　丹译）

澳大利亚

2012年全国阅读年报告

导言

1901年,澳大利亚才结束英国的殖民统治,成为独立的联邦国家。虽然拥有优越的自然环境与丰富的矿产资源,但作为一个移民国家,澳大利亚文化生长的土壤并不丰厚。20世纪中叶之前,澳大利亚地广人稀,交通不畅,早期居民的文化教育程度普遍不高,不同民族和地域之间的文化认同度也比较低;国民文化习俗和审美旨趣可以视为对曾经的宗主国英国的沿袭和衍生,20世纪80年代后又受到美国的巨大影响。从出版领域看,澳大利亚的出版物长期从英美进口,本国出版业一直落后,这也在很大程度上影响了该国自身文化的创造和发展。20世纪60年代之后,随着世界格局的变化及日不落帝国的日渐消解,追求民族精神独立与构建自身民族认同成为社会的共识,[①] 政府开始对自身文化政策进行深刻的反省。到20世纪70年代,澳大利亚逐步确立起以发展本土文化和树立共同文化为理念的国家文化政策,挖掘各民族多元文化传统,以求兼容并包,加快文化的交流和融合,推动国民文化整体发展与创新。包括出版在内的文化产业也得到政府和各政党前所未有的重视和扶持。今天,

① 肖宏宇:《澳大利亚文化政策的演变》,2013年7月29日《学习时报》。

澳大利亚的文化和艺术丰富活跃，出现了多位闻名世界的作家、导演、建筑师等；文化创意产业亦形成了独具特色的“昆士兰”模式；[①]出版业也已成规模，并开始了数字化出版技术的革新与发展。

文化的高速发展让澳大利亚政府和社会各界更加清晰地认识到国民阅读的重大意义，尤其注重从国内外的各种调查数据中分析国民阅读能力的发展趋势。2013 年 12 月，经济合作与发展组织公布国际学生评估项目 2012 测评结果，澳大利亚学生的阅读成绩列第十。与此同时，世界首批教育智库之一澳大利亚教育研究委员会发布了《国际学生评估项目 2012：澳大利亚如何才能符合标准》（*PISA 2012: How Australia Measures Up*）报告，解读 PISA 数据。该报告显示：尽管成绩仍然高于经济合作与发展组织平均水平，但澳大利亚 15 岁学生的数学与阅读技能在过去十年呈下滑趋势。不同性别学生、原住民与非原住民学生、居住在不同地方的学生，以及贫富学生之间存在明显的成绩差距。报告最后呼吁：PISA2012 测评结果报告已经对澳大利亚学校体系形成严重警告，澳大利亚正落后于亚太地区的邻近国家与地区，政府必须采取行动制止阅读与数学成绩的下滑。[②]

澳大利亚国民识字能力的欠缺也引起社会各界的忧虑，2006 年“成人读写能力素养和生活技能调查”（Adult Literacy and Life Skills Survey）显示，46% 的澳大利亚人缺乏基本的识字能力。这种状况到 2013 年仍然没有好转。由于部分工人的阅读能力过低，越来越多的

① 王曦：《澳大利亚文化创意产业发展对我国的启示——以“昆士兰模式”为例》，载《中央财经大学学报》，2013 年第 1 期。

② 高彦颖：《澳大利亚：女生数学退步速度超男生》，2013 年 12 月 18 日《中国教育报》。

企业采用图片型安全手册代替文字型手册。这与澳大利亚2000年之后的高移民率有一定关系，成为阻碍国家整体发展的主要原因，也由此引发了该国近几年来对全民阅读的高度重视。具有代表性的项目或政策有：2012年，澳大利亚图书馆界推出了国家阅读年项目；次年，澳大利亚总理吉拉德又宣布政府斥资11亿澳元（约合70亿元人民币）在全国范围内启动"阅读闪电战"，以提高儿童阅读能力，该项目将涵盖澳大利亚100万名儿童；2012年，澳大利亚将读写能力作为贯穿各学科内容的七项"关键能力"之一，纳入澳大利亚课程统筹规划之中。

统观近年来澳大利亚的阅读推广情况，可以总结出如下几个特征：注重全民性、基础性；尤其注重儿童阅读习惯的培养；全民阅读推广工作渗透到各类文化生活之中，特别注重与各民族传统文化相结合。此篇译介了澳大利亚《2012年全国阅读年报告》，翔实地介绍了这项全国性活动的具体做法和重要经验，值得我们借鉴思考。

（张文彦）

2012 年全国阅读年报告

创始合作伙伴

2009 年 7 月，在堪培拉的澳大利亚国家图书馆举行了澳大利亚图书馆与信息协会公共图书馆峰会，会上决定举办全国阅读年（National Year of Reading）。

参会的图书馆界高层一致认为，对于澳大利亚逐年下降的国民读写能力需要有所作为：当时的一项研究显示，46% 的成人为阅读和写作问题所困扰；2010 年的研究发现，23% 的五岁儿童在获取所需的语言和认知技能方面能力不够或情况危急。

新南威尔士、昆士兰、南澳大利亚、塔斯马尼亚、维多利亚、西澳大利亚各州州立图书馆，新南威尔士（包括乡村和城市）、昆士兰、南澳大利亚、维多利亚和西澳大利亚的公共图书馆协会，北领地图书馆，图书馆行动组织，以及澳大利亚图书馆与信息协会，成为此次活动的创始合作伙伴。

全国阅读年剪影

我们在本报告中所能给出的只是一个概况，其中所涵盖的内容远远不够。

当代表着整个澳大利亚各地图书馆的 15 个创始合作伙伴相聚一处、举办国家阅读年的时候，各方一致同意，此项活动应该向每个人开放。我们会先设定一个框架——一个图标、一些全国性项目、一些合作关系、多位推广大使和友人——然后完全放手，邀请任何人、所有人利用此项活动在各自的社区进行阅读推广。

令人振奋的好消息是，澳大利亚人持热切的欢迎态度。他们举办各类活动、写博客、在网站上贴图标，以我们想象不到的方式推广阅读。

的确，有许多人与我们取得联系，让我们知道他们在做些什么，但我们估计，有同样多的人并没有让我们知道。通过新闻机构，我们了解到一部分此类事件和活动，但不可避免地，地方上发生的许多情况没有被捕捉到。

这里呈现的只是 2012 年那些成功项目的一个剪影。

共同的愿景

2012 年全国阅读年的主题是让孩子学会阅读、让热切的读者找到新的灵感源泉。它要在尊重讲故事的口述传统的同时，支持阅读行动。它要帮助人们发现和重新发现书的魔力。最重要的是，它表达了我们的愿景：澳大利亚要变成一个书香之国。

首先要做的是为全国阅读年确立目标。我们有三个目标：

1. 让所有澳大利亚人认识到阅读作为一项生活技能、作为幸福生活促进力量的益处；

2. 在每一个家庭促进阅读文化的养成；

3. 确立一个远大目标，即每天和你的孩子分享一本书。

非常幸运，作家兼演员威廉·麦金尼斯愿意担当全国阅读年的代言人。威廉给了我们极大的支持，他参加活动、到访图书馆，并分享了在他看来阅读对人生有多重要。

随着活动影响越来越大，我们又发现了其他有着相同愿景的人们。到2012年底的时候，我们共有111位全国、州和领地的推广大使，79位友人，230个伙伴组织。

2011年9月的预启动

墨尔本比亚利克学院的图书馆小组为2011年9月1日举行的全国阅读年预启动提供了场地，第一次使合作伙伴、友人、推广大使共聚一堂。

该图书馆为全国阅读年的150位客人和来自维多利亚州多所学校的10名学生举行了这场活动。承蒙娱乐商店集团（Entertainment Store Group）的支持，史努比、芭蕾舞鼠安吉丽娜也加入了我们。

活动中安排了年轻学生与全民阅读年推广大使黑兹尔·埃德华兹、阿利森·莱斯特之间的故事时间。在剧场，代言人威廉·麦金尼斯先是发表了一段有趣的讲话，随后宣布了我们的“成人学习周”短篇故事写作比赛的获胜者。2012年，我们再次举办了“成人学习周”故事写作比赛，共有400多人报名参加。

2012年2月14日正式启动

全国启动仪式于2012年2月14日在堪培拉的澳大利亚国家图书馆举行，总理、艺术部长、中小学教育部长悉数到场。参议员、联邦议员，以及我们的众多推广大使、合作伙伴和友人也参加了活动。

200多名听众济济一堂，聆听总理朱莉娅·吉拉德，艺术部长西蒙·克林，中小学教育部长彼得·加勒特，我们的代言人威廉·麦金尼斯，获奖儿童作者、土著作家波里·蒙蒂·普赖尔，反残障歧视专员格雷姆·英尼斯的演说。来自地方中小学校的孩子们参加了仪式，整个活动由澳大利亚广播公司“第一星期二阅读俱乐部”的珍尼弗·布赖恩主持。

整个仪式活动非常成功，参与者都对这个阅读年充满期待。仪式上还能抢先看到迪士尼幼儿频道为“阅读时间”所播放的广告，以及为公共图书馆会员活动所制作的动画短片。

同一天，在维多利亚的每一座州图书馆和领地图书馆都举行了重要活动，州长、艺术和教育部长以及更多的推广大使、合作伙伴和友人参加了活动。

活动规模之大、媒体报道之广、对整个国家的图书馆和其他合作伙伴的宣传力度之大，为全国阅读年开了一个好头。

书香之国——《我们已经到那里了吗？》

正当我们要寻找一本书，为全国阅读年提供主题的时候，发现了阿利森·莱斯特那本广受欢迎的图文书《我们已经到那里了吗？》。该书描述的是一趟环澳大利亚的旅行，讲述的故事能引起澳大利亚每个州和领地人们的共鸣。

我们用书里的图片做了一次巡回展览，地点设在每个州和领地一座带有美术区的图书馆。只要能抽出时间，阿利森都会赶过来与前来参观的家庭和学生见面。公益组织“澳大利亚视觉”为这本书制作了精美的盲文版，随同展览一起巡回。展览期间，还举行了一个竞赛，让孩子们通过写故事或画画来展示他们独特的家乡。个人奖项奖品包括阿利森签名图书，学校集体奖奖品包括得到其他作家或插画家的到访机会。

锦上添花的是，阿利森和波里·蒙蒂·普赖尔随后被澳大利亚儿童文学联合会提名为2012年澳大利亚儿童桂冠作家。

你怎样荐书?

我们知道,十来岁的孩子不喜欢别人告诉他们应该读什么书——他们更愿意告诉我们他们发现的书。因此,我们从维多利亚州图书馆得到灵感,为12—18岁的少年举办了一项全国范围内的"创意阅读竞赛"。

我们请少年们挑出一本书,并通过一些独特的创意来推荐给其他读者。电影、歌曲、诗歌、艺术品、集体游戏——总共收到了300多件创意作品,显示出极大的多样性。评委会认为:"想象力与灵感相结合所带来的创意吸引了受众,突出了所推荐的图书,让人禁不住想要奔出去找到那本书,然后坐下来马上阅读。"

维多利亚州图书馆青年文学中心和《读好书》杂志青年在线版为我们联合举办了这场竞赛,奖品包括由"狂人娱乐"提供的个人漫画藏书,该娱乐公司的设计团队为我们设计了令人赞叹的剪纸图标。

八本书——每个州或领地一本

一部推理小说、一本回忆录、向着内地人烟稀少处的一次旅行、一个险恶又令人难忘的传说、一次结果未明的失踪、失控的欲望、战争的恐怖、笑声、心碎、骇人的秘密——在澳大利亚人决定放入2012年"我们的故事"合集的那些书中,你能找到所有这些元素。

2011年11月至2012年1月,16 200名读者通过澳大利亚广播公司"艺术长廊"线上投票和地方图书馆的线下投票,选出了8本书,每本来自一个州或领地,为澳大利亚最大的读书组织提供了一份阅读书单。

2012年2月14日，总理朱莉娅·吉拉德在堪培拉的澳大利亚国家图书馆国家阅读年启动仪式上宣布了入选图书：克尔·罗伯特逊的《烟和镜子》、约翰·休斯的《家的观念》、罗斯·莫里亚蒂的《聆听国家》、安德鲁·麦克加安的《白色土地》、斯蒂芬·奥尔的《时间的慢性摧毁》、理查德·弗莱纳安的《需要》、巴里·赫德的《表现出色的人们》、克雷格·西尔维的《雅斯珀琼斯》。

加入当地图书馆

毫无疑问，整个全国阅读年极大地促进了公共图书馆读者会员的增加，但是从5月到8月，我们还是采取特别行动，对50%非图书馆读者会员的澳大利亚人进行劝说，让他们登记加入。

艺术部长西蒙·克林在昆比恩图书馆揭开了此项行动的序幕。我们随后继之以一部图书馆动画片，由威廉·麦金尼斯配音，在各图书馆的大屏幕和电影院里播放，并且为图书馆在电视上做广告，由SBS（特别广播服务公司）基金会为广告付费。

虽然确切的数字比较难以获得，但我们听闻，通过加入这项会员吸纳活动，有些公共图书馆的会员数量增加了数千名。

阅读时间

“阅读时间”这一想法来自我们南澳大利亚的同仁们。我们需要一个激发行动的召唤，这一想法正合要求——“跟你的孩子分享阅读，每天10分钟，每周1小时，把阅读这个礼物送给他们”。

“阅读时间”既是激发行动的召唤，也是全国阅读年的重头戏。

我们很幸运地得到了一些重要合作伙伴对此项行动的支持，包括迪士尼公司、学乐出版公司、恬墨书社、恬墨儿童慈善、澳大利亚广播公司地方电台、墨尔本作家节、《大事件》杂志。

迪士尼幼儿频道为“阅读时间”制作了令人赞叹的电视广告，一直滚动播放到 8 月 25 日星期六活动当天。学乐出版公司与漫威娱乐公司（迪士尼的子公司）联合，在整个澳大利亚寻找超级阅读英雄。此项竞赛通过学乐出版公司书展、特别网站以及社会媒体来推动，估计触及了 95% 的中小学年龄段的儿童。贴在中小学校园内的海报以及一些精致的独具匠心的工艺品，表现的是无敌浩克和蜘蛛侠手里握着图书拯救世界。

墨尔本作家节为众多家庭举办了一个“阅读时间”派对，由澳大利亚广播公司第三频道的凯恩和安姆伯莱主持，参加者可以从澳大利亚广播公司 774 频道免费领票。8 月 25 日之前，澳大利亚广播公司地方电台举办了多场全国性的竞赛来发掘年幼的（12 岁以下）阅读冠军。孩子们从全国各地飞往墨尔本，享受一个“花钱也买不到的”周末，包括成为墨尔本作家节“阅读时间”派对上的特别嘉宾。

《大事件》杂志也配合“阅读时间”，发行了年度虚构作品增刊，都是著名作家撰写的故事，销售所得收入直接用于帮助无家可归者或弱势群体。

悉尼犹太人作家节的开幕之夜，特别举办了“阅读时间”小组讨论，参加者包括新南威尔士州州长巴里·奥法雷尔和一些著名作家。

其他活动包括“阅读马拉松”读书协会于 8 月 24 日举行的“读书 60 分”活动，以及库蒙教育中心与图书馆携手为母语非英语家庭举行的活动。

在工作场所阅读

2006 年进行的成人读写能力与生活技能调查发现，在处于工作年龄的澳大利亚人中，有 46% 的人为读报、看进度表、填写职业健康与安全表格等日常问题所困扰。2010 年 5 月，澳大利亚产业集团对一些大企业主的调查发现，其中超过 75% 的雇主认为他们的企业受工人读写能力和计算能力低下的影响。2011 年产业技能委员会的报告《没有更多的借口》更加凸显了这一问题。

根据产业委员会 2010 年 8 月发布的《读写能力和计算能力与劳动力市场绩效之关联》，读写能力和计算能力从一级提高到三级，对劳动力参与程度的提高，女性为约 15%，男性为约 5%；对每小时工资水平的提高，女性为约 25%，男性为约 30%。

充分自信地进行阅读的能力，也能提高人们作为个人的处境、健康、社会和经济成就，并且对词汇量和注意力持续时间的提升有帮助。

所有这些状况，都有充分理由使工作场所的读写能力提升成为全国阅读年的一个重点。

我们选出 8 家机构——每个州或领地一家——接待驻场作家，为期 10 天。作家们前往工作场所，帮助那些想更多了解写作的人，并创作出关于这些机构及其员工的作品。之后，这些作品都得到出版。

第一位驻场作家是凯·阿尔登霍芬，他写下了北领地的公园护林员的故事。后来的成书变成了那些渴望提高读写能力者的读物，并且成为公园招募员工的宣传资料。

我们充分意识到通过机构接触那些没有读书习惯的人的必要性，我们请这些机构将全国阅读年活动——“我们的故事”八本书合集、公共图书馆会员扩张活动、阅读时间活动——推广给它们的雇员。

美家公司[①] 把全国阅读年活动推荐给了公司雇员，并且向购房者进行了特别推广，在 2012 年整个 8 月期间送出数本由梅甘·莫顿所著的《爱家》一书。

社区故事节

澳大利亚版权代理有限公司支持我们在北领地举办土著阅读、写作及故事节的倡议，作为全国阅读年活动关注土著读写能力的一部分。有启动资金支持了 2011 年的这个节日，2012 年的主要活动又得到了进一步的资金支持。两年的活动都在 9 月举行，地点是位于艾丽斯斯普林斯的土著发展学院。

节日活动由土著发展学院出版社负责组织。除了版权代理有限公司提供的资金支持，土著发展学院出版社、北领地图书馆、艾丽斯斯普林斯市政委员会和北领地政府也提供了支持。我们的目标是实现技能和观念的转换交流，为工作场所的人们提供举行属于他们自己的创意项目的机会；设立一个社区节日，弘扬口头和文字两种讲述故事的传统。

这些节日为中小学校和中澳大利亚的机构提供了一个关注焦点，每场活动都聚集了来自艾丽斯斯普林斯和边远社区的 100 多人。参加者包括小学生、土著社区的代表、参与土著读写能力提升活动

① 澳大利亚最大的房产商和土地开发商之一。

的机构和慈善组织、图书馆员工、作者、插图作者、诗人、歌手、作词人等。

部分地方性活动

首都领地

首都领地的图书馆与5所学校合作，将一年级学生带到地方图书馆，让他们在整个一年中定期到访图书馆。

志愿编织者协助完成了堪培拉最长书签的编织工作，长度等于迪克森到市民图书馆的距离（超过4公里）。

北领地

北领地是第一个举办"我们已经到那里了吗？"展览和全国阅读年驻场作家活动的地区。

达尔文市图书馆在城区的一条繁忙道路边，组织了一个清早和高峰时段的阅读快闪族活动。

新南威尔士

动力博物馆在全国阅读年中举办了多场围绕书和讲故事的活动。中西部的图书馆组织了24小时阅读马拉松，一些地方名流的"读书现场"照片被贴到了Facebook（"脸书"社交网站）上。

昆士兰

昆士兰州立图书馆设立了"爸爸读书"主题，并与第七频道进行了极为成功的合作。该主题得到了体育明星的支持，全州的公共图书馆都进行了贯彻。

南澳大利亚

南澳大利亚的公共图书馆是全国阅读年活动的热情支持者。南澳大利亚公共图书馆服务部是“阅读时间”活动全国范围内的创造性背后支持力量。

塔斯马尼亚

塔斯马尼亚州立图书馆发起了成人读写能力项目，并创建了Bookcrossing（图书通道）网站，成为全球图书交换活动的一部分。

维多利亚

霍布森湾图书馆在斯波茨伍德、阿尔托纳、威廉斯敦、拉弗顿的街道上挂起了宣传旗帜。

阿利森·莱斯特作为特别嘉宾，参加了西吉普斯兰地方图书馆公司和维多利亚公共图书馆网络举行的海滩派对，为全国阅读年“我们已经到那里了吗？”环节画上圆满句号。

西澳大利亚

西澳大利亚州立图书馆在图书馆前面有顶棚遮盖的空地上开了一间露天的“爱上阅读咖啡馆”，并于2012年1至12月，在珀斯文化中心内部开辟了一个新场所。其阅读空间的设计依照纽约布莱恩公园的模式。

州立图书馆还与一个地方承办者合作，在市区的自助洗衣店内投放图书。

合作伙伴的更多活动

在协助选出了“我们的故事”八本书合集之后，澳大利亚广播公司星期二读书第一俱乐部决定举办一个为期一年的寻找“死前必读的10本澳大利亚书”活动。2012年12月，超过50万观众观看了这个特别节目。最终，蒂姆·温顿的《云街》位列榜首。

《历史中人》杂志受“我们的故事”八本书寻找活动启发，也请读者选出他们最爱的历史书。杂志的团队还将《历史中人》app（应用程序）放到全国阅读年网站上供免费下载。

澳大利亚统计局的《2012 澳大利亚年鉴》——这一高度权威的年鉴系列的第 92 版——提供了澳大利亚在一个特定时点的全景概况，特别收录了关于全国阅读年、澳大利亚农民年、国际合作年的文章。

儿童图画书《威尔伯》是小猪读书俱乐部和“我的语言”社团的一个联合项目，在 2010 年首次成书，出了 3 版，共有 12 个语种的版本。在全国阅读年，该书被制成 DVD 发布，一大特色是被以 13 种不同语言朗读。

2012 年春天，受一幅原创插画启发，维多利亚州立图书馆邀请成人和儿童在明信片上讲故事。活动共收到来自各年龄段作家和艺术家的明信片 2400 多张，35 则获奖故事被编成《春天的写作》一书。

澳大利亚国立美术馆在其儿童馆为全国阅读年举办了一个展览。展览名为“会说话的图画”，一直持续到 2013 年 2 月 10 日。

10 月，企鹅公司和澳大利亚新闻集团推出了一个 12 册迷你书合集，供维多利亚和塔斯马尼亚的读者收藏。合集具体内容刊载在《先驱太阳报》和《水星报》上。

受全国阅读年活动感染，6 月的“冬日之光节”在墨尔本的联邦广场上庆祝了阅读带来的启蒙。

在地毯商 Carpet Court 的“故事书挑战”活动中，许多家门店与地方小学联合举行竞赛，让学生有机会既赢得个人奖品，又为班级赢得价值 1000 澳元的图书和丰富多彩的阅读材料。

全国阅读年遗产

11 月 12 日，150 位嘉宾会聚堪培拉的澳大利亚国家图书馆，总结全国阅读年的遗产。

澳大利亚总督昆廷·布赖斯女爵士阁下正式宣布总结活动的开始，艺术部长西蒙·克林担任主旨发言人。

当天，这一年取得的非凡成就成为庆祝的动力，并引发了对下一步行动计划的讨论。

图书馆界创始合作伙伴一致同意，将“爱上阅读”（Love2read）品牌活动推进到 2013 年。

活动进行过程中，澳大利亚国家图书馆发布了立体童书《奔向太空的火箭》，作者是作家兼天体物理学家格比尔·巴瑟尔和约翰娜·戴维兹博士。

在遗产总结活动中，作家兼赞助人弗兰克·穆尔豪斯还介绍了伊尔玛·戈尔德所编的《无形的线》一书。该书是一部生活在首都领地或与首都领地有关联的作家们的故事集，于 2012 年为堪培拉 2013 年建市 100 周年而出版。

（伊　哲译）

埃　　及

2006 年全民阅读节报告

导言

四大文明古国之一的古埃及，距今5000多年前就已出现了象形文字。约公元前3000年，古埃及人就已将莎草纸作为书写和阅读的载体，并将这种特产出口到古希腊甚至欧洲内陆和西亚地区。这里还出现了大量皇宫和寺院的图书馆、档案馆，并有了专门的管理人员。尤其是始建于公元前3世纪的亚历山大图书馆，不仅曾珍藏着当时世界上最为珍贵的各种文献著述，还吸引来众多哲学家、思想家、文学家、科学家，使其成为人类文明史上最辉煌的殿堂之一。可以说，埃及是人类古代阅读文化的发祥地之一，正是这种高度发达的古代阅读文化，催生了古埃及语言文字、历史、文学、宗教、美术、建筑、天文等多种学科的繁荣发达，并深深影响了世界文化的发展。文艺复兴之后，古埃及文明引发了西方诸国学者的研究兴趣，从而发展成埃及学这一人文学科。对埃及象形文字和莎草纸的研究，也几乎成为所有阅读史研究著作的必备内容。

1882年埃及成为英国的半殖民地。1952年独立后，埃及一直面临着多种国内外的压力和挑战，被民族、宗教、帝国主义、石油美元所左右，充满冲突和动荡。在各种不安中，埃及仍然不断前进，成为非洲第三大经济体,新闻出版和图书馆行业都有了一定发展,但整体水平与发达国家差距仍然很大。尤其是人数众多的贫困居民,更是缺乏基本的阅读能力与条件。穆巴拉克政府为保障和促进国民阅读做出了一些实践,如支持亚历山大图书馆的重建计划;重视开罗国际书展,穆巴拉克及夫人曾多次出席书展开幕仪式;穆巴拉克夫人还发起了下文所介绍的“全民阅读节”项目。

埃及的公共阅读服务体系建设的速度一直未能跟上人民的文化生活需求发展速度,尤其是近年来埃及人口急剧上升,贫困儿童整体阅读环境缺陷严重。2011年政局的剧变,不仅让埃及陷入经济滑坡的局面,更打断了国民阅读发展的正常步履,人心浮躁,书籍销售额减少,开罗书展也被迫停办一年。

我们看到,埃及的阅读推广史上也曾有与世界接轨的“全民阅读节”项目,有许多做法和理念是值得期待的,却因政局的动荡而未能延续、深入发展。对比欧美尤其是北欧国家的国民读书条件和环境,我们可以深刻地感受到,社会的稳定与经济的发达是全民阅读发展的基石,也只有在这样的环境下,国家才会投入更多精力和经费推动阅读推广事业,也才会有更多的专家和学者致力于该领域的研究与实践。

(张文彦)

2006年全民阅读节报告

引　言

1988年在伦敦召开的国际出版商协会会议，会上的讨论首先提出了举办本阅读节的设想。讨论内容聚焦于埃及的儿童图书馆、儿童在未来人生中将承担的社会和文化角色以及这种角色对更广范围内的青年、家庭和社会的影响。“一体化关怀”（integrated care）的想法——穆巴拉克夫人硕士论文的核心观念——为这项全国性努力种下了第一颗种子，这项努力成就了后来的“全民阅读节”项目（Reading for All Project）。

约三年时间中，这一观念由穆巴拉克夫人以及一些专家和热心人士反复思考、详尽探究。1991年5月23日，穆巴拉克夫人将所有儿童和教育事业相关人士邀请至开罗的利奥波利斯图书馆举行会议。会上提到了关于埃及儿童的未来和儿童教育影响国家福祉的问题。

项目发起人苏珊·穆巴拉克夫人认为，之所以要举办这个项目，是因为埃及是一个有着悠久历史的国家。古埃及文明的精神资源以及科学和哲学成就直至今天仍然神秘。没有任何其他文明像古埃及那样，取得了那么多成就、揭开了那么多秘密。

除了要在夏天开放数以千计的图书馆，该项目还包含与出版相关的内容。在项目开展的第四年，“家庭图书馆计划”被引入，印制了数百万册重要书籍（这些书籍的作者都是艺术、文学、思想史、科学和宗教领域的一流学者）和塑造了世界文艺复兴时期阿拉伯先驱者精神的百科全书作品。

此项全民阅读节活动得到了国际组织的高度评价，尤其是联合国教科文组织，该组织呼吁将这种模式尽可能地推广到其他国家。就这样，埃及的这项一国范围内的经验有了普世的成果。

阅读是获取知识的基本途径，也是任何科学、文化和精神活动的基础。图书是知识的主要来源，它使人获得了“憧憬未来的权利”。它能从某种单一的情境或思想中衍生出无尽的可能。阅读照亮人的心灵，提升人的人格。千千万万的普罗大众可以便利地利用这些机会。阅读同样影响着那些具有创造力的思想家、科学家、作家和艺术家的观念。若国民不爱阅读，国家就不会有广阔的视野，也不会有民族记忆，有的只是脆弱的文化和模糊的思想。

全民阅读项目并不局限于提供知识来源、学习工具和现代多媒体。它同样致力于教给孩子们现代的行为方式，包括对环境的保护。它已经设立了一个独特计划，来教给非常年幼的孩子关于环境的正确态度。

1998 年末，穆巴拉克夫人呼吁在全民阅读项目框架内，在公共图书馆中设立“绿色角”，其目的是要在青少年心中树立环保观念。

2006 年全民阅读节

2006 年全民阅读节于 2006 年 6 月 20 日启动，由苏珊·穆巴拉克夫人和她的国际妇女和平运动共同发起，口号是“文化——和平的语言”。

该口号的目标是要使文化成为在社会中加强积极行为的工具，促成一种更为全面的和平观念，使大众和青年在有保障的社区中从文化、艺术和环境方面做好准备。

全民阅读节的规划包括开放图书馆、为学生提供各种类型的图书、设定计划以参与由苏珊穆·巴拉克夫人所主持的新的全国性项目。

2006年全民阅读节活动

全民阅读节举办了一系列活动，这些活动旨在通过以下途径传播和平的价值观：增强青年的意识、发展他们的技能（如对话、交流、参与等）、在团队合作和志愿者活动等方面提升他们的能力。

2006年阅读节的主体活动包括：

· 组织“最佳读者”竞赛，目的是鼓励阅读，为青年塑造积极观念，增强他们的批判思维；

· 组织文学、艺术和科学领域的创造力竞赛，激发参赛者的想象力，拓展创造和创新技能，并鼓励他们对文学和艺术各分支的兴趣；

· 组织演讲和讨论会，探讨宽容和暴力问题；

· 为儿童设立创作室，让他们通过绘画、表演、音乐、歌唱、文学写作和诗歌等各种形式表达自己的和平愿景；

· 组织与顶级作家和思想家的多场讨论会和会谈，突出各民族和平共处的观念；

· 准备培训材料，发放给所有省的图书馆员。材料中包括对和平的解释以及如何向前往图书馆的儿童和青年呈现和平文化；

· 举办自1992年开始的全国性竞赛，为儿童在各种创造性领域提供机会。每年有数千名儿童参赛；

· 增加中小学图书馆和公共图书馆，或者设立新馆，或者拓展现有图书馆。“一体化关怀社团”通过其附属的图书馆参加了此项工作，合作方包括教育部（通过其拓展中小学图书馆的综合项目）、文化部（通过其乡村图书馆项目，包括 50 多座图书馆）。许多青年中心、文化宫，以及开罗图书馆、穆巴拉克图书馆等重要图书馆也参与了这项工作；

· 今年的家庭图书馆计划的口号是“和平文化”，反映了宽容和启蒙文化的主导作用。家庭图书馆计划包括从 10 个系列的新出版物中选出的约 300 种图书，其中的 100 种将以新的形式呈现；

·“为你的孩子读书”活动，指导父母在孩子幼年为他们读书；

· 组织以和平为主题的青少年竞赛；

· 组织思想性的会谈和讨论会，以及文化宫、青年中心、大学图书馆、中小学图书馆、“一体化关怀社团”图书馆等计划。

书籍出版总署与沿海各省的合作

“家庭图书馆计划”在今年夏天见证了埃及书籍出版总署与沿海多个省份之间的成功合作。向度假圣地和滨海地区发行“家庭图书馆计划”出版物的新渠道得到了开发。

这些渠道将保证能够将“家庭图书馆计划”出版物发行到各个层级，并能充分利用度假圣地和滨海地区夏天人群大规模聚集的优势。

参加各省

开罗

开罗有超过 2000 座图书馆参加了今年的阅读节，包括 936 座省属图书馆、675 座教育局所属图书馆，以及其他社会事务机构图书馆、流动图书馆、“一体化关怀社团”图书馆。

来自埃及健康事务局的医疗保障小组已经做好准备，为所有进入图书馆的儿童进行全面检查。当局组织了多场研讨会，主题包括健康的营养习惯、传染病以及禽流感的预防途径。

亚历山大

亚历山大省参加阅读节的方式是举办演讲和讨论会，唤醒公众对环境污染危害的认识，探讨保护青年免受药物和传染病危害的途径。亚历山大的阅读节活动包括为地方社区和闭塞地区派去文化小组、举办塑料艺术展览以及成立青少年于其中践行习俗的文化工作室。

阿斯旺

阿斯旺省筹备了一个文化项目和一项计划，在阅读节期间通过25个文化场所来实施。该省所有图书馆和文化宫都会向青少年敞开大门，为他们提供各个文化领域的图书、杂志和视频资料。

加尔比耶

2006年全民阅读节在加尔比耶省以“文化——和平的语言”为口号拉开序幕。1147座图书馆参加了活动。非政府组织通过举办思想和文化研讨会扮演了重要角色。

代盖赫利耶

代盖赫利耶省的1525座大众图书馆参加了全民阅读节，这些图书馆分别隶属于文化、青年事务、教育事务等主管机构和部门。

该省阅读节的重点是在家庭和社会上强化和平与发展的观念，同时重视流动图书馆以及举办长期书市的必要性。

贝尼苏韦夫

2006年全民阅读节在贝尼苏韦夫省以“文化——和平的语言”为口号，在奥伯尔青年中心图书馆拉开序幕。除贝尼苏韦夫省的青年中心、文化宫和媒体中心，全省区级、市级和村级共293座图书馆参加了阅读节活动。

吉萨

吉萨省分布于城市和乡村的1413座图书馆参与了活动。这些图书馆拥有所有知识门类的图书23 000种、300多万册。99座图书馆隶属于青年和体育事务局，45座是流动图书馆，17座隶属于“一体化关怀社团”，94座隶属于文化局。

布海拉

布海拉省有约1335座图书馆参加了阅读节。活动包括文化会议、研讨会、展览、诗歌表演。

参加的政府机构

埃及书籍出版总署

今年的“家庭图书馆计划”出版物的口号是“和平文化”，通过埃及文化遗产的保护反映出宽容和启蒙文化的主导角色。

“家庭图书馆计划”涵盖来自10个系列新出版物中的约300种图书，其中100种将以新的形式呈现。

文化宫总署

今年的阅读节活动涉及文化宫总署的150处文化场所，以及文化园和全国性社团。出版领域的活动包括弘扬和平和宽容的价值观、保护环境，发布“民族记忆”系列图书、科学文化系列图书等，总共涉及14种图书和杂志。

150座隶属于文化宫总署的图书馆参加了阅读节，另有文化公园、文化社团、公共公园、流动图书馆等552处文化场所参与。

“一辆美丽的艺术巴士”负责将青少年运送到考古场所、艺术博物馆以及其他文化活动场所。每次旅程结束时，都安排了艺术工作室，儿童在那里可以亲自动手参与。

国家母亲和儿童协会

国家母亲和儿童协会参加了全民阅读节活动中的赫利奥波利斯女生和男生项目。该项目旨在提升对参与、对话、人类和儿童权利、青少年问题、健康问题等主题重要性的认识，培养即将进入劳动市场的合格的一代人，拓展他们的技能。

国家信息服务中心

埃及国家信息服务中心通过内部媒体部门及其信息中心、分布在埃及各省的65处综合场所和中心、开罗的国家信息服务中心信息部以及互联网上的国家信息服务中心电子通道参加全民阅读节活动。

上述媒体综合场所和中心实施了多场全民阅读节活动，涉及的媒体单位包括儿童俱乐部、观看俱乐部和大众图书馆。这些俱乐部设有安全而布置妥当的大厅，供青少年举办不同种类的活动。大众图书馆除了备有国家信息服务中心出版的儿童读物外，还有不同知识门类的图书。

教育部

在全民阅读节活动的背景下，埃及的所有中小学校在暑假期间都向学生们开放，供他们参加各种活动，提升创造力和其他能力。

10 500座学校图书馆参加了活动，包括“下一代社团”监管的学校图书馆、私立学校图书馆以及女子学校图书馆等。

教育部向学校图书馆发放了参与阅读节的手册，手册中包括任务项目和竞赛计划，每个学校拿到732份。

通过向所有省的所有小学图书馆发放图书250种2500册，小学图书馆在儿童图书的藏书量上大为扩充。

165种5万册新书分发给了19个省的所有小学。该行动将鼓励免费阅读，吸引儿童前往参加活动的图书馆，提升地区，尤其是缺少图书馆地区的小学提供免费阅读服务的标准。

阅读和任何其他活跃的工作一样具有必要性。它是教育和品格培养的基础，是在社会中获取信息和谋求发展的关键。

全民阅读节努力鼓励儿童阅读，为儿童提供科学信息和文化信息，扩展儿童的想象力和技能，鼓励儿童享受欢乐时光。

亚历山大图书馆

在各种机构为增强文化意识所付出的整体努力中，亚历山大图书馆与美国、中国和印度的20多所IT（信息技术）研究所、大学、研究院合作，为百万图书项目的创立奠定了基石。

亚历山大图书馆成功地在埃及建立了IT基础设施，使其得以在许多项目中与国际机构合作。

（伊　哲译）

附　　录

江苏省人民代表大会常务委员会关于促进全民阅读的决定

为了促进全民阅读，培养公民自觉阅读的习惯，提高公民的思想道德修养和科学文化素质，推进“书香江苏”建设，根据有关法律法规，结合本省实际，作出如下决定：

一、促进全民阅读，应当培育和践行社会主义核心价值观，继承和发展中华优秀传统文化，传播有益于社会文明进步的科学文化知识；遵循政府引导、全民参与、公益普惠、平等便利的原则。

二、县级以上地方人民政府应当将促进全民阅读纳入国民经济和社会发展规划，确定工作目标、任务和措施，其公共设施建设纳入城乡建设规划，工作经费纳入本级财政预算；将促进全民阅读工作作为江苏基本实现现代化指标体系考核、社会主义精神文明建设和现代公共文化服务体系建设的内容。

三、全民阅读活动领导小组负责指导协调本行政区域内促进全民阅读工作，其成员单位按照各自职责共同做好促进全民阅读工作。领导小组办公室设在本级新闻出版行政主管部门，负责日常具体工作。

四、县级以上地方人民政府应当统筹相关专项资金，安排相应资金用于促进全民阅读。全民阅读资金应当用于组织开展重大阅读活动、购买全民阅读公共服务、支持优秀读物的出版、扶持开展阅读推广活动和加强公共阅读设施建设等。

鼓励、支持成立全民阅读公益基金会，依法接受公民、法人或者其他组织捐赠。全民阅读公益基金会应当依法向社会公开信息，接受社会监督。公民、法人或者其他组织向全民阅读公益基金会捐赠的，依法享受有关优惠政策。

鼓励公民、法人和其他组织向公共阅读服务场所捐赠图书等阅读资料和相关设备。

五、地方各级人民政府应当根据本行政区域内人口规模、分布和服务需要，合理设置公共图书馆和农家书屋、社区书屋、职工书屋等公共阅读服务场所，支持实体书店建设；加强阅报栏（屏）、书报亭标准化建设，保护和利用阅读文化遗存，并明确管理和维护的部门、单位和人员。

国家机关、企业事业单位、人民团体和社会组织应当根据自身特点和条件，设立相应的图书馆、阅览室或者图书报刊架等，提供多种阅读载体，开展经常性阅读活动。

新建、改建和扩建住宅小区配套建设的公共文化设施中应当设置公共阅读服务场所。

鼓励社会力量设立阅读服务场所。

六、建立和完善全民阅读在线服务，推进公共图书数字资源、阅读信息服务资源、公共阅读服务平台等共享网络建设，支持网络书店发展。鼓励和支持各类数字化阅读新技术的开发和应用。

鼓励、支持移动通信运营商免费发送促进全民阅读的公益信息，通过改进技术、降低成本，为移动终端用户提供健康有益、便捷高效的阅读服务。

七、每年4月23日为“江苏全民阅读日”。省人民政府每年举办“江苏读书节”，定期举办“江苏书展”。设区的市、县（市、区）人民政府可以根据本地实际情况举办读书节等活动。

在阅读日、读书节期间，地方各级人民政府及其有关部门和单位集中组织开展形式多样的阅读活动，营造促进全民阅读的良好社会氛围。倡导公民积极参与全民阅读活动。

八、地方各级人民政府及其有关部门应当组织建立全民阅读兼职推广员队伍，在公共阅读服务场所开展全民阅读指导和服务，培养公民阅读兴趣和习惯。全民阅读活动领导小组应当免费为阅读兼职推广员提供必要的专业知识和技能培训。鼓励志愿服务组织和个人参与全民阅读促进工作，扶持基层全民阅读志愿服务站建设，开展全民阅读志愿服务活动。

依法成立全民阅读促进会，在全民阅读活动领导小组指导下开展工作。引导专业阅读研究推广机构、阅读社团和社会力量设立的阅读服务场所等共同参与全民阅读活动。

发挥工会、共青团、妇联、科协和文联、作协以及其他社会组织在促进全民阅读中的作用。

九、新闻出版行政主管部门依法加强对出版活动的监管，净化阅读环境。

鼓励和倡导公民加强对中外优秀科学文化经典作品的深度阅读和系统阅读。全民阅读活动领导小组可以组织发布和调整全民阅读指导书目，向公众推荐优秀读物。

鼓励创作和出版更多的优秀作品。出版发行单位应当重视社会效益，加强各类优秀出版物的出版发行，开发促进全民阅读的重点出版项目，提供方便读者携带的读物和满足读者阅读收藏需要的经典文库，开展图书展览、读书讲座和阅读竞赛等促进全民阅读活动。

十、公共图书馆应当为公众提供良好的阅读环境和便捷高效的借阅服务，优先采购优秀读物，免费向公众开放馆藏阅读资源，积极开展阅读推广和专业指导。除用于收藏的珍贵古籍、重要资料和文献外，公共图书馆的图书应当实行开架借阅，并定期流转、补充和更新。

推进公共图书馆实行总分馆制，逐步实现县级公共图书馆图书与本行政区域内各类图书馆、基层公共阅读服务场所之间通借通还，公共图书馆数字资源与本行政区域内各类阅读设备终端互联互通、共享共用。

基层公共阅读服务场所应当完善管理制度，根据所在地区、单位的实际和阅读人群的特点，提供实用性和针对性较强的读物，保证正常开放。

十一、公共阅读服务场所及其设施实行免费开放，在双休日、法定节假日和学校寒暑假期间应当根据实际情况适当延长开放时间。车站、机场、地铁、公园、宾馆等公共场所应当提供有效阅读条件，供读者免费阅读。鼓励和引导高等学校图书馆和其他单位、个人的阅读服务场所创造条件向公众免费开放。

鼓励和支持实体书店延长营业时间，扩展阅读服务场所，开展公益性阅读服务。鼓励有条件的实体书店24小时营业。

十二、地方各级人民政府应当高度重视培养未成年人的阅读能力和习惯，建立家庭、学校与社会相结合的促进全民阅读工作机制。

制定儿童早期阅读推广计划，鼓励亲子阅读。父母或者其他监护人应当为未成年人做好阅读示范和指导，提供适当的阅读条件，培养未成年人良好的阅读习惯。

图书馆、文化馆、博物馆、美术馆、科技馆、社区教育中心和未成年人文化生活活动场所应当根据未成年人特点，营造未成年人阅读环境，开展阅读指导培训，满足未成年人的阅读需要。建立和完善专门面向未成年人的阅读服务场所。

鼓励创作、提供有利于未成年人健康成长的作品，扶持出版、制作和传播以未成年人为对象的内容健康的图书、报刊、音像制品、电子出版物以及网络信息。

十三、地方各级教育行政部门应当有针对性地开展学校阅读教学评估和教师阅读指导技能培训，指导学校将阅读纳入相关课程和教学考核，保证每周有适当课时用于阅读教学。

学校应当把培养学生阅读能力作为素质教育的重要内容，结合教学计划，加强阅读教学。根据不同年龄段学生的身心特点，开展校园主题阅读活动，成立各类读书社团，为学生提供科学的阅读指导。减轻课业负担，保障学生课外阅读时间，引导学生加强课外阅读。幼儿园应当开展健康有益的与幼儿年龄和心理相适应的阅读活动。

十四、报纸、电台、电视台、期刊和新闻网站应当设立阅读栏目、节目、时段和版面，普及阅读知识和方法，宣传阅读典型，开展阅读评论，刊播公益性阅读广告，及时发布全民阅读活动领导小组推荐的优秀读物，引导公民树立终身阅读理念。

公务员、教师、作家、艺术家、科技工作者、新闻工作者和其他社会公众人物，应当带头发挥阅读示范作用，参加促进全民阅读推广等活动。

十五、地方各级人民政府有关部门、基层群众自治组织和有关社会服务机构应当为老年人、残疾人开展阅读关爱服务。公共阅读服务场所应当为老年人、残疾人阅读提供便利。公共图书馆应当为有视觉障碍的残疾人阅读提供必要的条件和设施。

地方各级人民政府和有关单位应当结合实际情况，解决特殊困难家庭、外来务工人员及其子女、农村留守儿童在阅读方面存在的特殊困难，满足其阅读基本需求。

监狱、戒毒场所和社区矫正机构应当为服刑人员、戒毒人员和社区矫正对象制定阅读计划，提供必要的阅读条件和阅读指导，定期开展阅读活动。

十六、省全民阅读活动领导小组应当制定“书香江苏”建设指标体系，建立全省全民阅读调查评估制度，并会同有关部门、单位或者委托有关中介机构每年开展一次全省全民阅读状况和全民阅读指数调查，调查评估结果向社会公布，并运用调查评估成果和公众评价机制，指导和推动全民阅读工作。

十七、有关单位和部门对在全民阅读促进工作中作出突出贡献的单位、家庭和个人，给予奖励。

十八、地方各级人民政府或者有关部门不履行本决定所规定职责的，由上级人民政府或者本级人民政府责令改正；逾期不改正的，对直接负责人和有关责任人依法给予处分。

公共阅读服务场所和设施的管理者违反本决定规定，不履行相应职责的，由主管部门责令限期改正；逾期不改正的，对直接负责人和有关责任人依法给予处分。

对有关人员挪用、贪污、侵占全民阅读经费、资源，或者擅自改变公共阅读服务场所和设施用途的，由主管部门依法给予处分；构成犯罪的，依法追究刑事责任。

十九、本决定自 2015 年 1 月 1 日起施行。

加强文化法治，推进全民阅读 *

——在《江苏省人民代表大会常务委员会关于促进全民阅读的决定》贯彻实施座谈会上的讲话

（朱兵　全国人大教科文卫委员会文化研究室主任）

摘要： 2014年11月24日，我国第一部全民阅读的地方性法规《江苏省人民代表大会常务委员会关于促进全民阅读的决定》正式颁布，这为正在制定中的国家《全民阅读促进条例》提供了有益经验，对各地加快全民阅读法治建设、建立巩固全民阅读工作长效机制也具有显著示范意义。该决定具有五个显著特征，包括明确规定促进全民阅读的目标与宗旨，规定了县级以上地方政府及有关部门促进全民阅读的责任等。全民阅读立法是一项开创性和基础性的工作，它必将对我国的文化生活、文化生态和文明建设产生重要影响，而全民阅读立法能否有效发挥作用，则需要广泛地宣传，以及与社会各界长久的协作和持续性的努力。

关键词： 全民阅读；全民阅读促进条例；文化立法；国民阅读；阅读立法；依法治国

2014年11月24日，《江苏省人民代表大会常务委员会关于促进全民阅读的决定》（以下简称《决定》）正式颁布，并从2015年1月1日起实施。作为我国第一部全民阅读的地方性法规，其颁布与实施不仅对促进江苏省全民阅读事业的发展具有重要指导意义，对

* 本文发表于《出版发行研究》2015年第4期。

其他省市加快全民阅读法治建设、建立巩固全民阅读工作长效机制也具有显著示范意义，同时还为国家《全民阅读促进条例》的制定提供了有益经验。这是江苏省人民群众文化生活中的一件大事，也是我国文化法治中的一件喜事。江苏既是经济强省，也应是文化强省，衷心期望江苏省的全民阅读工作由此迈上新的台阶。

党的十八届四中全会明确提出建立健全坚持社会主义先进文化前进方向、遵循文化发展规律、有利于激发文化创造活力、保障人民基本文化权益的文化法律制度。这为我们进一步加快推进文化立法工作指明了方向。全国人大常委会高度重视文化立法工作。目前，我国正在进行《公共文化服务保障法》《文化产业促进法》《公共图书馆法》《电影产业促进法》《全民阅读促进条例》等一系列文化领域法律法规的制定工作。这将改变我国文化立法相对薄弱的现状，极大地推进国家文化发展与创新，为广大人民群众建设良好的公共文化环境。

上世纪70、80年代以来，联合国教科文组织在全世界不断发起、推进阅读促进项目，为我们开展全民阅读提供了国际经验。更重要的是，随着我国改革开放的不断深化，如何有效推进我国社会经济文化的全面协调和可持续发展已成为关键问题。建设经济强国、文化强国，实现"两个百年"目标，都离不开国民素质的普遍提高，离不开文化的继承与开创能力的整体提升。而这之中，一个重要的途径和手段就是要下大力气促进全民阅读。习近平总书记强调指出，中国要永远做一个学习大国。这为我们党建设学习型政党、学习型社会指明了方向。党的十七届六中全会首次将"全民阅读"写入中央决议，党的十八大将其作为一项国家文化战略写入报告。这对我国社会全面可持续发展，实现中华民族伟大复兴的中国梦，具有重大而深远的意义。

习总书记深刻指出："读书可以让人保持思想活力，让人得到智慧启发，让人滋养浩然之气"。阅读既是一个人，也是一个民族精神发育成长、文明程度不断提高的必经之路。通过法律手段保障公民的阅读权益，已经是美、英、法、日、韩等诸多发达国家普遍采取的手段。我国党和政府一向高度重视人民群众的读书学习，改革开放30多年以来，我国全民阅读事业蓬勃发展，国民读书环境不断改善，但仍然存在城乡二元结构，国民阅读的环境、条件和阅读水平存在着较大差距。虽然国民阅读率和阅读量都在持续上升，整体水平仍低于世界发达国家。我们可以看到，在各类低幼读物、儿童读物层出不穷的今天，一些边远山区和贫困家庭的孩子们还缺乏基本的阅读条件和指导；可以看到，人民群众阅读需求日益增长与全民阅读资源相对有限、阅读服务能力不足的矛盾比较突出，全民阅读活动缺乏长效机制保障。

为阅读立法，一个根本目的就是通过法律制度的建立，有效解决人民群众享受阅读服务的需要，保障公民平等享受阅读的权益，规范政府促进全民阅读的责任和义务，激发社会各界参与全民阅读的活力；通过加强设施建设，丰富阅读资源，开展阅读活动，进行指导与服务，全面培养公民的阅读兴趣、阅读习惯，提高公民整体阅读能力；通过传播一切有利于人的全面发展的阅读内容，树立和弘扬社会主义核心价值观，传承和发展中华民族优秀传统文化，将科学文化知识转化为文化创新动力，将道德文化知识转化为文明行为，从而提高我国的文化软实力，推动我国从文化大国走向文化强国。

无论对我国文化立法工作，还是全民阅读事业，江苏省人大常委会出台的《决定》都具有重要的首创价值。这充分反映了江苏省委、省人大常委会和省政府对全民阅读工作的高度重视，反映了江苏省多年来开展全民阅读工作的卓越成就和工作经验的总结，反映了江苏立法工作者立足新形势、新常态不断开拓创新的精神。作为我国第一部系统、全面规范阅读促进的地方性法规，《决定》有不少创新之处和突出特点，主要体现在以下方面：

一是明确规定促进全民阅读的目标与宗旨。把公民自觉阅读习惯、提高公民思想道德修养和科学文化素质提高、推进“书香江苏”建设这三大任务作为立法的目的写入《决定》，并以此制定了相应的具体规范和措施，具有较强的针对性和可操作性。

二是明确规定了县级以上地方政府及有关部门促进全民阅读的责任。规定政府应当将促进全民阅读纳入国民经济和社会发展规划，将阅读公共设施建设纳入城乡建设规划，工作经费纳入本级财政预算。尤其是明确规定将促进全民阅读工作作为江苏基本实现现代化指标体系考核、社会主义精神文明建设和现代公共文化服务体系建设的内容。同时，还明确规定了全民阅读组织领导机构的工作职责，规定了新闻出版行政部门、教育行政部门及公共阅读服务场所的职责。

三是坚持政府主导、社会力量参与的原则，明确鼓励支持社会力量的广泛参与，如鼓励支持成立全民阅读公益基金会，鼓励社会力量设立阅读服务场所，鼓励支持公民、法人或其他组织积极捐赠，组织建立全民阅读兼职推广员队伍和基层全民阅读服务站等。

四是根据不同人群需求，有针对性地规范全民阅读服务及活动的开展。《决定》将未成年人的阅读指导培训作为一项重要任务予以规范，明确要求学校把培养学生阅读能力作为素质教育的重要内容，开展校园主题阅读活动；公共文化场所应根据未成年人特点开展阅读指导培训；提出要制定儿童早期阅读推广计划，鼓励亲子阅读，鼓励创作生产有利于未成人健康成长的阅读内容。《决定》还对老年人、残疾人、特殊困难家庭、外来务工人员及其子女、农村留守儿童甚至是服刑人员、戒毒人员和社区矫正对象提出了有针对性的特殊阅读服务计划。

五是采取多种措施，全面促进全民阅读。这些措施包括设立“江苏全民阅读日”、举办“江苏读书节”和“江苏书展”；成立全民阅读促进会；鼓励、支持优秀作品的创作；推行公共图书馆总分制；制定“书香江苏”建设指标体系、全民阅读调查评估制度；奖励突出贡献者等。

全面推进依法治国、加强制度建设是习近平总书记系列讲话中的一个重要思想。他明确要求，要坚持依法治国、依法执政、依法行政共同推进；要把国家各项事业和各项工作纳入法治化轨道；要坚持重大改革要于法有据，充分发挥立法的引领和推动作用。张德江委员长也指出，社会实践永无止境，立法工作要不断推进。要在新起点上加强和改进立法工作。目前，全国人大教科文卫委员会正在牵头起草《公共文化服务保障法》，这是文化领域的一部保障公民基本文化权益的基本法，促进全民阅读也是立法的一个重要内容。国务院正在着手制定专门的《全民阅读促进条例》，已经列入相关计划。国家新闻出版广电总局在条例起草方面做了大量工作，目前正在征求意见过程中。这期间，地方的相关立法或规范性文件制定取得了积极进展，除了江苏省外，湖北省、深圳市等地也出台或拟出台政府规范性文件或地方性法规。这些都为国家全民阅读工作的制度建设和立法提供了宝贵的实践经验。可以说，这些进展标志着我国全民阅读事业正在有序步入法治化、规范化的轨道，充分体现了党和政府关注民生，促进经济、社会和文化协调发展的执政理念。全民阅读立法是一项开创性和基础性的工作，它必将对我国的文化生活、文化生态和文明建设产生重要影响。随着我国公共文化服务体系建设目标任务的明确和文化体制改革的深入，要及时总结经验规律，在遵循提高立法质量、加强可执行性和可操作性原则的前提下，加快国家立法步伐，推动更多地方出台相关地方性法规。

党的十八届四中全会指出："法律的生命力在于实施，法律的权威也在于实施。"推进国家治理体系治理能力现代化，离不开对法律立法价值目标的不懈追求和对具体规范贯彻实施的不懈努力。《决定》的贯彻实施既是一个向全社会广泛宣传法治的机会，也是一个对立法的评价、运用和检验的过程。要加强《决定》的宣传工作，落实《决定》的各项要求和措施，加快建立促进全民阅读的体制机制建设。要依法督促相关职能部门和各级地方政府履行相应职责；要加强执法监督，落实行政执法责任制，依法充分发挥出版、图书馆、传媒和社会各界力量的协同作用。应当看到，促进全民阅读水平和能力的提高不可能一蹴而就，需要各方面的长久、持续性努力。而我们今天所做的工作，正是这样一种努力的必然结果。我们要通过法治的手段，凝聚大家的力量，建立长效机制，逐步形成全社会良好的阅读习惯和氛围，树立道德理想和科学创新精神，弘扬社会主义核心价值观，使中华民族优秀传统文化代代相传。

深入推进全民阅读活动机制问题研究*

（张文彦　中国新闻出版研究院）

序　言

“阅读是消灭无知、贫穷和绝望的终极武器，我们要在它们毁灭我们之前先歼灭它们。”①

众多科学研究和社会实践表明，阅读是个体实现智力发展、精神成长的重要途径。对于现代社会而言，国民整体阅读能力直接关系着国家民族文化的传承、创新与发展，对国家文化软实力和核心竞争力起着至关重要的作用。作为漫长人类阅读史上的一个当代新生的理念，“全民阅读”的含义早已蔓延出书斋的狭小空间，推及整个民族当下与未来的视域之上。简言之，全民阅读就是给予全体国民享受阅读的平等权利，让每个公民都能得到通过阅读改变人生、实现梦想的机会。这既是文化生长的迫切需要，也是政府履行公共职能、服务大众、改善民生的重要途径。近年来，论述全民阅读、倡导大众读书的言论和文章已数不胜数，全民阅读活动推陈出新，参与力量日益多元。全民阅读理念的社会认可程度与全民阅读活动的开展互相促进，全民阅读作为国家文化战略的定位开始浮出水面。

2012 和 2014、2015 年，“全民阅读”先后被写入党的十八大报告

---

* 本报告在 2013 年国家新闻出版广电总局新闻出版课题项目《深入推进全民阅读活动机制问题研究》（A 2013—5—1）研究报告基础上，根据本书主题修改而成。该课题负责人为中国新闻出版研究院院长魏玉山，执笔及修改工作由青岛大学文学院副教授、中国新闻出版研究院兼职副研究员张文彦负责。

①［美国］吉姆·崔利斯著，沙永玲、麦奇美、麦倩宜译：《朗读手册》，南海出版公司 2009 年版。

和国务院政府工作报告。2015 年初，中共中央办公厅和国务院办公厅共同发布《关于加快构建现代公共文化服务体系的意见》，也明确论及全民阅读及其具体推进措施。这一系列文件的出台，将政府所承担的责任勾勒得愈来愈清晰，全民阅读正在迎来一个从量变到质变的关键飞跃期，全民阅读活动长效机制的建立迫在眉睫。更重要的是，这种长效机制的目的和意义将不能仅局限于全民阅读活动本身，而需要放在广阔复杂的社会背景和时代需求中，以促进国民整体文化生长和创新的长远眼光，将全民阅读活动与其他相关工作（法规、制度、研究、产业等）视为一个综合有机体，对其进行更长效与更深层次的勾勒、设计。

全民阅读事业是我国当前的一项崭新事业，探索如何建立全民阅读活动长效机制，更是一项全新的研究。这既要考虑到我国目前全民阅读现状，需要分析包括阅读设施、阅读内容、阅读服务、阅读活动开展等在内的全民阅读环境现状，以及国民阅读实际水平，又要考虑到我国社会转型期的复杂国情，包括城乡巨变、东西经济差距、南北文化差异所带来的居民多元文化诉求，更要考虑到全面建成小康社会和全面深化改革开放的目标所带来的文化发展需求。据此，本研究将全面梳理我国全民阅读事业历程、成就和面临的挑战，并将通过分析他国经验，以及我国典型案例，结合我国目前国情与实际需要，为在整体推进全民阅读事业的大背景下建立全民阅读活动机制提出可行性建议。

我们希望，开展任何全民阅读活动，其目标都在于唤醒和激发全社会对国民阅读的关注与参与，进而建立确保国民能够平等享有阅读权利的制度，从而形成全社会都崇尚阅读、热爱阅读的国民文化，让这种文化成为中华民族创新的源泉与动力。

第一章　我国全民阅读情况综述

中华民族有漫长的阅读文化和悠久的阅读传统，而“全民阅读”理念在中国的传播、实践与发展，则将给国人阅读带来一次质与量的双重跃变。

一、从“阅读”到“全民阅读”

自古以来，中国发达的出版技术滋养了发达的阅读文化，这种文化为民族的创造力输送了绵亘不绝的能量，推动中华民族创造了无数恢宏与繁华，赞颂、论述读书文化的诗文数不胜数，毋庸赘述。但是，我们的传统阅读文化也渐渐滋生出一些缺陷与畸变，例如以经为主、重道轻技等等，在一定程度上制约了多元思想的迸发和科学技术的传承。其中最突出的问题是，在漫长的岁月中，阅读只是少数人的权利——有阅读能力的人口数量有限，阅读公共资源缺失，皇家藏书和私人藏书阅读率和流通率极低，阅读只属于占社会人口少数的读书人。

比较而言，西方诸国进入“阅读社会”的序曲则奏响得更早一些。早在1686年，瑞典的路德教会就颁布一条法律：“男女不分贵贱皆须识字。”[①] 更早在1444年，罗马时期之后的第一座西方公共图书馆就已在佛罗伦萨建立起来，向所有“勤学的公民”开放。此后，逐渐有越来越多的人获得公共阅读权利。16世纪开始，几乎欧洲建立的每所大学都有一座公共图书馆。1692年以来，法国国家图书馆

① 颜择雅：《为什么台湾少年不读书》，载《天下杂志》（台湾），2009年第2期。

便开始向文人、学者乃至一般有兴趣的人开放。[①]19世纪中期，所有学生可以不经允许就进入欧洲大学的公共图书馆。[②]

母亲的受教育程度和阅读习惯对孩子的成长有着重要影响，妇女群体阅读习惯和能力的整体缺失，必定影响着一代代人的文化启蒙和精神发育。而中华帝国晚期，“无才便是德”成为衡量妇女德行的主流标准，藏书世家的家规往往限制女性出入藏书楼，更遑论千百万贫困家庭的妇女。在阅读资源匮乏的时代，千千万万女童成长为文盲母亲，势必会造成广大底层民众素质的集体低下。

阅读是思想交流、融汇、撞击的重要方式，18世纪下半叶，“阅读革命”在英、法、德等欧洲主要国家蔓延，图书产量猛增，报纸发行量翻倍，小开本畅销，书降价，各种读书社、租借书店星罗棋布。[③]与之伴生的是日新月异的创新能力，层出不穷的宝贵思想，迎来了一个属于欧洲的黎明。作为纸张与印刷术的发祥地，我国古代的阅读文化则渐渐落在后面，知识的流动速度越来越放缓，少数精英知识分子的博古通今无法改变绝大多数国民蒙昧的状态，国民阅读能力落后于西方与国民创造力落后于西方正相关。但这一令人悲观的趋势在清末民初开始有所改变，知识分子以推动大众阅读作为思想启蒙、唤醒民众的武器，新型印刷技术的发展，以及商务印书馆、中华书局等现代出版巨子的出现，无一不推动了阅读的大众化发展态势。从器物知不足、制度知不足到文化知不足，中华民族在西学东渐的过程中奋

---

① [法国]罗杰·夏蒂埃著，吴泓缈、张璐译：《书籍的秩序》，商务印书馆2013年版，第54页。

② [美国]周绍明著，何朝晖译：《书籍的社会史：中华帝国晚期的书籍与士人文化》，北京大学出版社2009年版。

③ [法国]罗杰·夏蒂埃著，吴泓缈、张璐译，《书籍的秩序》，商务印书馆2013年版，第21页。

发图强。这整个过程与阅读紧密相连，甚至可以说，正是通过阅读世界各种先进文化知识，我们的文化生态才产生巨变，推动古老的中国向现代转型。

新中国成立后，中国国民阅读状况更是发生了前所未有的改变。

首先，旷日持久的全国性扫盲运动，为公民平等享受阅读权利奠定了重要基础。1949 年，全国文盲数量占总人口的 80% 以上，农村文盲率高达95%。[①] 到2011 年，我国文盲率下降至4.08%，[②] 也就是说，绝大多数国民都拥有了基本的阅读能力。

其次，阅读资源极大丰富。新中国成立后 60 余年来，在创作领域，经典与新作、原创与译介、人文与科技百花齐放，彻底改变了以传统经学为主的局面；出版业的发展和新技术的应用，为国民提供了丰富的阅读内容。2013 年全国出版图书、期刊、报纸总量为 3005.12 亿印张，出版图书 444 427 种，[③] 电子网络出版物更是极大丰富；实体书店、网上书店及其他各类出版发行网、经营性设施的创设，极大地方便了群众阅读。

第三，阅读公共服务体系建设进步显著。2009 年，全国公共图书馆共建成 2850 座。按照全国行政区划，公共图书馆已基本实现全覆盖，其中，地市级公共图书馆覆盖率为 79.3%，县级公共图书馆覆

① 顾明远：《世纪的回顾与展望——中国教育的发展前景和任务》，载《中国教育学刊》，2001 年第 1 期。

②《国家统计局：我国文盲率为 4.08%，十年降 2.64 个百分点》，中国经济网：http://www.ce.cn/macro/more/201104/28/t20110428_22390348.shtml，2011 年 4 月 28 日。

③ 国家新闻出版广电总局规划发展司：《2013 年全国新闻出版业基本情况》，国家新闻出版广电总局网站：http://www.gapp.gov.cn/govpublic/80/795.shtml，2014 年 8 月 12 日。

盖率为 85.1%。[1]2011 年底前全国所有公共图书馆实现无障碍、零门槛进入，所提供的基本服务项目全部免费，并开始向全国推行公共图书馆标准化服务。2012 年，共建成农家书屋 60 万家，覆盖了全国有基本条件的行政村，并推动 10 亿册图书进农村、进社区，实现“村村有书屋”，方便了农民阅读。2008 年，全国总工会在全国开展“职工书屋”建设工作。到 2014 年，全国总工会以配送图书等方式在全国扶持建设了 6000 家职工书屋示范点，带动全国各地工会和基层企事业单位建成职工书屋逾 6 万家，藏书总量约 3 亿册。社区阅览室、连队书屋、校园及科研机构图书馆等其他阅读设施也在不断提升服务能力和覆盖范围，流动型、自助型借阅设施也逐步投入使用。各地读书节、读书月等阅读活动的蓬勃开展，增进了更多基层民众的阅读兴趣和阅读习惯，强化了图书馆、出版社、书店等相关行业的阅读服务意识，激发了社会各界关注阅读的热情。

以上所取得的成就，为“全民阅读”理念在中国的落地与推广奠定了基础。

二、“全民阅读”理念的世界发展历程

（一）全民阅读理念的演变过程

作为一个国际化的概念，“全民阅读”近年来频频出现于各类媒体，成为新闻出版、图书馆、公共文化服务等领域的常用词。该词的正式来源是联合国教科文组织。

自 1946 年成立伊始，联合国教科文组织就将阅读推广工作视为

① 文化部财务司：《“十五”以来全国公共图书馆发展情况分析》，http://zwgk.mcprc.gov.cn/auto255/201101/t20110105_20114.html，2011 年 01 月 05 日。

促进人类文化传承、传播与创新的重要基础性工作，而不遗余力地向全球推广，并开发了大量项目。

1972年，联合国教科文组织在对多国尤其是亚非拉地区的阅读和出版情况进行大量调查研究的基础之上，提出“全民读书”（Books for All）口号，并把1972年定为“国际图书年”，开展了大量阅读促进活动。在此基础上，于1982年又提出“走向阅读社会——20世纪80年代的目标”（Towards a Reading Society：Targets for the 1980s）项目，帮助各国制定图书发展战略规划。在这一阶段，联合国教科文组织将出版和识字教育视为阅读推广的基础而优先推动。①

与此同时，联合国教科文组织也一直将公共图书馆视为全民阅读尤其是贫困人口、特殊群体能够平等实现阅读权利的重要平台而加以推进。1994年发布的《公共图书馆宣言》中提到：

> 每一个人都有平等享受公共图书馆服务的权利，而不受年龄、种族、性别、宗教信仰、国籍、语言或社会地位的限制。对因故不能享用常规服务和资料的用户，例如少数民族用户、残疾人用户、医院病人或监狱囚犯，必须向其提供特殊服务和资料。

1995年，联合国教科文组织宣布4月23日为“世界读书日”。此后每年的当天，许多国家的爱书人将其视为读书的盛大节日，并创造衍生出各种类型的阅读活动。代表性的大型活动有英国的“国家阅读年”（1998）、日本的“儿童读书年”（2000）、澳大利亚的“阅读闪电战”（2013）等，持续性活动有英国发起并席卷世界的儿童“阅

① 刘亮：《联合国教科文组织的阅读推广活动与图书馆》，载《图书与情报》，2011年第5期。

读起跑线”计划、英国和美国在 4 月 23 日前夕举办的“世界读书夜”活动、加拿大的全民阅读峰会、法国读书节、日本的读书周、新加坡的“读吧！新加坡”等，以及依托形形色色的书展举办的阅读活动。全球还有许多城市、乡村、社区、图书馆、学校、公益组织等也设有各具特色的读书品牌活动。

1997 年，联合国教科文组织正式发起“全民阅读”（Reading for All）项目并在世界范围内持续推广。① 此后数年间，该理念传播范围不断扩大，许多国家越来越意识到国民阅读的文化战略作用，以全民阅读为旗帜，制定各种政策、推进各种项目，动员全社会之力加以促进。

对众多文化发达国家而言，“全民阅读”的理念早已蕴含在文化发展和国民教育等政策的要旨之中了。例如近邻韩国，早在第二次世界大战结束之始，就将促进国民阅读视为从废墟中重建国家与民族文化的重要基础：“修复产业设施固然重要，但更为重要的是通过教育与阅读，培养具备实力的国家未来栋梁。”② 另一近邻日本则更早地采取了促进国民阅读的措施，甚至可以追溯到明治维新时代，“二战”后很快又恢复了“读书周”等阅读推广项目，并不断深入、扩大。这两个国家也是对国民阅读进行专门立法的代表性国家。

英、美、德及北欧诸国等西方发达国家，对国民阅读的重视与其步入现代化的步伐紧密相随，无论是平装书、口袋书的盛行，还是公共图书馆的建立与普及，都为芸芸大众建造了读书求知的基础。在

---

① 刘亮：《联合国教科文组织的阅读推广活动与图书馆》，载《图书与情报》，2011 年第 5 期。

② ［韩国］朴朦救：《韩国国民阅读运动的成果与反思》，在中韩第十五届出版文化研讨会上的发言，2013 年 8 月 15 日。

政府和各种社会组织的观念之中，努力推进国民平等享有阅读的权利早已深深植入。20 世纪 90 年代后期，这些国家更是联合国教科文组织推广全民阅读概念的支持者与实践者，形成了促进全民阅读的稳定机制、专门组织，以制定法律法规，成立全民阅读推广基金，开展常规性全民阅读活动和国家战略型全民阅读促进项目。

（二）全民阅读的重要特征

阅读无疑是人求知学习、改变自我、取得成就的最主要和最有效的途径之一，保障公民阅读权利的实现，是文化民生的重要部分，是培养民族文化软实力的基础。由此而言，全民阅读无疑是政府义不容辞的责任，是公共文化服务的基础性工程，是现代化国家谋求发展的必然选择。从各国全民阅读多年来的推广政策及实践来看，全民阅读具有以下六个重要特征。

1. 儿童优先。无论是联合国的“全民阅读”推广项目，还是文化发达国家的阅读促进政策，都有一个共性，那就是对未成年人阅读的特别关注、特殊保障。人类的童年是求知和性格塑造的关键时期。多项研究结果表明，童年也是养成阅读习惯的关键时期。虽然有的学说主张婴儿时期的阅读最关键，有的学说主张在识字阶段推广阅读最重要，更有人认为在其他媒介分散孩子注意力的 9—13 周岁阶段，加强阅读习惯的培养至关重要，但仍可发现，所有研究者都肯定：对未成年人的阅读培养的价值和意义无可替代。由此，许多国家的教育政策中都包含着对未成年人阅读保障的规定，如美国的《不让一个孩子掉队法案》《卓越阅读法案》都是由教育部颁布推行的。许多席卷全国甚至跨越国界的大规模阅读促进项目或活动也往往以未成年人为主要目标群体，如澳大利亚的“阅读闪电战”、日本和英国举办过的“儿童阅读年”，以及始自英国的“阅读起跑线”计划等。

2. 特殊保障。此外，对弱势群体或有特殊需求群体的关怀和保障，则是全民阅读的又一重要特征，这也体现了一个国家阅读推广机制的成熟程度，甚至是这个国家的文明发展程度和包容程度。这些群体包括老年人，残障尤其是视障人士，使用多种语言文字的少数民族、移民，穷人，农村居民，甚至还包括犯人，戒毒所人员等。为满足这些重点群体的阅读需求，往往需要政府规划，在阅读内容、设施、服务、活动方面有针对性地设计和投入。

3. 共同责任。全民阅读的范围是广泛的，需要全面覆盖各民族、各年龄段、各种职业、各种文化层次、各种经济水平等。全民阅读的推广对象又是多元的：阅读是个性化的，阅读习惯和阅读偏好跟个人兴趣、需求密切相关，又受到经济条件、文化传统、政治风气等多种因素的影响。即使在同一地区、城市、乡镇，甚至在同一单位、社区、学校，也需要明确对象，有的放矢。因此，全民阅读推广的任务复杂而艰巨，需要政府、新闻出版行业、大众传媒、图书馆、阅读推广公益组织等不同组织以及公务人员、教师、家长、图书馆员、书店店员、志愿者等各种角色共同参与。为了实现阅读推广惠及全民，必须动员全社会之力共同参与，才能建立一种无处不在的书香氛围。

4. 旷日持久。“十年树木，百年树人”，个体必须经过从儿童到青年时代的持续性大量阅读，才能成为一个具备现代知识和技能的人；工作生活中，更需要不断阅读，才能开阔视野，保持创新能力。要培养一个民族的阅读习惯，让阅读成为代代接续的阅读文化，政策制定者必须有足够的远见和恒心，将全民阅读作为一项涵养国民素质、再造民族文化的重大工程，投入足够的关注、智慧和经费，保证其运行与维护。

5. 兼容并包。全民阅读，要弘扬中华民族传统文化核心价值观，也要积极推进当代原创精品的传播，还要译介世界优秀著作，促进国民阅读人类一切优秀文化成果，才能培育、激发国民的创造能力。因此，推荐、采购优秀读物必须公正、公开，聆听各种声音，接受各方意见，让这些读物经得起时间的考验，为大众所真正喜爱。要鼓励和扶持各种有益的推荐活动，百花齐放，给读者更宽阔的选择范围。兼容并包并不意味着不加遴选全盘吸收，我们要坚决摒弃各类低俗、低劣、有害内容，尤其是要时刻守护少年儿童纯净健康的阅读空间。

6. 走向数字化。有学者将数字化技术对阅读的影响与古登堡印刷术对阅读的变革性影响相类比。今天，由于身处其中，我们往往分不清数字化技术对人类阅读是利大于弊还是弊大于利，该领域的研究远不如纸载体阅读研究成熟。一方面，数字化技术已经广泛应用在全民阅读推广工作之中，它的便捷、迅速、巨大容量、云端共享等特性，推动全民阅读惠及更多人群。但其鲜明的娱乐性、碎片化、社交性等众多不同于传统阅读的新鲜元素，变化快速，形式繁多，往往让使用者沉溺其中，甚至导致阅读营养不良。如何将传统阅读的优越性和现代技术的便利性相结合，是全世界阅读研究和推广所共同关注的难题。但无论如何，数字化发展已经成为今天全民阅读的重要特征，需要我们认真思考研究，因势利导加以推广。

（三）全民阅读及全民阅读机制的概念界定

纵观全民阅读理念的发展历程及其特征，我们可以看到，联合国教科文组织将全民阅读视为人类文化、教育发展的重要战略组成部分，这个概念与实现民族文化的现代化、人的现代化不可分割。这种理念在我国的生根发芽，恰恰是人民日益增长的文化需求的反映，是推动文化发展与经济发展相适应的需要。由此，本课题组对全民阅读理念尝试做出了如下的提炼：**全民阅读是以政府为主导，凝聚全社会参与之力，通过不断推动阅读内容资源、阅读设施、阅读服务的建设发展和全面覆盖，保障公民平等享有阅读权利；推动公民培养阅读习惯、提高阅读能力，通过阅读优秀内容实现人的现代化；从而推动文化的传承、融合、创新与发展，进而推动文化发展与经济发展相适应。**

全民阅读目标和价值的实现，则不能仅仅停留在进行论述和开展活动的层面，而是需要有一套科学的、完备的、客观的、不断发展更新的管理机制。

《辞海》解释，“机制”一词源于希腊语，最早是指机器的构造和工作原理，亦指有机体的构造、功能及相互关系。管理机制，则是指管理系统的结构及其运行机理。管理机制本质上是管理系统的内在联系、功能及运行原理，是决定管理功效的核心问题。那么，全民阅读活动管理机制，应该是建立在全民阅读活动的内在本质和客观规律基础上的管理系统，该系统的内部机构和运行机理需要符合我国国民阅读的现状与需求，以相关组织结构为基础，由若干子机制有机结合。这是推动全民阅读活动壮大发展、富有成效的中枢。

就我国现状来看，从中央到地方，全民阅读由新闻出版广电、文化、教育、民政等不同部门根据各自职责分头并管。例如，文化系统主要负责公共图书馆等阅读基础设施建设、服务开展等工作，教育部门促进阅读的对象为在校生，民政部门也已开展了社区书屋建设和社区阅读推广工作，国家新闻出版广电总局的工作包括推动全国全民阅读活动的开展、阅读内容推荐、体制机制建设、农家书屋建设与服务等方面。

各部门工作各有侧重,但本文主题为全民阅读活动机制建设,而这正是国家新闻出版广电总局多年全民阅读工作一直努力推进的主线:从推进建立全民阅读组织协调办公室,到连年发布全国全民阅读活动通知,再到推动全民阅读立法、全民阅读中长期规划、全民阅读工程规划等,不断探索全民阅读活动机制,并努力上升到工作、制度层面。值得关注的是,国家新闻出版广电总局在2013年完成合并之后,出版管理司图书处拥有了"全民阅读办公室"的副牌,全民阅读在总局工作安排中的比重也在不断增长,这成为全民阅读机制建设取得重大进展的重要原因。但是,该处编制只有三人,要承担着责任重大的图书管理工作,自2006年以来又承担着全国全民阅读的组织管理工作,随着后者概念内涵和工作内容的不断丰富,人力明显不足。可以说,全民阅读活动管理机制,现在尚没有与其地位相称的专职职能机构,同样的问题也存在于各个地区。推进国家全民阅读活动管理机制的建设,尚任重而道远。

三、全民阅读活动在我国的实践

在我国,1949年之后,政府、出版界和各类社会组织就曾开展过各种面向大众的图书推荐活动和读书促进活动。1982年,上海市成立了振兴中华读书指导委员会。1988年,共青团中央牵头发起"中国青少年新世纪读书计划"。1993年,中宣部、教育部、原新闻出版总署和全国妇联在全国范围内联合发起了"全国青少年爱国主义读书活动",该活动每年一届,一直持续到了今天。1996年4月23日世界读书日，南京市决定自此以后每年举办读书节活动。1997年1月，中宣部、文化部、原新闻出版总署等九个部委联合发出《关于在全国组织实施“知识工程”的通知》，启动实施了“倡导全民读书，建设阅读社会”的“知识工程”，并于每年12月在全国举办“全民读书月”。此后，全民阅读的理念开始在我国萌芽，2006年世界读书日到来之际，中宣部、中央文明办、原新闻出版总署、文化部、教育部、解放军总政治部宣传部、全国总工会、共青团中央、全国妇联、中国科学技术协会、中国作家协会等11个部门联合发出《关于开展全民阅读活动的倡议书》，并联合成立全民阅读组织协调办公室。该办公室并非一个具有编制的实体机构，一直以来，常设在原新闻出版总署，负责编辑《全民阅读活动简报》，并在每年世界读书日到来之际面向全国发布开展全民阅读活动的通知，同时还开展好书推荐、举办全民阅读电视晚会等活动。新闻出版界之外，图书馆、教育系统也纷纷在“4·23”期间或年初发布本行业、本领域的全民阅读活动年度计划安排。

2010年之后，全民阅读的国家战略意义逐渐清晰。2010—2015年历年“两会”，人大代表和政协委员都就全民阅读提出多项议案和提案，如建议制定《全民阅读促进法》、设立“国家阅读基金”、设立“国家阅读节”、把全民阅读作为国家战略等，原新闻出版总署等相关部门对这些提案进行了认真答复，并积极开展研究论证工作。

2011年4月20日，原新闻出版总署发布《新闻出版业“十二五”时期发展规划》，首次列入“全民阅读工程”，作为新闻出版公共服务建设的工程之一。其具体内容包括：

以推动儿童阅读与青少年阅读、满足特殊群体阅读需求为重点，大力推广数字阅读，传播阅读理念，培养全民阅读习惯，提高全民阅读能力。重点开展儿童“阅读起跑线”和阅读援助活动，推动全民阅读示范基地建设。加强阅读研究与指导，逐步整合各地区各部门的阅读活动资源，建立健全全民阅读活动组织机构。积极争取建立国家阅读基金，设立国家读书节，逐步建立全民阅读工程建设长效机制。

2011年10月，党的第十七届六中全会审议通过了《中共中央关于深化文化体制改革、推动社会主义文化大发展大繁荣若干重大问题的决定》，明确提出要满足全体人民读书看报等基本文化权益，完善覆盖城乡、结构合理、功能健全、实用高效的公共文化服务体系，要加快城乡文化一体化发展，加强县级文化馆和图书馆、乡镇综合文化站、村文化室建设，深入实施农家书屋等文化惠民工程，深入开展全民阅读活动。

2012年，党的十八大报告强调扎实推进社会主义文化强国建设，提出了“丰富人民精神文化生活”的目标，要求“开展全民阅读活动”。

2013年3月，全民阅读立法工作正式启动，当年及2014年分别被列入国务院法制办立法规划项目，并被中宣部列入我国文化立法的五年规划。

2014年“两会”期间，“全民阅读”首次被写入国务院政府工作报告。当年4月22日，世界读书日前夕，李克强总理给生活·读书·新知三联书店全体员工的回信中，再次写道：

> 获知你们于近日创建24小时不打烊书店，为读者提供“深夜书房”，……是对“全民阅读”的生动践行，……读书不仅事关个人修为，国民的整体阅读水准，也会持久影响到整个社会的道德水平。

2015年1月，中共中央办公厅和国务院办公厅共同公布《关于加快构建现代公共文化服务体系的意见》，其中多处提及全民阅读及其具体推进措施。

对于各级政府，全民阅读已经成为一个提升城市文化气质的重要航向，也成为政府推进公共文化服务的组成部分，且这种理念正在不断深化，付诸越来越多的实践。全国许多省（自治区、直辖市）已经成立了全民阅读组织领导机构。各新闻出版广电局的全民阅读工作的具体管理部门，也从分散、随机、临时（2013年之前，各省局曾承担全民阅读工作的具体部门有图书处、印刷发行处、办公室甚至是工会）变得集中、固定，不少省局将其纳入新成立的公共文化处工作范畴。

2010年以来，党和国家对全民阅读的推进已经进入实质建设阶段，投入大量专项资金支持国民阅读基础工程建设，使国民阅读成为国家公共文化服务体系的重要组成部分。其中一项重要举措就是党中央、国务院确定的公共文化服务体系建设的五大工程之一——农家书屋工程。随着图书报刊配置逐步到位，管理运营制度也正在逐步确立，全民阅读在广大农村地区的推进有了实在的平台。同时，职工书屋、社区书屋等建设完善也取得了一定的推进，有效地补充了公共图书馆的不足，为普通居民提供了越来越便利的阅读条件。

四、全民阅读活动的几个重要组成部分

与世界全民阅读活动发展趋势相同，我国的全民阅读事业有如下几项核心内容，与能否建立完善、高效的全民阅读活动机制紧密相关。

（一）全民阅读的起点：未成年人阅读

2009年，我国全国国民阅读调查首次针对0—17周岁未成年人进行了调查，该群体图书阅读率为79%，高于成年人。14—17周岁、9—13周岁、0—8周岁三个年龄段未成年人的图书阅读量也超过了成年人年图书阅读量的平均值，但与日本、欧美国家等相比仍有较大差距。在国际学生评估项目的阅读能力测试中，我国上海地区的青少年综合指标排名第一，但也显示了明显的短板，例如连续阅读的能力与欧美差距较大。在实际调研过程中，无论是高考门槛相对较低的北京、上海，还是偏远地区的云南、贵州、新疆，还是山东、四川等高考大省，学生家长都普遍反映孩子们的主要课余时间都要用来做作业或补课，在高考指挥棒的指引下，没有时间读“闲书”，阅读以精读为主，围绕课程与考试展开。一些努力推广校园阅读的中小学教育工作者，也往往在分数和教学质量的压力下彷徨、困惑。一些调查数据及中外学者的对比研究显示，欧美诸国儿童阅读量大大高于我国儿童阅读量，主要是因为儿童的课内外阅读主要以泛读为主，且在发达的阅读研究及实践基础上开发的阅读内容，符合儿童心理特征和认知特点，因此也更容易培养儿童的阅读兴趣，开拓其思路及视野。同时，阅读也深深植入学校教育理念，内置到各门课程的教学之中，成为欧美教育的主轴。2014年，我国教育部门新发布的教育改革方

案中，阅读得到了前所未有的重视，成为培养少年儿童学习能力的风向标；在语文新课标中，对少儿的课外阅读量标准做了明确规定，其他学科的课外阅读量标准也在研究制定之中。

近年来，党和国家着力加大对青少年阅读软硬件的投入。2010年5月，国家图书馆少年儿童馆暨少年儿童数字图书馆开馆。2011年4月，文化部“国家文化科技提升计划”正式对国家图书馆少年儿童馆主持的“全国少年儿童阅读推广服务平台”项目进行立项，目标是建设一个国家级的专门为全国少年儿童阅读推广服务的开放平台，一个安全、可靠、开放、共享的少儿网络阅读社区。

一些针对少年儿童阅读的全国性大型研究开始启动。2011年，较有影响的大型研究项目主要有：著名阅读推广人朱永新于上一年创办的民间阅读机构——新阅读研究所在4月发布了“中国小学生基础阅读书目”，其中包含30种基础阅读书目和70种推荐阅读书目，按小学低、中、高学段，分别精选出文学、科学、人文类各若干本。另一项成果是，中国新闻出版研究院国民阅读研究与促进中心和中国教育学会小学教育专业委员会于9月联合举办了“2011全国小学生阅读状况在线调查”，就全国小学生的阅读量、阅读目的、课外读物选择、网络阅读习惯等方面的调查进行了成果发布。该调查深入全国300个地市的至少1万所城乡小学，回收了近20万份调查问卷。这两项研究成果，将对推动书香校园建设、让更多的中小学生走近阅读、提高中小学生的阅读效果产生积极效用。同时，接力出版社也开始启动中国儿童分级阅读的研究项目。图书馆界也举办了各种类型、规模的少儿阅读研究论坛。

针对青少年的阅读活动成为各地各类全民阅读活动的重头戏，

尤其在“六一”儿童节前后和寒暑假期间，青少年阅读推广活动更是种类繁多、频频举办。同时，党和政府各级部门多次举办向进城务工人员子弟、偏远地区及四川地震灾区中小学捐赠优秀少儿图书的活动。2013年开始举办的上海国际童书展，更是致力于打造少儿阅读推广及研讨的国际平台。

以少儿阅读为核心的产业初具规模，出版社、教育机构等纷纷加盟创新，市场上出现了绘本馆、民间图书馆、儿童阅读体验中心、儿童阅读早教机构等形形色色的儿童阅读推广、读物研发机构，代表者如“第二书房”、蒲公英绘本馆等。

（二）全民阅读的要点：组织协调机构的建立

如前文所说，中宣部、国家新闻出版广电总局等相关单位联合成立了“全民阅读组织协调办公室”，但其并非实体机构，大部分工作由总局出版管理司推进。2013年总局的“三定”方案，确立了图书处的副牌“全民阅读办公室”，但由于人手缺乏，并非专职，其效用的发挥、工作的拓展仍然颇受限制。为了应对组织协调方面的不足，近几年来，总局在历年发布的全国全民阅读活动通知中都要求各地探索建立全民阅读组织协调机构，这一呼吁性要求得到各省局的积极回应。各省局在省委省政府、宣传部的支持下纷纷建立全民阅读的领导组织机构。目前，湖北、湖南、江苏、广东、河北、河南、福建、甘肃、海南、广西、黑龙江、辽宁、新疆、江西、宁夏、青海、四川、云南、重庆等25个省（区、市）及新疆生产建设兵团成立了由地方党委和政府领导担任负责人的全民阅读组织领导机构，推动全民阅读深入开展，在制定规划、配置资源、组织活动、宣传推广等方面发挥了重要作用。这些组织领导机构的日常工作都由省新闻出版广电局承担。湖北省新闻出版广电局还率先在内部机构中设立了“省全民阅读活动领导小组办公室”（正处级）。这些机构成为推动地方全民阅读立法、开展大规模阅读调查、举办全民阅读活动的主角，并有力推动了各部门和各系统的资源共享，形成合力，使全民阅读体制机制的建立获得了前所未有的长足发展。

（三）全民阅读的重点：特殊群体阅读

正如前文所说，许多群体虽存在特殊阅读需求，却由于较大成本，或限于技术、资源而无法实现，因此丧失了享受阅读的平等权利。我国目前经济、文化及公共服务仍然存在城乡二元差距，全民阅读的投入和开展存在严重的不均衡现象，例如贫困、偏远地区居民和农民工等流动人口往往缺乏必要的阅读设施与阅读资料，老年人及视障者无法正常阅读普通读物，农村留守儿童缺乏必要的阅读指导……这些特殊阅读需求如果不加以重视，相关群体势必会成为全民阅读的短板。令人欣慰的是，该领域亦成为我国全民阅读促进工作的一个重要板块，尤其是针对残疾人阅读的扶持工作。例如，针对残疾人的各种基础阅读设施得到大规模、多样化的建设。中国盲文图书馆于 2011 年落成开馆，各地也纷纷建立、完善盲人阅览室和公益阅读设施。2011 年“4·23”世界读书日，中国残疾人联合会、中国国家图书馆在京举行“全国残疾人阅读指导委员会”成立大会。江西省新闻出版局和残联继续推动农村残疾人就业与农家书屋工程“两个民生工程”的结合发展，2010 年全省首批选聘 2000 名残疾人书屋管理员，每人每月津贴标准为 200 元；并对残疾人管理员的选聘条件、程序、职责都做出了规定。2011 年进一步加大推广力度，确定全省农家书屋残疾人管理员增加 3500 名，总数达到 5500 名，占全省同期

11 835 家农家书屋的近一半。管理员津贴由每人每月 200 元提高到 300 元，省财政为此安排年度专项开支 1980 万元。此举为建立稳定的管理员队伍、管好用好农家书屋和进一步扶残助残奠定了坚实的基础。

（四）全民阅读的热点：数字阅读发展迅速

电纸书、平板电脑、“云阅读”等数字阅读载体、概念的崛起，促使数字阅读领域成为全民阅读活动的一个富有潜力的新聚焦点。全国国民阅读调查结果显示，近年来我国国民上网从事与阅读相关活动的比例，电子阅读器、手机等新媒体的阅读时长、阅读内容、阅读花费等都上涨明显，显示了我国数字阅读的巨大市场潜力。推动数字化阅读的良性发展，一方面要依靠硬件设施建设，一方面需要党和政府从软件和内容层面进行规划和引导。近年来所取得的成就包括：文化部在“十二五”期间实施的“公共电子阅览室建设计划”；湖北省推出的数字电视阅读，开设了电子书屋、在线影院等板块，存储各类图书 1000 余种；沈阳举办全民读书月读书微博大赛，大力倡导市民以网络微博形式交流读书心得；福建省在第四届全民读书月开幕式上开通集智能化、互动性为一体的“书香八闽”全民公共阅读网，通过该平台公众可免费阅读上万种正版数字图书；深圳读书月期间，深圳移动与读书月组委会签署战略合作协议，启动“手机阅读季”等。随着互联网的普及和信息产业的发展，数字阅读无疑会为广大群众开辟更大的阅读空间。

（五）全民阅读的“司南”：阅读研究渐丰

全民阅读活动的兴起也促进了阅读研究的进展。2010 年 4 月 19 日，中国出版科学研究所（现中国新闻出版研究院）宣布成立“国民阅读研究与促进中心”，以期在每年一度的“全国国民阅读调查”基础上深入开展阅读理论与应用研究。在国民阅读调查的影响下，阅读调查广受各地重视。全国国民阅读调查的历年数据已经成为新闻出版行业发展标准指数之一，备受社会各界的广泛重视，并且带动了不同群体、不同地区阅读调查的开展。目前，江苏省、浙江省、江西省、湖北省等地的新闻出版广电局和中国新闻出版研究院已开始联合发布地区年度阅读调查报告。中国阅读学研究会、中国图书馆学会以及来自各级图书馆、各高校图书馆、出版传播等专业以及媒体的研究者们，纷纷针对不同职业群体、地方高校、中小学或社区的阅读情况进行了一些探索性的问卷调查；各级党委和政府也开始聘请学者或专业机构对本地阅读情况进行摸底调查，希望借此提高全民阅读活动的科学性和专业化水平。例如，2011 年，上海市新闻出版局开始发布《新媒体环境下上海市民阅读现状调查报告（2010—2011）》；湖南省新闻出版局和民进湖南省委联合组织开展湖南省农村阅读情况专题调研，并对本省 14 个市、州的城市阅读指数进行调查；2011 年重庆市读书月办公室组织重庆市城镇居民阅读调查；郑州市推广阅读志愿者发布《2011 年度郑州城市阅读调查报告》等。科学调查也被引入书展、读书节等阅读活动中来，如南国书香节组委会委托广东省省情调查研究中心完成了《2011 南国书香节顾客满意度调查报告》，北京市、深圳市也都委托当地统计部门或高校开展了阅读指数调查等。今天，各地各类阅读调查已经蔚为大观。

国内出版、教育、图书馆、医学等不同类型的学术报刊上刊登了一定数量的从心理学、文学、史学、脑科学、医学等不同学科方法入手对阅读进行的实证研究、理论探索性质的文章，研究者还对西方阅读推广活动经验、国外分级阅读研究及实践进行了一些翻译介绍。这些科研成果的问世，极大地促进了全民阅读活动的科学化、专业化发展。作为一门新兴学科，阅读学展现了其交叉学科的性质，研究成果的积累和开拓将为阅读活动的实际推进提供可资借鉴的科学依据。

（六）全民阅读的“薪火”：阅读推广渐行渐热

越来越多的出版机构意识到，大力推广阅读、提升阅读风气、培养阅读习惯是出版界未来的安身立命之本，出版者责无旁贷。许多出版社结合自身的出版特色，开展了多种阅读推广活动，有效地提高了阅读推广的力度和专业化水准。如 2011 年外语教学与研究出版社在北京启动了“书香使者”助学计划，组织了近 50 名志愿者走进哈尔滨、大连、石家庄等 20 多个城市的新华书店，以及一些贫困山区和县城的书店，就如何培养学习兴趣、如何有效学习外语、如何使用工具书等问题为读者义务答疑解惑。这些志愿者大都来自北京大学、清华大学等名牌高校，活动在暑假期间举行，持续近一个月的时间。生活·读书·新知三联书店在书店东南侧开辟了“书香巷”，继开办 24 小时不打烊书店之后，又开始在晚间推出名人讲座。2011 年 10 月，科学普及出版社在北京花市新华书店举行了“品读科学智慧，引领阅读风尚——老科学家校园行百场科普讲座”启动仪式，其后几年一直在推动青少年科普阅读方面积极进行模式创新，持续推出“全民科普阅读”和“青少年科普阅读”项目，与全国少儿图书馆一起进行科普阅读的培训和指导等。

各种民间公益阅读推广组织的兴起，也为全民阅读注入了新鲜的活力，代表者如前文提到的新阅读研究所，该所旨在通过研究和推广阅读，促进学校、家庭和社会关注阅读；推广新阅读理念和阅读方法；通过阅读研究项目和公益活动，营造全民阅读之风。又如“多背一公斤”公益组织身体力行的“多背一公斤”活动，该活动倡导旅游者在出行前准备少量书籍和文具，带给沿途的贫困学校和孩子，并强调通过旅游者与孩子们面对面的交流，传播知识和能力。除了这些公益组织，各地还涌现出一批以一己之力推动当地居民阅读的个人，他们用自己的积蓄购置图书，建成书屋或图书馆。这些来自民间的阅读推广力量，正在为国民阅读推广事业付出涓涓细流般的努力，相信会在未来焕发更为蓬勃的生机，发挥更大力量。

图书馆界、中小学教师、来自高校和各个系统的志愿者、作家、藏书家等利用各自专长，纷纷加入阅读志愿者队伍中来。而这支队伍未来的稳定化和专业化，必将成为全民阅读活动机制的建立所不可或缺的支柱。

五、全民阅读立法——全民阅读步入重要转折期

党和国家对全民阅读的重视，引发了社会各界对全民阅读前所未有的关注和热情。尤其是全民阅读写入党的十八大报告，可谓全民阅读理念在中国发展的一个重要转折——全民阅读从部门、行业的层面正式被提升到国家文化战略层面。随之而来的全民阅读立法工作，可以说是全民阅读从举办活动到摸索机制的一次突破性尝试。

这里还有一段值得注意的小插曲：2013 年 8 月，新华社转载了《光明日报》关于全民阅读立法的简短消息后，迅速被各类纸质和网络媒体广为转载，得到许多公众人物及网民的跟进评论，成为热点话题。通过舆情分析，我们发现，早期评论中有相当一部分观点，包括从事新闻、文化及法律等行业的专业人士和普通网民，对全民阅读立

法持质疑、反对态度，而反对的依据在于认为读不读书是个人的私事，国家无权干涉。甚至有人发问：难道我不读书就犯了法？

这些争论，一方面源自全民阅读立法开辟了我国一块崭新的立法领域，当时尚处于调研和征求专家意见阶段，并未全面公开其内容和构思；另一方面源自人们对全民阅读概念的不熟悉、不理解。然而，随后的舆情分析显示，许多从事阅读推广、新闻出版、图书馆工作、创作工作的专业人士对全民阅读立法进行了合情合理地预测与分析，将其解读为政府的公共文化服务，并抱着积极期待，给予理性建议。这些观点很快成为意见主导，误解的声音很快自然平息，经过近两年的宣传推广，到 2014 年底，地方阅读立法实现突破，则迎来了社会各界的积极评价。

同时，美国、欧洲及我国台湾地区的媒体也对我们的全民阅读立法进行了报道和分析，这些媒体对全民阅读的立法并没有出现认知偏差。例如，美国的《华尔街日报》网站在 8 月 9 日《中国拟立法推动全民阅读引争议》一文中交代立法背景时，分别援引了中国新闻出版研究院 2012 年国民阅读调查结果和皮尤研究中心调查获知的同年美国读者一年的阅读量，表示：“中国人的读书率相对较低。”

“全民阅读立法”的消息所掀起的波澜，可以说是全民阅读理念在我国社会发展转折中的又一个清晰的拐点——从国家、政府层面开始向民间下移。在此之前丰富多元的全民阅读活动，更多地是让人们意识到了阅读的重要性，而并未让其理解阅读与全民阅读的区别。

这次拐点之后，全民阅读以重要的姿态在媒体上频频出现。2014 年，李克强同志宣读国务院政府工作报告时，媒体即刻敏锐地将“全民阅读”提取出来，认为其是政府工作报告中出现的“新名词”。待到2014年上半年《湖北省全民阅读促进办法(征求意见稿)》和《深圳经济特区全民阅读促进条例(征求意见稿)》先后公开征求意见的时候，公众舆论几乎全部是肯定、赞同，认可其公共文化服务的重要属性。

这正如《非物质文化遗产保护法》的重要推动者之一、全国人民代表大会教科文卫委员会文化研究室主任朱兵同志所言，立法过程本身就是一个理念的宣传、推广、普及的过程，“非物质文化遗产”从最初的饱受质疑，到今天的遍地开花，与全民阅读所遇到的问题类似。

2014年11月27日，江苏省人大常委会审议通过地方法规《江苏省人民代表大会常务委员会关于促进全民阅读的决定》(自2015年1月1日起施行)；12月6日，湖北省人民政府省长王国生签署地方规章《湖北省关于促进全民阅读的决定》(自2015年3月1日起施行)。两个地方分别以法规和规章的形式，规定了全民阅读的组织领导机构，明确财政资金要加强对全民阅读的资金保障，将全民阅读工作成效纳入精神文明指标考核体系等，对各地的地方全民阅读立法具有重要的示范意义。此外，《深圳经济特区全民阅读促进条例》也正在推进之中。

长久以来，文化立法是我国立法领域中相对薄弱的环节，仅有《著作权法》《文物保护法》《非物质文化遗产保护法》等屈指可数的几部法律法规，《公共图书馆法》《电影产业促进法》等法律酝酿多年仍未出台。十八届四中全会强调依法治国，文化立法正在迎来暖春。同时，《公共文化服务保障法》正在积极拟定之中，该法作为《全民阅读促进条例》的上位法，在拟定和讨论过程中为后者带来了大量有益的思路。而地方全民阅读立法的突破，则为《全民阅读促进条例》带来了宝贵的实践经验。《全民阅读促进条例》能否尽快出台，对整个全民阅读促进体制的建立，有着划时代的重要意义，而其要能够尽快出台，则离不开全民阅读活动的更加繁荣活跃，离不开宣传推广的更加广泛深入，真正让社会大众理解其概念、欢迎其到来。

六、建立全民阅读活动机制的现实意义

在取得优异成绩的同时，需要正视的是，我国的全民阅读工作还处于起步阶段，国民阅读整体情况还有诸多亟待解决的难题，最突出的问题表现为：国民阅读率和阅读数量虽然逐年增长，但总体水平远低于世界发达国家；社会阅读意识不断提高，但国民阅读能力和阅读质量与世界文化强国相距甚远；阅读资源和设施虽然不断丰富，但尚未能满足广大人民群众的实际需求。这些问题将严重制约国民文化生活水平、民族创新能力和文化软实力的增长。

中国新闻出版研究院自1999年以来发布的12次全国国民阅读调查研究结果显示，1999年，我国国民的图书阅读率为60.4%，此后几年呈现出与经济发展相反的严重倒退趋势，2005年跌至48.7%，引发社会普遍焦虑。此后在多方共同努力下，国民图书阅读率得到缓慢增长，2012年升至54.9%，仍然落后于众多发达国家。2013年我国人均读书4.77本，远低于韩国的11本、法国的8.4本和日本的8.5本。

2012年我国人均拥有公共图书馆藏书0.58册，较国际图联和联合国教科文组织推荐的人均1.5至2.5册的水平存在显著差距。近

年来，农家书屋的全面建设和社区书屋、职工书屋等社会阅读场所的兴建，虽然大大提升了公共阅读资源和设施的覆盖范围，但与发达国家仍差距甚远。

通过对新疆、河北、北京、贵州、上海、湖北、陕西、吉林等地的调研，我们发现，经费的不足、地方政府重视程度不够，导致包括公共图书馆、农家书屋、社区书屋、校园书屋等在内的基层全民阅读设施，普遍存在辐射范围有限、书刊更新频率低、服务大众能力不足、吸引力欠缺等严重问题。普通城市与北京、上海等一线城市的阅读资源、阅读设施也存在着较大的差距，一线城市的偏远地区和繁华地段也存在较大差距。

由于全民阅读理念的接受程度不同，各地文化传统、经济发展水平不同，各地全民阅读的社会参与程度也存在较大差距。例如，在北京、上海、深圳等地，就存在着大量推广阅读、服务大众阅读的经营性或民办非公有单位：前者主要是实体书店，如以开展阅读服务著称的三联韬奋书店、单向街图书馆等；后者主要是民营图书馆、公益组织等，如上文提到的第二书坊、“多背一公斤”组织等。吉林省在2013年率先成立了吉林省全民阅读协会，为全国首家。这些力量的加盟，成为推动全民阅读的重要支柱。

在一般地区，许多私人或组织参与全民阅读促进工作的主要方式往往还是传统的捐书模式，或者建立小规模的公益性书摊、借书室，如乌鲁木齐市的“热合曼书摊”“打工者书屋”，前者是一位患病女教师在北京路摆放的免费读书、借书书摊，后者是一个普通的打工青年用十余年的时间专为农民工建立的一间民间图书馆。

在调研中，我们还发现，很多地区，实体书店尤其是大型新华书店、知名民营书店，在实际中担当着当地全民阅读公共服务的部分职责，而且这些职责在现有技术和环境中具有不可替代性。但令人担忧的是，受到数字化阅读崛起和城市转型的冲击，许多实体书店境况堪忧，售书的薄利不足以承担日益增长的用工及租房费用。鉴于文化产品的特殊性，国家已经开始了一些试点城市试点企业的补贴奖励政策。如何处理好特殊与普遍、市场性和公共文化服务性之间的关系，长久而有效地从根本上改变实体书店的困境，也是我们推进全民阅读制度设计所要深入思考的内容。

从全民阅读理念的内涵与全民阅读事业在我国的发展历程看，必须将其纳入国家文化战略层面，以政府主导、社会参与的方式，实现从倡导推广为主向阅读内容资源和基础设施建设、阅读指导与阅读服务提升的全面发展，切实改善国民读书环境，培养国民读书终身化、常态化，实现国家阅读力的大幅提升，使全民阅读事业成为促进文化改革发展、全面建设小康社会的有机组成部分。通过保障全民阅读的基本性、普惠性、平等性和便利性，实现国民平等享有阅读权利，从而缩小知识鸿沟和城乡文化差距，这关系到促进国家文化软实力、科技创新能力的整体化、可持续发展，对推动社会主义文化大发展大繁荣具有深远意义。

第二章　海外全民阅读活动机制案例分析

如第一章所述，世界许多文化强国都将全民阅读事业作为立国之策，在推进全民阅读的长期努力与大量实践中积累了丰富的经验，并将这些经验沉淀为有效的机制，实现了全民阅读活动组织策划、运营管理、财务经费等各方面的有力保障。本章将逐一分析韩国、日本、美国的全民阅读活动机制，这三个国家的阅读立法具有一定代表性。本章最后还将介绍婴幼儿免费阅读包这项国际性的阅读促进项目的运行机制。

一、以法为纲的振兴政策——韩国

本文将韩国作为本章开篇所介绍的国家，主要是因为长久以来，中、韩同处于儒家文化圈之中，在文化传统和文化特性上有着大量相同之处。已有一些研究表明，中、韩国民的阅读特性也存在着一定的相似性。例如上海交通大学李武副教授通过问卷调查对中、韩、日三国大学生移动阅读行为进行比较，研究结果显示，中、韩两国大学生的阅读移动动机和行为存在一定的相似性，而皆与日本存在较大差异。[①]

（一）韩国阅读立法的社会背景

韩国成立于 1948 年 8 月 15 日"二战"的废墟之中，该国国土面积为 100 210 平方公里，山地居多，资源匮乏，经济和文化发展的先天基础并不优良。但该国却能在战后短短几十年间快速腾飞，电子、汽车等产业居于世界前列，"韩流"挺立于世界潮流之先，这与"二战"之后韩国尽快确立了文化立国战略有着莫大的关系，而政府所大力推进的全民阅读活动，则是文化立国战略中的重要一环。

追溯到 20 世纪 60 年代，作为韩国全民阅读活动的起步阶段，整个社会掀起了关于"为提高素质而阅读"的政策热潮，由政府主导，兴起了"阅读大著书运动""图书馆阅读运动""乡村文库运动"等

① 李武、刘宇、于文：《中日韩三国大学生移动阅读行为的跨国比较研究》，载《出版广角》，2013 年第 18 期。

大规模阅读促进活动。其中，韩国政府针对全民召开的“自由教养大会”，旨在通过阅读古典著作，提高智慧，培养优秀品德，使大韩民族成为富有创意性的民族。具体实践内容包括，在初中、高中及大学二年级的五至八年的期间里，在现行教育制度基础上，开展“著者讲座”及课外阅读计划，推动学生读完经筛选而指定的100册图书。“乡村文库运动”则是政府主导的又一大规模全民阅读促进活动，自60年代末起开始在全国乡村设立“乡村文库”。这种小规模文库类似于我们今天的农家书屋，由社团法人“乡村文库振兴会”主管，缓解了城乡阅读设施与资源的不均衡现象，阅读运动也借此扩散到了田间地头。①

政府的大力倡导，极大地激发了社会各界探讨与实践的热情，不仅出版界、图书馆与各类文化团体身体力行开展了大量阅读活动，在学校教育领域，阅读教育也逐渐深入，越来越具体，自发衍生出了“儿童阅读”“学习阅读”“教学阅读”等概念。“母子阅读社团”“儿童图书研究会”等民间阅读团体亦开始在20世纪80年代勃兴，后者后来将英国的阅读起跑线计划引进国内。1991年，韩国首次出现专门负责阅读教育的机构——“Hanuri阅读文化大学”。②1993年，韩国开始实施全国综合读书指标调查——国民阅读情况调查，该调查在2008年被认定为“国家认证统计”，每年开展。③我国中国出版科学研究所（中国新闻出版研究院前身）在准备开展我国的全国国民

---

① [韩国]朴滕救：《韩国国民阅读运动的成果与反思》，在中韩第十五届出版文化研讨会上的发言，2013年8月15日。

② 同上。

③ [韩国]李钟国：《韩国国民阅读情况调查》，载郝振省等主编：《中国阅读——全民阅读蓝皮书（第二卷）》，中国书籍出版社、海天出版社2011年版，第464页。

阅读调查之前，也曾经仔细考察过韩国该项读书调查的经验。

在教育、文化政策和法规的制定中，韩国政府也向国民阅读促进活动倾注了大量精力，这些制度的设计，成为全民阅读活动开展的有效保障机制，而国家全民阅读活动长效机制的建立，则是随着法规制度的发展和推进而不断成熟稳健的。将其视为韩国全民阅读活动机制的重要特点而加以深入分析，对我国全民阅读立法的制定工作有着积极的启发和借鉴意义，这也是我国全民阅读活动机制建立的当务之急。

韩国的司法制度属于大陆法系，但受美国法律的影响较深。在该国的法律体系中，宪法是国家的基本法，法律则是在宪法的指导或授权下，由国会制定，通常称为“某某法”——《阅读文化振兴法》即属于这一层级。由行政机关制定的总统令，依据的是行政立法制定的有关委托事项及执行等必要事项，不必通过国会，如《阅读文化振兴法施行令》。其下还有总理令和部门令，以及依据宪法及法律规定拥有自治立法权的地方自治团体制定的地方事务方面的条例、规则等。[①] 通过对韩国有关阅读促进与保障的法律的考察，课题组发现，其法律体系已经相当完善。

（二）阅读法的萌芽

对阅读的促进与保障，最初可见于韩国图书馆法系之中。1963年，韩国颁布了《图书馆法》，此后经历了四次重大修订或制定新法，主要是：1987 年的《图书馆法》、1991 年的《图书馆振兴法》、1994 年的《图书馆及读书振兴法》以及 2006 年的《图书馆法》。除了颁布和制定相关的法律施行令与实施规则外，还多次对全文进行了修订

① [韩国] 李炳穆：《韩国图书馆法》（太贤淑译），载《图书情报工作》，2008 年第 6 期。

或重新制定。截至 2008 年 4 月 1 日，已修改 23 次。现行的版本为 2006 年的版本，其中清晰明确了图书馆阅读推广的社会责任，如第二十八条所规定的：“公共图书馆应确立及实施读书生活化计划，组织或召开演讲会、展示会、读书会、文化活动以及终生教育的相关内容。”[①] 此外，鉴于学校阅读意义的重要性与特殊性，2008 年 6 月，教育科学技术部还专门设立了《学校图书馆振兴条例》。

在 1994 年的《图书馆及读书振兴法》中，我们已经看到了为促进读书而进行法律规定的雏形。在图书馆法中加入读书振兴的内容的初衷在于：随着社会发展，图书馆在促进国民阅读方面存在的不足逐渐暴露，为了给更多国民提供读书的机会，为现行的全民阅读活动提供足够的法律保障，有必要加入设立“文库”与设立“读书振兴基金”“读书月”等“读书振兴”的内容，实现振兴国民阅读的愿景。这次法律的修改的现实背景是，出版界以世界图书年为契机提出了立法提案——《国民读书振兴法案》，[②] 新法则将该法案融入法律框架之中，扩充了促进国民阅读的主体，扩大了促进国民阅读的责任和义务范围。

《图书馆及读书振兴法》第一章第一条即规定：“本法律规定了图书馆及文库的设立、管理和读书振兴等必备的环境、设施。其目的有助于建立健全图书馆及文库完整的制度，加强读书活动的开展，为社会各领域提供情报知识，提高其流通效率，推动文化的发展及终身学习的开展。”

第二条规定：“‘文库’指虽然起到图书馆的一般作用，但没有达

---

① [韩国] 李炳穆：《韩国图书馆法》（太贤淑译），载《图书情报工作》，2008 年第 6 期。

② 同上。

到第五条规定的图书馆基本规模的读书设施。”

第九条提出，“政府可以设立图书馆及读书振兴基金”，并规定基金由文化体育观光部部长管理、支配。

第十条对“图书馆及读书振兴委员会”做出规定，“在文化体育观光部设置图书馆及读书振兴委员会”。

该法第七章详细规定了文库的设立、管理机制。

第九章则专章规定“读书振兴”，其内容包括确定国家及地方自治团体的任务，规定国家及地方自治团体“必须努力给国民提供读书教育的均等机会”。同时规定“必须设立读书月”，对读书振兴活动有贡献和读书有业绩者给予奖励表彰，并规定了如何“发展和培养（学校的）读书集会”。①

通过文本分析，我们看到，该法对明确全民阅读推广活动中的责任主体、设施和资源建设、振兴重点、奖励机制、财政保障，都有了探索性的突破，为日后阅读方面的专门法规的出台奠定了最初的基础。但也不可否认，读书振兴与图书馆两方内容有机联系性不强，给人以一部法律规范两件独立事务的割裂感。韩国延世大学的学者李炳穆表示，这次法律的出台是因为前文所提到的《国民读书振兴法案》由出版界提出后，图书馆界“认为该提案易侵害图书馆权益，阻碍图书馆的发展”，对此，国会采取了政治上的折中办法，说服两方，将两方的主旨内容融合到了一起。②

（三）阅读专门法的诞生与完善

这种融合有背后时代大趋势的内在规律推动，但限于当时的视

① 王岩：《韩国的〈图书馆及读书振兴法〉》，载《图书馆学刊》，2001 年增刊。

② 同上。

野和思路，融合并不完美。此后，该法由于内容和形式缺乏一致性，受到了社会各界的批评。2007 年，“读书振兴”正式从图书馆的法律框架下分离出来，由国会通过了《读书文化振兴法》，2009 年对内容进行了部分修改，最近于 2013 年 3 月再次修订，更名为《阅读文化振兴法》。

2009 年的《读书文化振兴法》中将“读书文化”定义为“主要以读写文字形式表现的内容而形成的精神文化活动和其文化行为”，并对“读书资料”进行了定义，“是指读书活动所需资料，包括文字形式的图书、连续出版物等印刷资料、视听资料、电子资料及残疾人使用的特殊资料等”。2013 年的《阅读文化振兴法》则仅在第二条中对阅读文化进行了定义：“以阅读文字内容为活动中心，由此形成的精神层面的文化活动及精神产物。”未再提出对读书资料进行定义，究其原因，是因为 2013 年的定义已经包含了阅读载体、阅读内容、阅读意义在内的阅读文化的含义，其所规范的内容，是包括各种载体在内的广义阅读。

从法律文本上看，《阅读文化振兴法》共设 5 章 15 条，简洁凝练，但亦不乏对细节的关注与推敲，如规定“学校负责人要在学校内配备一名以上的图书管理员或专门负责阅读活动的教师”、地方自治团体每年“至少举办一次有关阅读的活动，并支持与振兴阅读相关的机构或团体举办该活动”等。这建立于韩国文化立法的深厚基础和政府多年制定政策推进全民阅读长效机制建立的经验之上，其背后还有与之配套的总统令、五年规划、年度实施计划等细则，以保证其落地。

第一章“总则”包括目的、定义、国家及地方政府的责任、与其他法律的关系。

第二章“制定阅读文化振兴基本计划等”规定了阅读文化振兴基本计划的责任方——“文化体育观光部部长与相关中央行政机关每隔五年进行商讨，制定并施行振兴阅读文化基本计划”；计划的具体内容要求；还特别规定“有关基本计划的制定及施行，在文化体育观光部做出要求时，如无其他特殊情况，相关机关或团体必须给予配合”。该章还规定了年度实施的计划的方案。

第三章专章规定了“阅读振兴委员会”的设置组成方式。

第四章从提供阅读教育机会、地方的阅读振兴、学校的阅读振兴、工作单位的阅读振兴、读书月活动等五方面规定了“阅读振兴”的重要内容。

第五章为补充规定，强调了相关机构的协作机制，行政、财政等保障措施，以及规定政府要编制年度报告书，在定期国会开幕之前提交国会。

回顾1994年的《图书馆及读书振兴法》，我们看到读书振兴委员会、读书振兴、读书月等重要内容都延续下来，所不同的是，“阅读”从具体活动、基础建设层面上升到了文化的高度，国民阅读的重要意义得到了进一步地凸显。

反思韩国阅读立法的进程，我们可以看到，韩国将阅读视为一项事关全体国民和整体国力的重要文化事业。《图书馆及读书振兴法》所存在的不可调和的分裂，源于促进全民阅读是一项公共文化事业，远非图书馆立法的框架所能囊括内涵、解决问题，与图书馆促进并列论述，更是逻辑上的错误。相反，图书馆阅读促进与推广是属于全民阅读促进的大范畴之内的。因此，阅读最终挣脱了图书馆立法的框架，经过19年的不断调整、发展，脱胎换骨成现在的《阅读文化振兴法》。在现有的文本中，我们可以看到，阅读文化的振兴既要有主管部门组织实施、肩负责任，又要有各部门的协调、全社会的参与，完全超越了1994年图书馆与出版界的行业利益之争，而以整个大韩民族的福祉为最终目标。

（四）阅读法的实施与效用①

1. 总统令。《阅读文化振兴法》有配套施行的“总统令”，以规定该法之中的委托事宜及其相关施行事项。以2013年1月16日修订的第24314号总统令来看，该令共12条，主要内容包括：阅读文化振兴基本计划的通报；年度施行计划的制定、实施；阅读振兴委员会审议事项；阅读振兴委员会的构成；阅读振兴委员会委员长的职责；“阅读振兴委员会会议”要设置五名以内的专门委员；需在委员会设置干事一名；活跃工作单位的阅读活动的必要对策；读书月具体活动规定；国家颁发阅读文化奖。

2. 阅读文化奖。韩国政府于1995年设置“阅读文化奖”，每年评定一次，该奖是阅读文化振兴领域（包括图书馆界、全民阅读运动、团体阅读活动等）最高奖项。每年评出“总统奖”一至两名，奖金每人200万韩元；“国务总理奖”两名，每人100万韩元；“文化体育观光部部长奖”若干名，每人约20万韩元。该奖项奖励对促进全民读书运动和打造读书环境有贡献的人物和机构、团体。总统奖和总理奖获得者要在过去五年中做出成绩，部长奖获得者要在过去三年中做出成绩。颁奖日期一般设在9月读书月。

① “（四）阅读法的实施与效用”一节主要根据群言出版社刘占凤博士翻译的一手资料整理编写。

选拔方式为中央行政机关、地方政府推荐和公众在文化体育观光部主页公开推荐两种形式，需要推荐对象提供业绩证明。

各地方政府也有的设置了本地的“阅读文化奖”，还有民间组织主办的相关奖项。有些学校也会在本校组织“阅读文化奖”，奖励热爱读书及积极参与读书活动的学生。

3. *阅读文化振兴基本计划*。为了落实《阅读文化振兴法》第二章中“制定阅读文化振兴基本计划等”的规定，文化体育观光部部长主导每五年出台的国家基本计划“阅读文化振兴基本计划”，迄今已经出台了两个五年计划:《阅读文化振兴基本计划(2009—2013)》《阅读文化振兴基本计划(2014—2018)》。地方自治机构也制定了本地的基本计划，并按照年度制定实行。如“2013 年蔚山市读书文化振兴计划”分为“打造读书氛围”“读书的生活化”“展开读书运动”“特殊人群读书支援”等四大主题，由 24 个大项目、72 个小项目组成，总投资 22 亿韩元。

4. *阅读教育项目的开发普及*。阅读教育是《阅读文化振兴法》重点强调的部分，这部分的主要任务归属于教育科学技术部。教育科学技术部于 2009 年 9 月发布了《学校读书教育及图书馆活跃化方案》，内容包括资助学生及家长读书互助会，通过读书补助帮助后进学生，并开展图书馆资助等。该部 2011 年 7 月又发布了《小学、初中读书活跃化方案》。该部还开发了读书教育综合支援系统，对象是能熟练使用电脑的中小学生，目的是让他们能利用电脑自由开展阅读及多种多样的读书活动。学生注册登录后，可以自由选择书籍阅读，读后可以写下日记、读后感、书评等，系统提供在线阅读考试。教师在这一过程中全程参与，并根据系统给出的学生阅读测试结果，因人制宜，开展教学活动。该系统也可以提供学校图书馆借阅、归还等服务，在韩国中小学被广泛运用。各地区因地制宜，开展了各种支援儿童读书的活动，如有些地区对学龄前儿童每月发放一定数额的读书补助。

在国家立法的带动下，韩国许多市、区都建立了本地区的阅读文化振兴条例与计划，这些法规在保障全民阅读促进机制的稳定性的同时，也增强了机制内部的不断繁衍和创新能力。2008 年，韩国在推行实施阅读文化振兴的第一个五年计划时，文化体育观光部便向阅读推广基础设施、阅读教育、出版产业振兴、各类阅读推广活动以及弱势群体阅读保障等项目投资了 116 亿韩元。[①] 在阅读文化振兴计划的不间断推动下，该国在改善阅读环境、提高国民阅读习惯、促进未成年人阅读、重要群体的阅读特殊保障方面都不断创新项目与方式，取得了一定成绩。上文提到的韩国国民阅读调查数据显示，近年来该国成年人图书阅读量始终在 10 本以上，并有所增加，未成年人的增幅更大。

二、无微不至的阅读国度——日本

日本自 19 世纪 70 年代明治维新以来，经济、军事、文化皆居于亚洲领先地位，这得益于日本积极引进西方的思想与制度，从而迅速提高了国民文化素养，其中就包括对西方阅读公共服务、推广理念的借鉴。

1902 年，学者吴汝伦对日本进行学制考察期间，细致地考察并记载了关于日本图书馆的所见所闻，发现图书馆“有官立，有公立，

① 刘学燕：《韩国儿童青少年阅读推广现状及启示》，载《山东图书馆学刊》，2013 年第 2 期。

有私立”，形式多样；馆藏是“本国外国古时今时各图书”，“广收博辑，无所不备”，“足以待学者之考索”；图书馆员“查检书目，送书收书，皆极速”，服务娴熟专业。[①]这种源自于西方的公共阅读设施的引入，在一定程度上，佐证了日本已经实现“脱亚入欧”，为知识的更新与流转创造了优良的环境。2005年，日本公共图书馆共有2972座，我国2009年全国公共图书馆才共有2850座，[②]对比两国国土与人口数量，即显示出我国在阅读基础设施方面仍与日本存在巨大差距。

2013年10月8日，经济合作与发展组织发布了首次“国际成人能力评估项目”调查结果。调查于2008至2013年期间实施，以英国、法国、德国、美国、加拿大、奥地利、比利时、爱尔兰、意大利、澳大利亚、丹麦、芬兰、荷兰、挪威、瑞典、波兰、韩国、日本、爱沙尼亚、俄罗斯、捷克、斯洛伐克、西班牙23个国家的15.7万名成年人（16周岁至65周岁）为调查对象，每个国家随机选取5000人左右。主要比较他们的数学、阅读和解决问题三方面的能力，其中阅读能力是考察理解文章并进行应用的能力。调查结果显示，在阅读能力方面，日本成人居首，美国成人排第九名，日本最高学历为“初中毕业”的人的阅读能力也要高于美国及德国等“高中毕业”的人。对此，日本相关专家表示，这是日本较早开始普及义务教育，并注重培养民众阅读、写作、计算能力的结果。[③]

阅读并非人类与生俱来的能力，日本之所以遥遥领先于他国，在

---

① 程大立：《吴汝纶对日本图书馆的考察和认识》，载《淮北师范大学学报（哲学社会科学版）》，2013年第1期。

② 乔菊英、蔡兴彤：《当前亚洲主要国家的国民阅读状况之比较研究——以日本、新加坡、中国为例》，载《图书情报工作》，2009年第13期。

③ 信息来源：经济合作与发展组织官方网站。

于其优秀的阅读活动推广实践。

相对亚洲其他国家，日本的国民阅读促进活动亦起步较早，既有始于“二战”前的“读书周”活动，又有引进了西方的先进经验和成功措施的阅读起跑线计划，从而使大和民族对阅读的热爱举世闻名，国民阅读的阅读能力成为传承文化、孕育创意的沃土。日本的动漫文化席卷全球，日本的学者和作家多次斩获诺贝尔物理学奖、文学奖、化学奖、医学奖……这或多或少都体现了民族阅读的力量。

1945 年，日本投降后，对战时军国统治下的文化管制政策进行了深刻的反省，并逐步确立了“内容不干预”原则。由此，日本政府既不能干预文化内容，又要鼓励并创造条件，让日本公民可以享受到各种文化娱乐，只能采取间接资助、重点投资的方式鼓励被认为是优秀的文化艺术活动。[①] 这项原则，与日本图书色情文化的泛滥不无关系，但对于青少年而言，日本阅读推动机制却明确提出要推行优秀书籍。自“二战”后至今，对青少年群体的阅读推广成为日本全民阅读事业的重中之重，围绕该项事业，社会各界发起了形形色色的项目，共同努力。日本政府则起到了称职的主导作用，通过颁布《少年儿童读书活动推进法》，将少儿阅读活动机制上升到国家战略的层面，对少儿阅读进行专门立法，这在全球来说，也是罕有的。关注少儿阅读，是日本这个读书大国最鲜明的特色。

（一）日本少儿阅读推广的社会力量

1947 年，日本由出版界牵头，书籍出版协会、日本杂志协会、教科书协会、日本出版代理协会、日本书店商业组合联合会、日本图书馆协会和学校图书馆协议会等七家团体发起成立了“读书周实行委

① 欧阳安：《日本文化政策解读（上）》，2012 年 7 月 27 日《中国文化报》，第 3 版。

员会”，[①]1959 年更名为“读书推进运动协议会”，此后一直致力于在全国组织各类读书活动，推介书籍。同年，“儿童读书推进会议”规定每年 5 月 1 日到 14 日的两周为“儿童读书周”。今天，日本的都道府县中有 41 个设有“读书推进运动协议会”的分支机构，在全国儿童阅读活动推广中发挥了重要作用。此外，还有 1953 年成立的儿童图书研究会、1956 年成立的儿童图书馆分科会、1967 年成立的日本亲子读书中心等。还有 20 世纪 60 年代由儿童作家发起的亲子阅读运动，该运动还推动了日本“家庭文库”的发展，即一种为当地儿童服务的小型儿童图书馆，从而弥补了公共图书馆体系中儿童阅读服务的不足。[②]

包括出版界在内的日本社会往往有一种高度的危机感，无论是对自然环境，还是社会发展，我们往往可以听闻其极度悲观的论调。例如一度广为传播的“日本出版大沉没”相关著作及观点，以及对日本国民远离活字（汉字）、沉湎于数字化阅读和图片阅读的现象而表现出来的焦虑——认为这种阅读会越来越消减日本国民的创造力，从而担心韩国和中国后来居上。对此，课题组也曾咨询过日本出版、文化方面的学者，并将日本阅读情况与其他国家进行了对比，认为这些“危机”的论调言过其实——或至少比其他国家仍然好得多。但不得不承认该民族敏锐的预见性，令人钦佩的是，他们能够防患于未然，迅速制定应对措施，乃至诉诸法律层面，从而影响未来。日本对少年儿童的阅读促进机制即是一个绝佳的案例。

① 曹磊：《日本阅读推广体制研究》，载《国家图书馆学刊》，2013 年第 2 期。

② 万亚平：《日本“儿童读书推进运动”评析》，载《新世纪图书馆》，2010 年第 1 期。

（二）日本少儿阅读政府促进机制分析

日本从国家和政府层面对少儿阅读建立促进机制，正式起步于2000年前后。1999年，日本国会和政府将2000年确立为“儿童阅读年”，并在2000年举办了贯穿全年的活动，从而更大范围地引发了社会各界对少儿阅读的关注与投入。以此为契机，2001年12月，日本国会通过了《少年儿童读书活动推进法》，这可以说是一项世界创举（课题组尚未发现世界其他国家有针对少年儿童阅读所设立的专门法律）。2002年8月，日本内阁根据《少年儿童读书活动推进法》的第八条第2项“推进少年儿童读书活动基本规划的制定，政府须及时向国会报告、公开发布”，发布了《推进少年儿童读书活动基本规划》，并自2002年起，根据推进法的规定，将4月23日定为“少年儿童读书日”。

有了法规的保障，日本少儿阅读活动促进工作有了质的飞跃，这集中体现在资金的投入上。2002年，政府分五年投入650亿日元给学校购买图书、改善少儿读书环境。[①]2007年又开始了新的为期五年的“学校图书馆图书充实计划”，投入1000亿日元购买约2600万册图书充实和完善学校图书馆的馆藏。

日本政府还以建立公益基金的形式，吸引和支持社会各界共同参与少儿阅读促进活动。这主要是指2000年日本国立青少年教育振兴机构成立的“孩子的梦想”基金，主要用于支持各种儿童成长体验活动、儿童阅读活动和儿童教材开发普及活动，需要资金支持的团体可以提出申请。2012年，关于儿童阅读活动的申请共有596件，

---

① 万亚平：《日本“儿童读书推进运动”评析》，载《新世纪图书馆》，2010年第1期。

通过438件，总支持额度为1.61亿日元。[1]

2005年，日本又通过了《文字及印刷品文化振兴法》，该法的重要目的之一在于促进国民阅读以字书写的印刷出版物，“从而为实现智慧理性、精神丰富的国民生活及充满活力的社会生活做出贡献”。[2]该法律对学校教育中对公民阅读能力的培养进行了专门规定，这项法律，即是针对日本的新生代“远离活字”而设置。

（三）日本少儿阅读法规分析

1.《少年儿童读书活动推进法》

该法以11条的简短篇幅，论述了少年儿童阅读的重要意义，指出要给所有少年儿童提供读书的机会和场所。该法主要有两个重要特征：一是明确规定各个主体对促进少年儿童阅读所承担的职责，这些主体包括国家、地方公共团体、经营者、监护人、学校、图书馆等相关机构；二是要求中央及地方政府制定详细的推进计划。政府必须制定“推进少年儿童读书活动基本规划”，规划制定后必须立刻报告国会，同时公开发布。以基本规划为依据，都道府县必须制定都道府县“少年儿童读书活动推进计划”，市町村也必须制定市町村“少年儿童读书活动推进计划”，这些推进计划也必须公之于众。

除此之外，还确立了每年4月23日为少年儿童读书日，并要求国家及地方公共团体努力寻求财政上的必要措施及其他方面的举措，以确保少年儿童读书活动推进政策顺利实施。

职责分明之后，这种极简的法律表述背后有着详细的实施措施的支持——五年一次的《推进少年儿童读书活动基本规划》详细体

---

① 曹磊：《日本阅读推广体制研究》，载《国家图书馆学刊》，2013年第2期。

② 日本《文字及印刷品文化振兴法》第一条。

现了阶段性的具体推动措施和运作机制。

2.《推进少年儿童读书活动基本规划》

2002 年 8 月公布的《推进少年儿童读书活动基本规划》，译成中文后字数多达万余字，明确了大约五年间少年儿童阅读政策的基本方向及具体策略。整体看来，该规划充分体现了日本注重细节之美的特征，无论是“前言”中论述制定规划的意义，还是在随后“基本方针”和具体规定中，都平实地论述了如此规定的原意及意义，并以举例的方式，给予实施主体以启发、指导。如第三章第一条对家庭推动少儿阅读进行了如此的表述：

> 在家庭中，可以通过父母读故事给孩子听，或是和孩子一起读书来为少年儿童创造接触书籍的机会；也可以通过制订“读书时间表”来让孩子养成读书的习惯；或是通过与孩子交流在读书过程中的想法与感受来激发孩子对读书的兴趣和热情。

通篇阅读，就能够了解在《少年儿童读书活动推进法》中为何要反复强调各级政府要公开推进规划和计划，不仅仅是从政务公开的角度考虑，也是因为这份规划的目的正是要加强社会各界、普通民众的重视，推动他们的真正参与。

该规划分为四章，分别是：

> 第一章　前言
> 第二章　基本方针
> 第三章　少年儿童读书活动推进政策

第四章 为有计划推进所采取的必要事项

在“基本方针”中共提出三个方针：一是政府要为少年儿童提供与书籍亲近的机会并建立和完善相关设施；二是政府要加强促进包括家庭、社区、学校在内的全社会力量的合作；三是政府要通过公众教育和推广普及，提高包括监护人、教师、保育员等在内的公众对少年儿童阅读的关注和认识。由此看来，政府的责任是为少年儿童建立一个全面的、无微不至的阅读环境，让少儿能在其中平等享有阅读的权利，养成阅读的习惯。

“少年儿童读书活动推进政策”这一章分为四个部分。

第一部分，论述了家庭、地区、学校对推进少年儿童读书活动的重要作用。对于家庭如何推进少儿读书活动，该规划给予了几个启发性的示例。同时要求市町村政府举办以家庭教育为内容的讲座，向父母分发《家庭教育手册》《家庭教育笔记》，从而加强家庭亲子读书活动互动。之后，该规划又论述了图书馆、民间团体推进少儿读书活动所需要采取的措施，如图书馆要为家长举办读故事会、座谈会等，举办儿童读物推荐系列展，指导家长如何读书给孩子听以及如何选择书籍、推荐书籍等。

规划在论述学校对少年儿童读书活动的推进时指出，学校要“有计划地使用学校图书馆，有效利用图书馆资源，完善学生和儿童自发积极进行的学习和读书活动”；要培养学生和儿童读书习惯，提供读书指导；要根据不同年龄段培养学生和儿童乐于读书的态度，形成良好的读书习惯，因此需要进一步推广已在 8000 多所学校实施的“早读”“听读”等活动；各学校还要在学校设置图书角、针对教师举办与读书指导相关的研究讨论或介绍最新的指导方法等。学校通过与家庭、地区的合作共同推进少年儿童读书活动的展开；要加强残障少年儿童读书活动的推进，如利用视听辅助器、盲文信息网络、盲文书籍资料等让残障少年儿童体验到丰富多彩的读书活动；幼儿园、保育所要通过读故事、接触绘本等推进幼儿读书活动；规定市町村要设立和完善相关设施和机构为少年儿童创造读书环境，要加强公共图书馆管理和馆员培训，通过推进设置分馆、流动图书馆、儿童室、残障少年儿童图书设施及馆际互借等，以确保少年儿童读书所需的必要空间。其中，对学校图书馆的措施规范篇幅极长，涉及内容、设施、服务等方方面面，细节到位，系统严密。

在论述宣传推广方面，详细规定了用以确保少年儿童读书日的宗旨得以实现的诸多宣传推广措施，并提出要奖励优秀的少儿阅读活动案例及对儿童文学领域有突出贡献的作家。依据《儿童福祉法》第八条第7项规定，要求在社会保障审议会之外，设置福祉文化分科会，将有利于儿童福祉的出版物作为儿童福祉文化财产推举出来。要求将这类优秀书籍的目录发至图书馆、儿童福利院、视听图书室，并在家庭、地区内普及和宣传优秀图书。

众所周知，日本一直以教育和国民文化整体水平高而著称，阅读设施发达而领先，但在《推进少年儿童读书活动基本规划》中，我们并未发现有太多令人惊异的创意方法，无论是推荐优秀图书、加强阅读教育还是开展读书活动的具体措施，都在同时期或较早时期在其他国家普遍存在。但其最为突出的特点有两个：一是不断反复强调阅读对于少儿的重要意义，并不断反复忠告家长、校长、教师、保育员、图书馆员等相关人员需要认识到培育少儿阅读的重要性；二是注重细节，作为一个政府面向全国制定的五年规划，我们看到了制定者不厌其烦地规范到细枝末节的努力，通过提出各种启发式、忠告式的建议，以及具体操作方式，试图为少儿创造一个无微不至的阅读环境，令人钦佩和赞叹。

日本的做法给予我们深刻的启示：少年儿童阅读是文化种子发芽与成长的基础土壤，今天的精耕细作，将换来明天的参天大树。

三、少儿阅读促进机制的广袤试验田——美国

美国对于未成年人阅读的推进工作，从制度、投入、科研等方面，都堪称世界的先行者，形成了集政策法规、机构标准、绩效评估、科学研究于一体的国家推广体系，积累了丰富的经验。

（一）阅读为主轴的教育政策的由来

长久以来，阅读都是美国教育政策的主轴。早在17世纪美国建国之前，远离故土的殖民者们就出于宗教和文化传承的考虑，通过立法的形式确保儿童学会阅读。如1647年马萨诸塞大法院通过了一部重要的法律——《祛除老魔鬼撒旦法》，认为不能阅读是魔鬼撒旦在企图使人们远离《圣经》，由此所有儿童都必须学会阅读。[①]

美国建国以后的岁月中，应国家培养优秀公民的需要，阅读教育在政策、研究、实践方面都取得极其丰富的成就，不过也曾出现过一些逆流。19世纪末20世纪初，约翰·杜威和斯坦利·霍尔等被认为持进步主义教育主张的知名学者公开强调儿童八岁之前不应学习阅读，否则身心将受到伤害。这些观点极大地影响了美国的小学教

① 张燕：《20世纪80年代以来美国阅读教育改革与发展研究》，福建师范大学硕士学位论文，2011年5月。

育。直至20世纪50年代,鲁道夫·弗莱斯出版了《为什么约翰不能阅读》(*Why Johnny Can't Read*),该书对进步主义教育主导下的美国阅读教育提出质疑,并引发全国性的大辩论。这场争论在研究者的实地调研中渐渐平息,新的阅读教育观点认为,阅读方法并非非此即彼,但无论如何,不能扼杀儿童的阅读乐趣,[①]也就是说,培养儿童的阅读兴趣,是阅读教育的基础。

1983年,美国国家优质教育委员会(The National Commission on Excellence in Education)向政府和教育部提交教育报告《国家在危机中:教育改革势在必行》(*A Nation at Risk:The Imperative for Educational Reform*),指出:国际阅读能力测试显示,美国学生落后于其他先进国家;通过简单测试,显示大约2300万美国成人是半文盲(功能性文盲,指受过传统教育,会基本的读、写、算,但不能识别现代信息符号及图表,不能用计算机进行信息交流与管理,不会操作现代生活设施,与现代生活接不上轨的人);约13%的17岁青少年可以被认为是半文盲,在少数民族中这一比例高达40%。美国政府为之付出了巨大代价:公司和军队领导抱怨要花费几百万美元补习员工和士兵的阅读、书写、拼写和计算等基本技能,例如海军总部报告说1/4的新兵阅读水平达不到九年级。[②]

这项报告引发了美国政府和社会各界的危机感和深刻反思,自此之后,以美国历任总统为首的政府都将推进未成年人阅读视为重要国策和教育主轴,以法案、政策措施的方式不断推进。这些政策的基调,则是1983年的另一份报告所定。

① 张燕:《20世纪80年代以来美国阅读教育改革与发展研究》,福建师范大学硕士学位论文,2011年5月。

② 同上。

（二）作为总统工程的阅读教养

1983 年，《阅读之国：来自阅读委员会的报告》由全国教育研究院（National Academy of Education）组织的数名知名阅读专家所组成的阅读委员会发布。报告分为七个部分，详细说明了阅读的相关知识、阅读教育的要素并给出了建议。此后，美国的阅读事业的地位日益明晰和显要，开始了从写入国家政策、政府组织全国性活动，到写入法制、成为总统和政府重要政绩的光辉之路。

1991 年，老布什总统签发了教育部长亚历山大起草的《美国 2000 年教育战略》，其中第五个目标为：每个成年美国人将能读书写字，并将掌握在全球经济中进行竞争的本领和责任。

1. 阅读挑战——克林顿时期

1997 年，克林顿总统于 10 月 21 日在白宫做了“美国阅读”动员报告，同年发起了“美国阅读挑战”（America Reads Challenge），成立了美国阅读挑战办公室。该计划的目标是让所有美国儿童在三年级末达到独立有效地阅读的水平。该计划试图动员美国全体公民的力量，并对各组织团体和不同角色、职业的个人，提出了具体的要求。发动的对象包括父母，学校，雇主，祖父母，年长者，邻居和其他有关的公民，社区、文化和宗教组织，高校等。为此，克林顿还在同年签署了“美国阅读工读项目”（America Reads Work-study Program），旨在通过支付报酬的方式鼓励大学生参与阅读挑战，帮助家长和儿童提高阅读能力。该项目计划一年中有 1100 所大学和学院加入，另有 3300 所大学及学院获得联邦工读基金。[①]“美国阅读挑战”的重点帮助对

① 张佳琳：《美国阅读教育政策发展之探究》，载《教育资料与研究》（台湾），2010 年第 4 期。

象，是家庭贫困、残疾或父母教育水平低下等存在阅读困难的儿童。①

同年，美国国家研究院成立了早期教育委员会（The Committee on Early Childhood Pedagogy），儿童阅读研究是该委员会的重要研究议题。经过大量细致研究，1998 年发布了题为《预防幼儿阅读困难》（*Preventing Reading Difficulties in Young Children*）的研究报告，1999 年又发布了《正确开始：提升儿童阅读成就指引》（*Starting Out Right: A Guide to Promoting Children's Reading Success*）研究报告。这两份报告，尤其是第一份报告，成为此后近 20 年间美国儿童早期阅读促进工作的奠基性文献，在一定程度上，平息了有关儿童早期阅读的诸多争论。

美国教育部还专门成立了克服儿童阅读困难委员会。配合美国阅读挑战计划，编制了“做好阅读准备”（Ready Set Read）幼儿阅读发展教材，提供给全美托儿中心及民众作为 0—5 岁幼儿的阅读引导教材。②

1998 年 1 月，克林顿批准了“21 世纪社区学习中心”建设计划，确保“让每一个孩子在放学之后，均有一个安全而且对身心有益的去处”。这些社区中心与图书馆、高校、阅读志愿组织等合作，为孩子提供书籍和看书的场所，成为整合包括家长、志愿者、社区、宗教组织甚至军事单位在内的重要儿童阅读促进平台。其建设计划是 1998 年在全美建成 1601 个社区学习中心，为 40 万名学生提供课后辅导。在 2000 年时，经费增长为 6 亿美元，增加 3000 个社区学习中心，服

① 郑国民、杨炳辉：《“美国阅读挑战”及其启示》，载《学科教育》，1999 年第 10 期。

② 张佳琳：《美国阅读教育政策发展之探究》，载《教育资料与研究》（台湾），2010 年第 4 期。

务1600万名中小学生。[①]

1998年5月，美国阅读挑战办公室关于《卓越阅读法案》（Reading Excellence Act）的提案经国会通过，并由克林顿总统签署生效，这标志着美国正式将阅读促进从政策层面提高到法制层面。该法规划以2.6亿美元推动儿童及其家庭阅读工作。克林顿还依照该法对《初等和中等教育法案》第二款的相关内容进行了修改，加入有关阅读方面的条文。

1999年，美国众议院又通过了《卓越阅读计划》（The Reading Excellence Program），该计划配套《卓越阅读法案》实施，整合了社区学习中心、阅读挑战、阅读工读项目等，通过竞争性经费补助及举办活动，鼓励和支持各州参与这项阅读促进计划，取得了显著的成效。

2. 阅读“扶贫”——小布什时期

2002年，小布什总统签署了《不让一个孩子掉队法案》，该法案是《初等和中等教育法案》的修正案，后者于2001年在参众两院通过，其中确立以“阅读优先”为教育政策的主轴，这获得了民主党和共和党的一致支持。小布什总统认为该法出台的理由在于：美国人正在变成两种公民，会阅读的公民和不会阅读的公民，由此有必要采取措施，努力保障低收入家庭的孩子拥有平等的阅读能力提高机会，从而保证美国的每一个孩子都不掉队。

就阅读问题，《不让一个孩子掉队法案》制定了两项方案：一、针对从学前班到小学三年级儿童的阅读优先计划；二、针对学前儿童的早期阅读优先计划。

对于以上两项方案，《不让一个孩子掉队法案》规定在2002—

① 张佳琳：《美国阅读教育政策发展之探究》，载《教育资料与研究》（台湾），2010年第4期。

2007年，两项计划每年分别投入9亿美元和7500万美元。此后，这些经费逐年上升：阅读优先计划2002年的经费为9亿美元，2003年超过9.93亿，2004年10.24亿，2005年超过10.24亿，2006、2007年均超过10.29亿。数额庞大的资金也导致了政府和社会的不满，白宫拨款委员会在2008年金融危机时将该项拨款大幅削减了2/3。早期阅读优先计划每年的资助金额及资助项目数量亦基本呈持续上升态势。

2010年及以后，国家停止了财政拨款，但这并不意味着该项目的结束，[①] 阅读优先计划所制定的标准，在许多地方和教育机构被保留下来，成为固定的推进方案。

这些资金主要是针对最需要资助的贫困地区和学校，除了用于学校阅读教育的探索与改革外，还可以用于提高培训教师阅读教学技能、作为教师的奖励资金、推进亲子阅读等家庭阅读项目、对阅读障碍儿童进行早期干预、提供课外阅读辅导、支持图书馆等阅读设施建设等。

接受该法案的州，需要通过竞争程序获取教育部划拨的经费，州教育部门再经过竞争程序，将经费划拨给地方教育部门。经费发放地区需要符合如下条件：至少有一所属于需要改进的学校的地方学区；全州贫穷比例前两位的学区；全州贫困儿童的数量居于前两名的学区。

除了财政支持外，联邦政府还要求将基于科学的阅读研究作为该计划的设计理念，确保阅读促进的科学性。

阅读优先计划要求各州和地方教育主管部门对计划的实施效

① 信息来源：美国教育部网站，http://www2.ed.gov/programs/earlyreading/funding.html。

果进行评估，各州教育主管部门每年要向教育部提交实施状况报告，每三年还要向联邦教育部提交一份周期进展报告。各州和地方教育主管部门还要对在学生阅读能力测试中成绩显著提高的学校给予鼓励。

联邦教育部委托中介组织，对各州的实施情况进行严格细致的评估，对实施效果不理想的州，联邦教育部将部分或全部停拨后续资金。联邦教育部也为早期阅读优先计划制定了严密的评估系统，[①]并制定了每年的评估标准。以2009年的评估标准为例，包括以下四条标准（美国教育部网站原为五条，但细则只列出四条）：（1）每个参加早期阅读计划的学龄前儿童经过每年度项目实施后口头语言表达能力显著提高所需的费用；（2）参加早期阅读计划的学龄前儿童经过每年度项目实施后达到与年龄相适应的口头语言表达能力的百分比；（3）参加早期阅读计划的学龄前儿童经过每年度项目实施后所能识别的字母的平均数目；（4）参加早期阅读计划的学龄前儿童经过每年度项目实施后口头语言能力显著提高的百分比。

巨大的资金投入以及阅读能力测试在后期引发了社会各界的忧虑和质疑，反对者认为这会加剧阅读资源的不平衡、以标准化测试为导向的阅读教育加重了孩子的负担、制定的目标不现实等。但亦有许多支持和为之辩解的声音，例如认为法案改变了美国近5000万学生的基础教育系统，成为联邦政府对美国阅读教育的一次最强干预。法案实施中出现的问题，并非因法案本身目标和理念错误所造成，而是教育体系等外部因素导致，需要继续推进。并且，教育家们一致认为，这部法案的实施，让在阅读能力等方面掉队的孩子少了，少儿间

① 张佳琳：《美国阅读教育政策发展之探究》，载《教育资料与研究》（台湾），2010年第4期。

的两极差距缩小了，少数族裔和残障等弱势学生是最大的受益群体。由此，国会希望下一届政府对其进行修正。

2009 年，即将卸任的小布什在费城的一所公立学校发表了最后一次施政演说，其演说中心思想，就是对《不让一个孩子掉队法案》成功的肯定，将其视为自己最关注也是最重要的成就，并呼吁下一届总统不要弱化这部法案，而是在修订后继承、发扬。

总而言之，小布什时期，是美国包括学前教育在内的未成年人教育的黄金时代，立法的保障和高额的投入，使得未成年人的阅读促进成为一项影响深入、广泛的国家工程。然而，资金的管理和投入的效果成为困扰该届政府最大的争议，换句话说，高额的投入因为管理的不到位，并未达到预期的效果，因家庭收入造成的未成年人间阅读状况的沟堑，依然存在。

3. 奥巴马时期

2008 年美国金融危机的影响仍然蔓延，这成为奥巴马上任后不得不面对的一个严峻问题。小布什时期大规模投入式的阅读政策不得不告一段落，但奥巴马仍然将推进未成年人阅读作为一项重要的工作。

2009 年 2 月，奥巴马签署了 2009 年《美国复苏与再投资法案》，其中有 50 亿美元作为加强儿童早期教育的投入。

2010 年，奥巴马政府提出“中小学教育法重新授权”，此后又提出了“0—3 岁教育计划”“0—5 岁教育计划”，被认为是对小布什阅读政策的继承和改进。计划在保留《不让一个孩子掉队法案》中原有阅读和数学能力测试的基础上，提出要进一步扩大政府财政拨款，将覆盖范围从 0 岁一直扩展到 12 年级，并进一步提出在 2014 年之前使所有学生的阅读达到流利水平；还要求各州制定完整方案，实施阅读课程，提高儿童的词汇量和口语能力，提供有效的阅读教学和评估，推进学生阅读能力的不断进步，其关注重点仍然是弱势儿童。这项法案未能获得国会的通过，奥巴马政府只能继续沿用前任《不让一个孩子掉队法案》的规定。

2012 年，奥巴马政府授予豁免权，各州可以不受《不让一个孩子掉队法案》的约束；到 2013 年，已有 34 个州和哥伦比亚特区收到豁免权，结束了《不让一个孩子掉队法案》时期的政策。

《不让一个孩子掉队法案》目前还没有完全宣布结束。这部法案的没落，并不是因为阅读教育对美国已经不重要，而是因为法案自身和实施方案存在太多不足，并且背后还夹杂着政治、经济等多种因素的博弈。但是，我们仍然看见许多闪烁着夺目光彩的理念，其中，将贫困儿童、残障儿童、少数族裔儿童等特殊儿童群体作为重点进行阅读培养的大力推进工作，是对《卓越阅读法案》中相关内容的继承与强化。作为一场投入巨大的阅读扶贫运动，其富有人文关怀和全局视野的指导理念，无疑是具有远见与现实针对性的。美国一向以全球科技、金融、军事的引领者自居，为了维护这一超级大国地位，必然要求其国民的整体素质也居于世界一流水平，而阅读恰恰是提升国民素质的重要基石；从另一方面来看，美国作为一个多种族的移民国家，对国家的认同离不开对文化的认同，同等的阅读能力、广泛的阅读兴趣，有助于打破不同文化间的隔阂，有助于认同感的滋养与深化。

1983 年，阅读委员会的报告《走向阅读之国》，所依据的研究报告多达 10 万份；《卓越阅读法案》要求地方教育局的每一项活动必须有科学的阅读研究依据，阅读教学方法要获得专家的认可；《不让一个孩子掉队法案》则要求教师以科学的研究成果为基础针对不同的儿童制定个别教育计划，选用适合其水平的教学材料和教学方法。美国政府在建立国家机制进行推动方面身体力行30多年，为推进少儿阅读种下了一片广袤的科学试验田，成功或失败，都为我们留下了大量可供借鉴的宝贵经验。

四、一项“人之初”关怀的阅读服务——婴幼儿阅读包计划

向0至6岁的宝宝及其家长赠送免费的阅读包，并在宝宝成长的几年间，给予配套的阅读服务，吸引其参加丰富的阅读活动，这是对“人之初”的关怀，更是一场弥漫着书香、赢在未来的阅读之战。众多国家参与到这项活动之中，规模庞大的参与者们信奉这样一个理念：培养孩子的阅读习惯，让孩子感受到阅读的快乐，越早越好。

长久以来，我们更注重学龄后少年儿童的阅读推广，对学龄前婴幼儿的阅读推广工作研究不足，但现在阅读学研究的诸多成果已经证明，让孩子越早接触阅读，就越有助于培养阅读习惯、启发阅读兴趣，越有助于婴幼儿心智的健康发展。由此，婴幼儿阅读推广工作无疑是全民阅读事业的起点和基础。

从世界范围看，自1992年英国创立阅读起跑线计划（Bookstart）开创婴幼儿早期阅读启蒙事业以来，日本、德国、美国、韩国、泰国、澳大利亚、智利、意大利、墨西哥、波兰、南非、印度以及我国台湾地区都先后开启了婴幼儿阅读包服务计划，积累了丰富的推广经验、研究成果，值得我们借鉴。

（一）婴幼儿阅读包的发展简史

1992年，英国的三家机构：图书信托基金会（Booktrust，英格兰艺术委员会资助的独立慈善组织）、伯明翰图书馆服务部（Birminghan Library Service）和基层医护信托基金会（Primary Care Trust）联合发起了阅读起跑线计划，其主要内容就是向婴幼儿免费发放阅读包，并提供配套的阅读服务。①

该计划发起伊始，只是针对英国贫困地区婴幼儿的小规模实验项目，后来得到越来越多的地方政府、企业和出版商赞助，在2000至2004年间覆盖了全英婴幼儿。

2004年5月，英国政府设立"确保开始"中心（Sure Start Unit），为阅读起跑线计划提供财政拨款和辅助管理，使该计划升级为英国国家公益常规项目，并成功向全世界推广，成为世界上最为知名的专为学龄前儿童提供阅读指导服务的全球性计划。十余年间，多国根据国情制定了本国的婴幼儿阅读包推广服务计划。

（二）阅读包计划的服务内容

该计划的主要服务内容：为每一个学龄前的婴幼儿免费发放阅读包，该阅读包不是简单意义上的图书包，也不是以培养婴幼儿学习能力为主的早教计划，而是以阅读包为载体的婴幼儿阅读培养服务。以英国阅读包计划为例，服务项目主要包括：

1. 阅读包：其中有根据婴幼儿不同年龄段阅读特征研发的不同内容与形式的读物、推荐书目、父母阅读指导资料，以及涂鸦板、蜡笔、书签等文具；

2. 出版、教育、文化、卫生、图书馆等相关部门组成的多领域、多

① 本节介绍英国阅读起跑线项目的内容，译自其官方网站：http://www.bookstart.co.uk/。

渠道发放、宣传合作系统;

3. 包括健康访视员、阅读志愿服务工作者、保育员等在内的阅读服务人员;

4. 利用公共文化设施开展的配套婴幼儿阅读活动、亲子阅读活动;

5. 进行信息服务和互动的官方网站。

阅读包是由政府提供资金支持和管理保障,其具体内容也在逐年调整,但通常按照婴幼儿的认知和身心发展情况划分为以下几种:

1. 婴儿包:专为0—12个月婴儿研制

组成:1个紫色帆布袋,里面有2本硬纸板书、1本童谣书、1份推荐书目、1本向父母介绍亲子阅读的指导读物。

受赠渠道:在婴儿7—9个月的时候,由健康访视员带给其父母,或可从当地图书馆获取。

发放范围:全世界。

2. 高级包:专为1.5—2.5岁幼儿研制

组成:1个彩色尼龙包,里面有2本图书、1个涂鸦板、1盒彩色蜡笔、1套数字卡片、1本孩子阅读书目指南、1套藏书贴、1本指导父母提升孩子阅读兴趣的读物。

受赠渠道:向当地的"确保开始"中心索取,亦可向健康访视员索取。

发放范围:英国。

3. 百宝箱:专为3—4岁儿童研制

内容:1个红色书包(曾经有过仿铁皮样式的纸盒子或彩色塑料盒做包装),里面有2本图书、1本阅读指南、1本儿童教育书、1套藏书贴、1 盒彩色铅笔、1 个转笔刀。

受赠渠道：托儿所、当地图书馆等，凭儿童健康记录本索取。

发放范围：全世界。

4. 触摸包：专为视障婴幼儿研制（分为 0—2 岁和 3—5 岁两种）

内容：1 个红色书包，里面有 2 本触摸图书，1 本家长与盲童亲子阅读指南，1 本介绍书目、阅读资源和相关组织的触摸书，1 张童谣 CD。

受赠渠道：健康访视员、当地健康机构、早教机构、当地图书馆等。

发放范围：全世界。

5. 发光包：专为听障婴幼儿研制（分为 0—2 岁和 3—5 岁两种）

内容：2 本硬纸板书，1 本介绍如何与听障儿童分享阅读的发光小册子，1 本介绍有关听障儿童阅读的书目、组织和资源的发光指南书，1 个印有手语儿歌的餐垫。

受赠渠道：健康访视员、当地健康机构、早教中心、当地图书馆。

发放范围：全世界。

6. 双语包：专为以英语为第二语言的婴幼儿研制

内容：1 个书包，里面的图书资料均为英语 / 其他语种双语对照。语言品种繁多，也有简体中文和繁体中文。

受赠渠道：当地图书馆等。

发放范围：全世界。

为配套服务阅读包，管理组织还成立了蓝熊阅读俱乐部，邀请家长和儿童参与各种阅读活动，为此所创造的蓝色卡通熊的形象也频频出现：印在阅读书包上，作为主人公的形象出现在指导亲子阅读短片中，为孩子们所喜闻乐见。

发放阅读包计划需要管理方每年定期进行全国性调研工作，撰写年度工作报告，作为阅读包研发升级的基础。在英美等众多国家，阅读服务包计划已经成为一个有着完善的规章制度和充裕的财政保障的国家基础性阅读促进项目。

（三）阅读包的意义

发放阅读包的目的是为了让儿童从出生起就能接触书本，培养他们对阅读的终身爱好。具体而言，意义如下：

1. 全面提升儿童素质。英国学者进行的调查实验表明，参与阅读起跑线计划的儿童在阅读和计数方面的能力领先于未参加计划的儿童，前者更能够保持注意力集中，更懂得翻页，更懂得分析图书内容并做出评论。阅读包计划能够较为全面地提高儿童的素质，并让更多的家长意识到阅读教育的重要性。

2. 增进亲子共读之乐。父母将幼小的宝宝抱在怀中共同享受阅读之乐，将会成为父母和孩子一生最温暖幸福的记忆。家长通过这种方式学会了如何培养孩子的阅读兴趣，提高孩子阅读水平，与孩子共同分享阅读乐趣，在娱乐中学习、交流。

3. 保障婴幼儿特殊群体阅读权益。该计划为贫困家庭的婴幼儿、听障或视障的残障儿童带来了宝贵的阅读资源，让他们同样能够享受到早期阅读的权利，从而缩小了贫困与富裕、健康与残障婴幼儿群体早期教育的差距，为他们尽量打造一个平等的“起跑线”。

（四）各国阅读包发放计划简介

1. 英国。英国制定了世界上第一个国家性质的婴幼儿阅读推广计划，由出版、教育、图书馆和卫生等方面的多家机构联手推进服务。

为配合阅读包的发放，阅读起跑线计划还举办了儿歌时间、故事时间、蓝熊俱乐部、全国活动周等活动，拉近了婴幼儿和阅读的距离，增强了儿童的认知、理解和学习能力。

2. 日本。以善于在模仿中创新著称的大和民族——日本于2000年11月开始试点推行，并在2001年正式开展，成为继英国之后第二个推行阅读起跑线计划的国家。

运行机制是以各市（区）町村地区为单位，由出版社、图书馆、保健中心、育儿支持中心和志愿者合作进行，主张婴儿也有使用图书馆的权利，不以个人或团体的宣传、营利和政治活动为目的。活动对象是本地区出生的所有婴幼儿及家长，采取的方式是儿童保健人员到0岁婴儿家中进行定期健康检查时，告诉家长给孩子读书的重要性，再由图书馆员一对一地进行解说并递送阅读礼袋。调查结果显示，截至2012年3月底，日本全国的1742个市（区）町村中共有806个市（区）町村开展了此项活动。①

3. 德国。以严谨著称的德意志民族对婴幼儿早期阅读推广工作进行了严谨的试点与科学设计工作。在借鉴英国阅读起跑线计划的经验基础上，德国从2006年起在萨克森州和汉堡市试点后，向全国推广了“起点阅读”项目。

2011年12月，德国联邦教育和研究部与阅读基金会联合实施了“起点阅读——阅读的三个里程碑”项目，这是德国迄今为止规模最大的儿童早期读书推进项目，该项目投入2600万欧元，惠及300万1—6岁的学龄儿童。

该项目聘请了大学和科研机构分别针对1岁、3岁和6岁儿童

① 王薇：《日本儿童阅读状况和推广活动考察》，载《图书馆杂志》，2013年第3期。

的特点进行阅读礼包的科学设计，同时还委托了专门的调查研究机构，在全国范围内对该项目的实施效果进行跟踪评估。

“起点阅读——阅读的三个里程碑”项目的主要内容是动员父母从孩子1岁起便开始带领孩子阅读。所谓“三个里程碑”，指的是政府分别在孩子1岁、3岁和6岁时为其免费发放阅读礼包，内容包括适合孩子年龄段的儿童书籍以及指导家长在不同阶段为孩子科学朗读的材料。考虑到移民子女的教育问题，阅读礼包中专门针对家长的指导性内容附有波兰语、土耳其语和俄语版本。未来“起点阅读——阅读的三个里程碑”项目的网站上还将有15个语言版本的家长指导。

4. 美国。推进儿童阅读长久以来是美国的国家工程。1995年，美国的“天生爱读书：培养婴儿爱上学习”计划，由保德信基金会资助，与出版界、图书馆、医疗看护机构携手合作，最早在北卡罗来纳州纪念图书馆、宾夕法尼亚州匹兹堡卡内基图书馆及犹他州普洛佛市立图书馆共同展开。其后又有加州、田纳西州、佛罗里达州等多个州推广并取得卓著成效。其服务内容类似于英国的阅读起跑线计划。

5. 中国试点：苏州图书馆的“阅读大礼包计划”。苏州图书馆于2011年启动了“悦读宝贝计划”，该计划专为0—3岁儿童提供阅读指导服务。阅读大礼包内有婴幼儿读物、《亲子阅读》指导书、阅读测量尺、宣传册以及苏州图书馆少儿读者证等，适龄儿童的家长可登陆苏州图书馆网站报名申领。报了名的家长凭报名序号和户口簿原件到苏州图书馆少儿馆及各区图书馆领取。

（五）中国婴幼儿阅读包计划设想

由以上资料来看，启动我国的婴幼儿阅读包计划，必须由国家组织专家，论证、制定相关研制和推广方案，并建立严谨科学的管理监督制度。该计划须包含以下环节：

1. 研发阶段。建议由来自学界、业界、儿童文学作家界和行政管理部门的专家学者，尽快组建专业科研团队，汇集多领域多学科专家智慧，借鉴国际成熟经验，并根据我国的经济文化现状，尤其是各地的阅读传统、阅读文化、阅读资源等所存在的差异性和不均衡，科学制定具有中国特色的婴幼儿阅读包的服务内容和方式。

2. 试点试验。设计试点赠送及服务方案，经过试点试验后，反馈调试，再正式向全国推行。

3. 生产阶段。根据专家研究的方案，生产质量精良的阅读包。

4. 发放渠道的建立。因地制宜，采取多元方法、通过多元渠道，确保贫困地区婴幼儿和残障地区婴幼儿能够首先获得免费阅读包和服务。

5. 配套服务的建立。采用鼓励支持、购买服务等方式，推动新闻出版系统、大众传播媒介经营者、教育界、妇幼保健系统、图书馆、农家书屋、社区阅览室、职工书屋等全民阅读设施管理机构及青少年宫等其他公共文化机构、实体书店经营者等尽快建立婴幼儿阅读包服务网，并组建一支受过专业系统培训的阅读推广志愿者队伍，对婴幼儿阅读包进行定期跟踪辅导、回访服务。

6. 网站建设。建设婴幼儿阅读包官方网站，对监护人、阅读推广志愿者和阅读包发放、服务机构进行信息服务和互动。

除以上国家的阅读推广案例，许多国家都开展了形式多样的全民阅读推广活动，并已经形成或正在形成制度化、法规化的国家机制。在这些推广机制中，我们发现，越是文化发达国家，全民阅读推广活动的国家扶持力量就越大，社会参与度就越高，取得的效果也越明显。

可以说，自古登堡印刷革命以来，出版业成为西方现代社会塑型和发展的最有力的推手之一。宗教改革、法国大革命、日本明治维新……凡国家社会剧烈变动、脱胎换骨的前夜，都可以看到阅读所扮演的重要角色。由此，西方发达国家自步入资本主义文明阶段以来，就意识到了阅读的伟力，这种重视阅读的传统一直延续到当代社会。

因此，我们可以看到欧洲和美、日等国，王室成员、国家元首、第一夫人亲自出席、组织各种阅读活动，设立各种保障阅读推进的政府财政资金和阅读法案等。阅读活动也不仅限于世界读书日、世界读书夜这样的嘉年华，还有大规模、专业化的阅读推广活动，如上文提到的阅读起跑线计划，又如针对学生的 PISA（Programme for International Student Assessment，即国际学生评估项目，是一项由经济合作与发展组织统筹的学生能力国际评估计划）和 PIRLS（Progress in International Reading Literacy Study，即国际阅读素养进展研究项目，是国际教育成就评价协会的一项研究项目）等国际性阅读能力测试项目，进而形成了研究阅读科学、开发阅读项目的大型专业团队。

数字化技术的发展为全世界的阅读带来了冲击，尤其是网络游戏大量占据青少年的读书时间，取代其读书兴趣。在新的阅读载体、内容与功能尚未成熟稳定之前，旧的阅读载体、内容与阅读习惯的下降，势必会引起知识的断裂、创意的消减，这个新旧不接的过渡时代，甚至会造成几代人中出现大量功能性文盲，或者不具备进入现代信息社会的基本技能。这激发起各国强烈的危机感，而采取了许多国家级应急措施，如日本、美国、俄罗斯、英国、新加坡等国纷纷举办的“国民阅读年”活动、“一城一书”运动，澳大利亚还举办了“国家阅读闪电战”运动，印度也制定了《全国图书推广政策》。

以上种种，都将成为我国全民阅读活动机制建立过程中可以借鉴的有益经验。

第三章　我国全民阅读机制现状分析

近年来，尤其是“全民阅读”2012年被写入党的十八大报告、2014年被写入国务院政府工作报告，开展立法工作以来，我国社会对全民阅读理念认识的深度和广度产生了前所未有的质变，对国外全民阅读活动机制的关注与介绍，也从教育、阅读、新闻出版、图书馆等专业领域向大众扩展。许多敏锐的经营者、研究者开始将目光向该领域聚焦，无论在事业还是产业层面，全民阅读获得了越来越宽广的沃土。这些来自社会的智慧与实践，对政府全民阅读活动机制的建立，起到了不断的推动作用。深圳、上海、江苏等典型省市，既是国家新闻出版广电总局年度全民阅读活动通知的积极实践者，也是不断借鉴各种先进理念和做法、走在前列的先行者。他们摸索建立的地方阅读推广机制已展现出高效、全面的特征，为国家建立全局性、战略性的阅读推广机制，提供了可贵的地方经验。

一、地方全民阅读活动机制探索成就

在中央号召下，各地党委和政府依照国家新闻出版广电总局下发的年度全民阅读活动安排计划，制定本地区的全民阅读活动计

划，以春节、4 月 23 日世界读书日、5 月全国助残日、“六一”儿童节、“七一”建党节、“八一”建军节、学生寒暑假等节假日为节点，以及重要纪念日为契机，有针对性地开展全民阅读促进活动，如策划赠书、图书展示展销、读书征文、诗歌朗诵等一系列主题阅读活动，实现了良好的聚合效应。在经验的不断积累中，地方各级党委和政府越来越注意到阅读对推动地区物质文明与精神文明发展的重要意义，加大人力、财力和物力的投入，有些省市还制定了阅读推广的中长期计划并纳入常规工作计划中，具体表现如下：

首先，省级全民阅读活动组织机构纷纷组建。这些组织机构有：湖南省“三湘读书月”活动领导小组、江苏省全民阅读活动领导小组、甘肃省推进全民阅读活动领导小组、重庆读书月活动协调小组、河南省全民阅读活动协调领导小组、海南省全民阅读活动工作领导小组、天津市新农村新农民读书活动领导小组、福建省“书香八闽”全民读书月活动组委会、陕西省全民阅读活动组委会、河北省全民读书活动组委会、新疆维吾尔自治区“天山读书节”活动组委会等。这些阅读组织机构一般设在省新闻出版局，由省委常委、省委宣传部长和副省长等亲自担任顾问、阅读活动领导小组组长或活动组委会主任，负责统筹、指导和协调全省阅读活动工作，在一定程度上保证了人员到位、措施到位、资金到位，开创了全民阅读活动的新局面。

其次，各地市的阅读推广机制和阅读活动品牌日渐成熟。一些地市在开展丰富多彩的阅读活动的基础上，也形成了各自的阅读推广机制，有些已经正式写入政府文件，作为推动学习型城市建设的重要措施。如今，除深圳、江苏外，湖南、湖北、上海等地也开始开展全民阅读立法工作，如湖北省在 2014 年已经在省法制网上发布《湖北

省全民阅读促进办法(征求意见稿)》,最令社会关注和兴奋的,莫过于该稿的第三十二条:

> 省财政拨款设立全民阅读基金,并依法接受自然人、法人或其他组织的捐赠。全民阅读基金用于资助我省全民阅读活动的开展,推进未成年人及特定人群阅读的项目开发与实施,阅读调查、研究及其他全民阅读促进工作。全民阅读基金由省全民阅读指导委员会负责管理,并依法接受社会监督。全省阅读基金初始规模 1 亿元,并逐年增加。地方各级人民政府应当将全民阅读工作所需经费列入本级财政预算,有条件的地区可以设立地方阅读基金。

资金短缺,无论对基层公共图书馆、农家书屋等公益性的全民阅读设施而言,还是对实体书店、民营图书馆、阅读促进组织来说,都是困扰其进一步拓展服务甚至生存的巨大难题。该项条款的出现,无疑如同一剂强心针,也是对多年来"两会"代表、委员关于全民阅读基金设想的回应。虽然"阅读基金初始规模 1 亿元"的设想没有出现在 2014 年 12 月出台的《湖北省关于推进全民阅读的决定》中,但我们看见,目前致力于推广阅读的各类公益基金会已在国内出现,如南方阅读公益基金会、上海真爱梦想公益基金会等。

在过去的十几年间,全国共有 400 多个城市常设了读书节、读书月活动,每年吸引数亿读者参与读书活动,并形成了"书香上海""深圳读书月""江苏读书节""三湘读书月""北京阅读季""天山读书节""三秦读书月""南国书香节""书香八闽"等一批全民阅读活动品牌。其中，深圳读书月因起步较早、政府投入力量多而成为闻名全国的活动榜样，深圳也借此获得书香城市的国内外赞誉。

经过不断实践，许多可持续的全民阅读活动的固定项目逐步浮出水面。

（一）读书榜样的评选活动

如各地各部门举办的“读书之星”“读书达人”“藏书之家”“全民阅读优秀集体”“全民阅读基地”“全民阅读推广人”“书香之县”“书香校园”“书香企业”……如2010年天津举办的“十大藏书家、津门十佳书香家庭和十佳特色藏书人”评选活动，2011年长沙市的“读书达人”大型学习竞赛，2011年“重庆读书月”评选的“十佳读书人、十佳书香家庭、十佳书屋、十佳诚信书店”，湖南省表彰的2010年“三湘读书月”授予“书香机关”“书香军营”“书香校园”“书香社区”“书香村组”“书香家庭”荣誉称号各10个，“苏州藏书之星”和“苏州阅读之星”评选，“深圳30年30户书香人家”以及河北省正在开展的“书香飘万家”书香家庭评选活动等。

2014年，国家新闻出版广电总局公布了996家全国首届书香家庭名单。这些家庭绝大多数都是普通居民，阅读帮助他们改变人生、培育子女、取得工作成绩、邻里和睦，具有“身边的榜样”的意义。2015年，总局发布全民阅读工作年度通知，第二届书香家庭推荐工作即将启幕。

（二）优秀出版物的推荐活动

近年来，各地各部门纷纷利用读书月、读书节期间颁布本年度好书推荐书目。影响力较大的，有中宣部会同原新闻出版总署开展的优秀通俗理论读物推荐活动，国家新闻出版广电总局的“大众喜爱的 50 种图书”“向全国青少年推荐百种优秀图书活动”，国家图书馆的“文津图书奖”，深圳读书月十大好书，书香上海好书推荐等长期品牌图书推荐活动。这些活动每年一届，大多以大众读物为主。有些地区的领导也参与了好书推荐活动，如湖北省省委书记李鸿忠的图书推荐等。甚至中纪委向党员干部的推荐书目，也在媒体上广为流传。

（三）读书讲座、知识与作文竞赛等群众性阅读促进活动

其中，最为成功和流行的莫过于各种读书讲座、读书学堂、读书讲坛等以作家、学者讲授图书为主的阅读推广项目，知名者如国家新闻出版广电总局每月一期的中央和国家机关“强素质 · 作表率”读书讲座。

（四）增强阅读服务功能的大型出版展会

2010 年以来，全国性的图书会展活动成为原新闻出版总署力推全民阅读的重要舞台。在原新闻出版总署主导的全国性大型书博会的带动下，各地党和政府加强了对书展、书市阅读功能的开发与延展。如 2011 年第一届环渤海地区北戴河图书交易博览会暨第四届河北省图书交易博览会、2011 中国—东盟出版博览会、2011 郑州绿博园休闲书博会等，以政府主导、社会参与、市场运作的办会模式，将行业展览办成了读者积极参与的阅读嘉年华。阅读习惯的养成并非经由数项阅读活动或数年阅读活动就能实现，而是需要长期的引导、培育，但各地举办的这些阅读活动，近年来规模和参与人群不断扩大，给当地居民带来了更多的读书机会。例如，2011 年为期 7 天的南国书香节，广州主会场总入场的人数突破 80 万，全省十多个地市分会场吸引了 110 万读者，成为全国参与人数最多的书展；2011 年

第四届重庆读书月书市有71.8万市民参加；2011年上海书展吸引了28万多名观众；2011年哈尔滨书博会主会场参与人数达15万人次……这些不断刷新场地规模、参与人数纪录的书展、读书节，展示了市民对读书的巨大热情和需求，也更加迫切地需要各地、各级党委和政府有针对性地进行引导、提供服务。

再次，各地党委和政府积极创新形式，加强推广力度和深度。值得关注的是，各级党委和政府在举办书展、读书演讲比赛等嘉年华式的阅读活动的同时，也聚集了更多力量向开展本地阅读调查、援建社区图书馆、营建农家书屋、创建青工书屋、图书“三下乡”、建设学习型家庭等实质性的阅读推广工程拓展，并充分运用了报刊广播电视等传统媒体以及手机报、网站、QQ、微博等新媒体，对阅读活动进行宣传，为群众提供了新的阅读资源和交流平台，为读书之风深入民间开辟了丰富多元的渠道。在各地政府的组织倡导下，这些阅读推广活动吸引了社会各界力量广泛参与进来，出版、电视、报刊、电信运营商、学校、公益组织乃至地铁公司等，都成为活动承办者或战略合作伙伴。

二、我国全民阅读活动机制的发展趋势

通过上面的案例可以看到，我国各地全民阅读活动的推广机制，大致呈现出常规化、公益化、社会化、产业化、数字化、科学化、战略化等趋势。

常规化：社会各界、各领域都开始积极宣传阅读，从户外广告、广电读书栏目、报刊书香专栏乃至微博、微信等自媒体，都以各种形式表述阅读的重要性、推广阅读知识和信息、推荐书目等，为全民阅读

创造了氛围与条件。阅读组织者们已积累了丰富的活动宣传推广经验，尤其是在“4·23”世界读书日期间，或是学生寒暑假以及一些重要节假日等重要节点，活动与宣传相配合，不断扩大影响范围。

公益化：推广全民阅读已经成为我国公共文化建设的重要组成部分，党的十七届六中全会在《中共中央关于深化文化体制改革、推动社会主义文化大发展大繁荣若干重大问题的决定》中，将“读书看报”作为保障人民基本文化权益的内容之一、大力发展公益性文化事业的内容之一。建设县级图书馆、农家书屋等文化惠民工程、深入开展全民阅读，则是加快城乡文化一体化发展的有机组成部分，这都为全民阅读指出了明确的发展方向。目前，各地开展的公共文化服务典型示范项目和示范地区建设，以及国家正在制定的《公共文化服务保障法》《全民阅读促进条例》《公共文化服务保障体系》等一系列法规政策的调研与宣传，更加强化了全民阅读的这种公益属性的确立。

社会化：无论是发达国家，还是发展中国家，阅读的推广仅靠政府的投入，仍是远远不够的，而必须发动全社会的力量。如第二章中我们对各国阅读推广机制的分析，政府在积极发挥主导作用和努力加大投入的同时，始终不忘最广泛地发掘联合个人、家庭、企业和其他各种组织的力量。这在我国的阅读推广活动中也已有了生动的体现，依靠书香家庭带动周边、邻里，依靠单位书香文化建设推动职工阅读，依靠专家媒体推荐好书倡导阅读，依靠企业和慈善基金赞助弱势群体阅读，阅读志愿者的地位和作用越来越突出。

产业化：全民阅读活动亦有巨大的市场价值性潜力。传统出版商、数字内容商、电子阅读器生产商及通讯商等开始竞相加入这一行业中来。南方分级阅读中心、接力儿童分级阅读中心等商业研究机构受西方分级阅读理论及实践启发，分别研发分级阅读标准，建立阅读体验基地，力图率先涉入这一领域。中国移动、中国电信等运营商也在挖掘手机这种便携阅读载体的广阔市场，阅读展现出其产业化的发展态势。产业化和公益化并非互相排斥的两级，而是存在着良性互动，存在着通过推进阅读共同推动文化的创造与生产的无限可能。并且，这项产业将传统出版产业、数字出版产业、通讯业等多产业相结合，衔接起中国的文学原创能力与国民阅读水平。

数字化：尽管数字技术的发展给阅读带来的改变毁誉参半，但数据库、3G、云计算、电纸书这些新技术带来的不仅仅是阅读载体的变化，同时也影响着阅读速度、阅读习惯，甚至是阅读的内容。许多新生代国民可被称作数字化时代的“原住民”，如何利用数字化技术更好地推动阅读这一人类求知的基本行为，不能仅靠跟风或直觉，而必须建立在科学研究的基础之上。

科学化：高科技与内容产业的联姻，促使阅读的商业价值凸显，崭新的阅读产业链正在形成，也为研究者们打开了崭新的研究领域。这些新特征、新现象为全民阅读活动的可持续开展与创新提出了各种新命题，也为阅读研究领域带来了越来越多的迷思，这需要多学科共同努力。

战略化：“十三五”期间，是我国建成小康社会的关键时期。中华民族的崛起，不仅是经济的崛起，更是文化的崛起，需要国民文化素质的普遍提高和国民知识结构的相应更新。由此，全民阅读对于节能减排、发展转型、树立大国形象的中国尤为重要。阅读，是文化建设永远的起点；全民阅读成为战略，亦是今年“两会”期间代表和委员频频力推的提案，其落实则需要有大国视野、大国智慧和顶层设计。

三、我国全民阅读活动机制的问题与不足

审视我国国民的阅读现状和全民阅读活动历程，可以看到各地阅读活动不断丰富，社会阅读风气日渐浓厚，阅读基础设施不断增加的整体上升趋势；也可以在各种捐书赠书活动、读书节和书展书市中，看到广大群众尤其是农民工、留守儿童、西部及偏远地区居民对阅读展示出的极大热情与渴求。但与世界许多国家和地区相比，我国国民阅读总体水平仍然较低，尤其是与以色列、美国、英国、德国、日本等阅读大国差距尚大。同时，各地居民阅读水平存在着严重的不均衡状况，农村及西部偏远地区阅读条件仍然不足。通过国民阅读调查数据可以看到，国民在认为阅读重要的同时，实际阅读量和阅读率仍然较低，对自己阅读情况满意的比例也极低。这种认识与行动之间的不对等关系，不仅需要党和国家的大力倡导，更需要党和国家实施系统的、专业的、有制度和财政保障的全民阅读活动推广机制。

我国国民阅读水平与西方国家的差距，源于经济、文化等多方面复杂、深刻的社会原因。成立近66年的中华人民共和国脱胎于一个积贫积弱已久的半殖民地半封建社会，目前仍处于发展中国家之列。改革开放以来，党和国家经过不懈努力，十六大以来才开始进入全面建设小康社会时期，而占人口总数超过半数的农村居民，很多才刚刚基本解决生存和温饱问题。针对这种社会经济发展现状，相较于穿衣吃饭等基本生理需求，阅读需求处于较高层次，图书也并非人们的

生活必需品。由此而言，中国国民阅读水平的发展虽然受制于国民经济的发展，但也因此蕴藏着巨大的需求，并将随着全面建设小康社会而进入快速提高阶段。然而，经济条件并不能成为制约阅读发展的樊篱。日本、韩国等国，无一不是在“二战”后的废墟中就开始为国民阅读进行持续投入的，这些投入，今天已经获得了巨大的回报。

通过中外对比和社会深层原因的分析，目前，我国全民阅读活动机制存在的问题可以归纳为以下几个方面：

（1）阅读基础建设的不足，无论是场地、设施、服务还是人力和专业水平的欠缺，都成为制约阅读活动推广机制成长的先天因素，尤其是经济欠发达地区和广大农村地区，需要进一步加大投入；

（2）我国阅读推广活动尚未从国家层面进行实质性整合，各部门各自为政，造成了资源的重复浪费和阅读服务的低效无力，尚未使全民阅读成为政府文化建设的机制；

（3）阅读推广活动虽然已被提升到国家战略的高度，但尚未建立整体规划，尤其是缺乏财政资金的保障，以保证全民阅读在民族文化传承和国民文化素质提高上发挥持续性的深远影响；

（4）全民阅读公共服务体系的不足，使目前阅读推广商业化色彩明显，呈现逐利性和短期性效应，有些不良机构甚至将全民阅读视为一块“肥肉”，做出不公平、不道德的商业行为。公益阅读服务异化或流于形式，例如大家在“六一”儿童节对福利院、打工子弟小学进行扎堆阅读服务和图书捐赠，甚至争抢帮扶对象，而在日常却无人问津。这都影响到全民阅读工作在公众中的形象；

（5）对阅读在教育中的地位认识不足，未认识到阅读是终身学习、终身教育不可或缺的途径之一，阅读功利化、应试化，扼杀和扭曲了少儿和家长对阅读的正确认识，剥夺了少儿享受阅读乐趣的时间和权利。甚至婴幼儿阅读也被片面视为一种早教，视为不输在起跑线上的砝码；

（6）阅读是一门包罗万象的科学，但目前相较西方发达国家而言，我国在该领域所进行的深入系统研究明显不足，而理论指导的缺乏会致使很多阅读推广活动流于形式、仅仅成为“政绩”。

提高阅读的关键在于要认清阅读的特征——阅读习惯需要长期培养，书香社会需要持久塑造，如果缺乏国家的财政支持和机制的确立，短期的热闹效应无法从本质上对国民阅读习惯进行根本的塑造。针对全民阅读目前切实存在的种种问题，审视社会转型期间阅读所可以担当的种种重任，科学、正确引导国民阅读，汲取文化资源创新社会主义文化、规范阅读产业的健康有序发展，建立国家和地方全民阅读活动长效机制，对政治、经济、文化都具有深远意义。

第四章　深入推进全民阅读活动机制的建议

推动全民阅读，既需要借鉴中外先进经验，清晰地了解本国社会对阅读理念的认知情况、设施资源等活动推进基础的水平，又要考虑到公共文化建设的整体方向和公共财政的承受能力，更需要判别和科学测算不同阶段需要达到的不同目标，才能构建一个合理的、高效的国家全民阅读活动机制。

一、全民阅读活动机制的制定原则

鉴于我国实际国情，结合群众呼声，课题组认为，全民阅读活动机制的建立，需要处理好以下几个关系：

（一）政府主导与社会参与的关系

前面已经论述较为充分，不再赘述。

（二）全体与特殊的关系

全民阅读立法的重点在于“全体公民”，从0岁到老年，从普通百姓到被剥夺了政治权利但依然享有文化权利的服刑人员。但全体并不意味着平均——一视同仁地平均分配阅读设施、服务、资源等。因为在我们的身边，还有存在特殊阅读需求或困难的群体，如残障人士（尤其是视障者）、老年眼花和行动不便者、阅读能力尚未健全的未成年人、民族语言文字读者、流动人口以及贫困家庭的成员等。我们必须给予特殊保障，才能消除阅读鸿沟，保障弱势群体的阅读权利，也才能让全民都能真正享受到阅读的权利，平等获得通过阅读改变人生的机会，也才能培养文化的认同感和自豪感。

（三）权利与责任的关系

阅读是公民的文化权利，公民有享受和放弃的权利，我们不能强制任何人去阅读，也不能强制任何人必须使用阅读设施。但对于政府来说，确保公民享有阅读权利却是一项不可推卸的职责，是公共文化服务的重要组成部分。建立全民阅读促进机制，正是要将政府所肩负的责任确定下来，不断强化，更要监督和评估政府的工作，不断修订调整，才能保证其科学性、合理性和高效性。

（四）短期与长效的关系

阅读促进是一场赢在未来的战争，或许要等一代人成长起来，等几十年光阴过后，国民阅读素质提高的效应才能在文化发展和国力增强上有所体现。一场轰轰烈烈的阅读促进运动，投入巨大，但未必是经过严格论证的。缺乏科学的评估机制，往往成为政府或领导人的形象工程，甚至演化成恶性竞赛，这无疑是对全民阅读机制的戕害。

（五）主抓与合作的关系

即使国力强盛如美国，全民阅读也需要调动全社会之力，更何况各地发展不平衡、设施资源不平衡的我国。新闻出版、文化、教育、财政、发改委甚至卫生、民政等部门，以及工会、妇联、共青团等社会组织，大家需要放下门户之见，取长补短，互相配合，才能形成巨大的合力；如果各自为政、争抢地盘，势必会造成重复建设，降低效率。

（六）原则与创新的关系

全民阅读仍然属于新生事物，我国现行的财政制度、法律制度、管理制度、税收制度、评估制度、用人制度等都没有推进这项工作的经验。机制的创建中，总会遇到各种制度上的难题。坚守原则固然没有错，但对于新生事物，更需要权力部门认真调研、广泛听取意见，采取合情合理的创新制度，才能发挥其机制的最大效力。

（七）投入与监管的关系

随着全民阅读理念的升温，各地各部门都开始将其视为一片“蓝海”，加大各种投入，开展活动，建设软硬件，增强服务，以求尽快取得成效。但相应的监管和评估机制尚未完全建立，这些投入往往流于粗放，与产出不成比例，更需要好好把握，才能可持续发展。

（八）丰富与规范的关系

建立全民阅读活动机制，其中最重要的一环就是对人们读什么的规范。一方面要解决阅读资源供应不足、良莠不齐的问题，需要加大鼓励支持，研制出版物推荐、捐赠制度；另一方面又要防止矫枉过正，以行政干预过度引导群众阅读哪一方面的书，而对百花齐放造成不良影响。我们认为，只要是有益于提升人的思想文化素质和科学知识素质的内容，给人以健康的精神享受的内容，都可纳入全民阅读之列。政府更需要投入精力的是建设渠道——让爱读想读的人，能够读到愿意读的内容。

（九）公益和经营的关系

无论是公益性还是经营性阅读服务机构，无论是国营或民营，只要其对推进全民阅读能够出一份力，就要考虑积极吸收到全民阅读促进体系中来，并采取必要的措施解决其困境，发挥其特长——诸如引发激烈讨论的实体书店试点扶持计划，有人强烈批判该做法干预了市场发展。但试问，文化产品是否有其特殊性？这些实体书店是否在赚钱的同时也担当着不可替代的文化服务功能呢？当然，支持的措施，还有待实验与更深入设计。

（十）成人与未成年人的关系

未成年人阅读是全民阅读活动推进机制的核心与基础，在力量有限的前提下，我们是否应该先保证未成年人的阅读促进工作？未成年人阅读的推广工作离不开成年人的广泛参与，父母、教师、图书馆员、官员、志愿者……我们还必须让更多的成年人普遍认识到儿童阅读的重要性，才能为后者创造一个良好的从家庭到学校、从出生到成长的环境。

作为一项崭新的系统性国家战略，全民阅读需要处理的复杂关系远不止以上十项，但以上这十项关系的处理，都存在潜在的巨大的障碍，需要制度设计者审慎思考、研究，勇于突破。

二、建立全民阅读活动机制的前提

将推进阅读纳入国家文化发展战略，从培育国家竞争力和可持续发展能力层次全面提升阅读活动的社会地位和作用，需要采取若干措施。

（一）设立国家级阅读组织协调机构

根据我国公共财政体制改革和阅读促进活动发展的实际，建议设立国家全民阅读活动指导委员会，从国家层面整体规划引导，实施全民阅读工程；以提升国民阅读率、国民阅读能力为目标，在全民阅读活动组织协调办公室的基础之上，建设更加成熟和完善的全民阅读活动组织协调专职机构，由专人负责全民阅读立法、全民阅读长期规划的制定和修订，组织开展全民阅读活动，规划并组织实施全民阅读重大工程的立项和开展。

（二）加强阅读立法，形成全民阅读的保障机制

在研究借鉴西方阅读立法的经验基础之上，研究出台国民阅读促进法。将校园阅读工程纳入教育改革法案中，将提升阅读能力作为提高学生素养的突破口和主轴。

（三）设立国家全民阅读基金，加强全民阅读的财政支持

设立国家级的全民阅读基金或基金会，为全民阅读重大工程提供保障专项资金，奖励数字阅读软硬件研发等学术性、商业性的开拓。将阅读研究列入国家社会科学基金课题之中，吸引专家学者立项研究。

（四）设立国家阅读促进协会

加强全国图书馆界、教育界、出版发行界、社会媒体等阅读相关领域力量的协同与合作，吸收整合社会各界力量共同推进阅读活动

的开展。

（五）将全民阅读指数纳入社会发展指标体系

将推动国民阅读发展的相关指标纳入社会指标体系，从国家发展政策层面研究、布局全民阅读，立足于文化产业和公共文化建设两个层面制定推进国民阅读的中长期规划，实现长效机制与短效机制相结合，国家规划与地方发展相结合。

三、建立全民阅读活动机制框架的设想

建立全民阅读活动机制，要以党的十八大和十八届三中全会精神、习近平总书记的系列重要讲话精神为指导思想，以建设社会主义核心价值体系为根本任务，以满足人民精神文化需求为出发点和落脚点，着力提高全民阅读服务效能，着力创新体制机制，完善覆盖城乡、结构合理、功能健全、实用高效的全民阅读服务体系，全面提升全民阅读服务均等化水平，保障广大人民群众阅读权利，提高全民族文明素质，努力建设社会主义文化强国。据此，建立全民阅读活动机制的主要任务如下：

（一）加强全民阅读长效工作机制建设

在现有基础上探索建立全民阅读长效工作机制，加强全民阅读财政保障，制定《全民阅读促进条例》，建立全民阅读基金，推动建立全国全民阅读工作协调机制，制定全民阅读服务基本标准。县级以上人民政府应当以品牌全民阅读活动为抓手，建立相应的全民阅读协调机制，进一步强化地方党委、政府的主导责任，努力突破体制障碍，加大跨部门、跨领域、跨系统全民阅读项目的交流与合作，实现基层全民阅读资源综合利用，共建共享。

（二）加强优秀阅读内容的创作、生产、评论、推荐机制建设

切实加强对创作出版的宏观管理，建立国家扶持创作出版的长效机制，充分发挥中国出版政府奖、国家出版基金等各种奖项基金的导向作用，引导广大作者和出版者自觉践行社会主义核心价值体系，坚持社会主义先进文化前进方向，反映人民主体地位和现实生活，把精品意识贯穿于生产全过程。

大力推动内容创新，重点抓好国家重大出版工程、重点学术期刊等精品工程，组织出版更多具有时代精神与特点的精品力作，推出更多代表中华民族永久记忆乃至世界永久记忆的各类出版物，创造出影响世界文明的中国故事、中国形象、中国风格和中国精神。

切实加强和改进出版物评奖和书评机制。坚持把遵循社会主义先进文化前进方向、人民群众满意作为评价作品最高标准，把群众评价、专家评价和市场检验统一起来，形成科学的评价标准。建立公开、公平、公正的评奖机制，精简评奖种类，改进评奖办法，不断提高国家级作品的权威性和公信度。加强和改进书评机制，坚持正确创作方向，倡导主流价值取向，推动出版物精品宣传推介的常态化、制度化。

切实加强好书推荐活动的权威性和影响力。不断加强“大众喜爱的 50 种图书”、“向青少年推荐百种优秀图书”、“文津图书奖”、向全国推荐优秀古籍整理图书活动、“深圳读书月十大好书”等知名品牌好书推荐活动的推选机制和社会影响范围，建立面向不同群体的多元化好书推荐体系。

（三）完善全民阅读设施建设，推动共享共建机制

适应推进城市化和建设社会主义新农村的要求，统筹规划，合理布局，以公共图书馆、文化站、农家书屋、职工书屋、社区图书室等

城乡基层全民阅读设施建设为重点，以流动阅读设施和数字阅读设施建设为补充，继续加强全民阅读设施建设，努力形成比较完备的国家、省、市、县（区）、乡镇（街道）、村（社区）六级全民阅读设施网络。进一步加大城乡基层全民阅读设施建设力度，重点向贫困地区、落后地区、革命老区和基层农村倾斜。以服务人口为依据，制定和完善设施建设标准和设备配置标准，推进全民阅读设施建设的规范化、标准化。建立灵活机动、方便群众的流动服务网络。

（四）推动全民阅读活动品牌创建机制

设立国家阅读节、青少年阅读日；探索开展全国阅读年活动；在世界读书日及其他节假日期间开展丰富多彩的全民阅读活动。巩固书展、阅读节、图书博览会等现有知名阅读活动品牌，积极推动“书香中国”系列全民阅读活动品牌在各地的落地与繁荣，提高人民群众对阅读重要性的认识程度，倡导全社会形成读书风尚。

扩大阅读活动覆盖率，鼓励、引导更多省、市积极开展丰富多彩的读书活动，将“读书之城”评选纳入创建文明城市指标体系；强化公益性文化单位在全民阅读中的骨干作用，文化馆（站）、公共图书馆、科技馆、工人文化宫、青少年宫、妇女儿童活动中心等各级公益性文化单位要常年开展主题读书活动、荐书送书活动、读书交流会等；鼓励企业、科研院所、高等院校等开展公益性阅读活动；鼓励各地开展各类图书展示展销活动，增添新的内容和形式，提高开放性与公共性。

完善全民阅读先进单位、先进个人和优秀项目评选机制，树立典型，激励先进，进一步调动各地、各有关部门推进全民阅读活动的积极性；组织召开经验交流会，加强各地之间的工作交流；积极推广先进单位、先进个人的工作经验。

统筹协调各行业协会组织作家、学者、科技工作者进机关、进企业、进校园、进社区、进农村、进家庭、进部队，开展各种形式的宣讲活动，鼓励有条件的新闻出版单位设立“读者开放日”，主动吸引群众亲近阅读，形成阅读与创作、阅读与服务的良性互动。

（五）建设重点群体阅读扶持机制

联合希望工程、光彩工程、西部计划加强对弱势群体阅读的关注与推进，制定针对未成年人、残障人士、农民工、少数民族地区居民、监狱及劳改人员等的阅读促进计划。加强政府、社会公益组织的投入，从图书馆建设、借阅制度、传播方式等方面帮助这些人群平等享受到阅读的权利，感受阅读的愉悦。

其中，要以未成年人阅读促进工程为全民阅读首要任务。未成年人的阅读状况直接关系到国家的未来、民族的发展与文化的延续。要在对未成年人的阅读现状展开大规模科学调查的基础上制定推进方案，从家庭、学校、社会等不同层面为青少年创造生动活泼、充满趣味、积极健康的阅读环境；借鉴引进国外阅读能力测试等科学方法，科学制定标准，争取在最短的时间内提高我国青少年阅读水平。大力改善农村青少年的阅读软硬件设施。关注有阅读能力障碍的儿童，通过科学实验探索解决途径。

（六）大力推进数字阅读发展机制

大力推进数字阅读发展，加强数字阅读标准建设，充分发挥其在公共文化服务中的战略性、基础性作用，建立全民阅读数字资源提供平台，推进数字阅读服务进入家庭。建立内容丰富的数字阅读资源库群，实施公共电子阅览室建设计划和文化信息资源共享工程工作网络，加强数字图书馆建设，借助“三网融合”工程，实现全国图书馆资源的无障碍共享。形成覆盖全国的全民阅读数字服务网络。

（七）支持阅读产业发展机制

加大对新技术与新兴业态带来的阅读变化的研究，顺应数字化、信息化、网络化趋势，推进阅读产业发展；推动数字内容加工、存储、传输、阅读等技术和装备的研发与制造，发展电子阅读及有声阅读，改造提升传统新闻出版产业，实现新闻出版内容资源高度顺应阅读变化发展的要求。

探索阅读体验基地运营模式，引导和规范各种经营性阅读推广机构的健康发展；拨付专门资金用于其对开展阅读推广活动提供场地、图书资料和其他必要的帮助。

出台政策扶持实体书店经营，推进其从图书售卖场所向阅读体验与交流场所的功能转型。

在全国启动“阅读推广人”培训工作，建立民间化、专业化和常态化的阅读推广体系；制定全民阅读推广人等级评定体系；支持阅读推广人开展特色阅读推广项目，提供经费资助。

以公众阅读需求为导向，发挥市场的引导、优化和调节作用，鼓励民间资本积极进入阅读产业领域；举办阅读产业博览会、交易会，及时发布相关信息，为企业及其他社会机构搭建交流和服务平台。

（八）加强全民阅读专业人才队伍建设机制

相较于金融、信息产业、石油等高端人才竞相扎堆的热门产业，新闻出版业、图书馆系统等阅读推广相关行业却显得有些冷清。一项事业的发展，有赖于人才队伍的建设，我们必须有具有创意和专业知识的高级人才、专业人才；要有队伍的领军者，也要有不畏艰苦，能够深入一线和基层进行创业和阅读服务的人才。如何能让这个行业更有吸引力，是我们需要做出实质回答的问题。

（九）专业科研和学科建设机制

从政策、资金上支持鼓励北京大学、北京师范大学、上海理工大学、中国新闻出版研究院等科研单位所进行的阅读学研究，推动建立国家级阅读学研究会（现中国阅读学研究会为二级协会）。鼓励从跨学科的角度研究开发阅读理论，创新研究方法，引进西方研究成果，从而加强阅读学学科建设，指导阅读推广活动、公关宣传、研发工作、调查研究、评估体系等，使之真正成为一门富有朝气的新兴学科。

（十）建立健全全民阅读活动的保障机制

加强组织领导和统筹协调，保障全民阅读工作的经费投入，引导和鼓励社会力量参与全民阅读工作，建立健全全民阅读工作机制，完善全民阅读工作监测评估机制和体系，加大全民阅读工作的宣传力度，全力确保本规划目标和任务的完成。

（十一）加强组织领导和统筹协调

加强组织领导。切实把全民阅读工作纳入重要议事日程，纳入经济社会发展全局，推动文化建设与经济建设、政治建设、社会建设协调发展。强化地方政府在全民阅读工作中的责任，建立党政相关部门共同参与的沟通协商机制，共同承担全民阅读工作的职责，形成合力。

加强统筹协调。在全民阅读活动组织协调办公室基础上，设立实体机构，做好全民阅读活动的统筹协调工作。新闻出版广电总局、文化部、教育部、财政部、科学技术部、工业和信息化部、全国总工会、共青团中央、全国妇联、解放军总政治部、民政部、关工委等其他成员单位通过分工合作，共同推动全民阅读工作深入开展。

建立健全组织保障。加强组织建设，建立高层次综合协调机制，加快建立国家全民阅读委员会和全民阅读促进协会组织，协调解决规划实施过程中跨地区、跨部门、跨行业的重大问题，加强对社会力量的组织协调能力建设，整合并发挥相关阅读机构、组织和民间的力量，共同推进全民阅读事业发展。该推进协会坚持党委重视，政府支持、依靠各界、面向市场、多元筹资、服务大众、为构建学习型社会服务的宗旨，推动全民阅读。各省、市级政府可以分别设立全民阅读促进协会。

（十二）保障全民阅读工作的经费投入

积极推动把全民阅读设施建设、优秀读物出版、全民阅读活动开展、全民阅读推广等工作纳入公共财政经常性支出预算，建立健全全民阅读事业经费投入长效机制。鼓励和引导民间资本参与全民阅读事业发展，逐步形成以政府为主导、社会力量积极参与的全民阅读工作投入机制。

建立全民阅读事业财政保障机制。保证对全民阅读事业建设投入的金额占公共财政支出比例不断提高。以面向少年儿童、农村、基层、边疆和贫困地区的全民阅读事业建设为重点，加大投入力度。针对全民阅读的重大任务设立专项资金，加大对全民阅读工作的扶持力度。推动设立全民阅读促进基金，整合各种资源和力量，保障全民阅读事业健康发展。做好对全民阅读促进基金的监督管理工作，保障全民阅读基金会良好运行。

（十三）引导和鼓励社会力量参与机制

进一步完善支持全民阅读工作的相关经济政策，吸引和鼓励社会力量投资兴办全民阅读工程发展实体，建设全民阅读公共设施、提供全民阅读服务。转变公共财政投入方式，通过政府购买服务、项目补贴等方式，鼓励和引导社会力量提供全民阅读公共设施和服务。积极鼓励社会组织、机构、企业和个人对全民阅读的参与、投入。

鼓励社会力量参与全民阅读。强化社会公众对全民阅读服务供给决策及运营的知情权、参与权和监督权，健全全民阅读服务需求表达机制和反馈机制，增加决策透明度。发挥各类社会组织在全民阅读服务需求表达、服务供给与监督评价等方面的作用，把适合由社会承担的全民阅读服务事项，以购买服务等方式交由社会组织承担。大力发展志愿服务，完善志愿服务管理制度和服务方式，推进志愿服务经常化、制度化和规范化，推动志愿服务与政府服务优势互补、有机融合。积极吸引并充分发挥慈善机构在全民阅读服务提供和筹资等方面的作用。

（十四）建立健全全民阅读规划的制定与实施

建立健全实施全民阅读工作的长效机制。在坚持各级党委、政府统筹领导与负责的前提下，充分发挥市场机制作用，推动全民阅读工作实施主体和支撑方式多元化，加快建立政府主导、社会参与的全民阅读工作实施机制，共同做好规划实施工作。

明确责任分工。本规划确定的各项指标和任务，要分解落实到中央和地方各有关部门。国务院各有关部门要按照职责分工，抓紧制定开展全民阅读工作的具体标准，切实做好相关专项规划与本规划的衔接，并明确工作责任和进度。各省、市、区县、乡镇人民政府要在上级有关部门指导下，结合本地区实际，编制实施各级全民阅读工程建设专项规划或行动计划，以国家基本标准为依据制定本地全民阅读工程建设标准体系。

建立目标管理责任制。将规划主要目标纳入相关部门、机构和社会团体的目标管理和考核体系，考核结果作为对领导班子和有关负责人综合考核评价的重要内容。各地要围绕全民阅读工作的主要目标、主要任务、重大项目等，提出本地区的具体实施方案和措施，分阶段、分步骤组织实施。各有关部门要抓紧研究制定切实可行、操作性强的配套政策，尽快出台实施。

（十五）全民阅读工作监测评估机制和体系

建设城乡人口阅读监测体系。依托图书馆、农家书屋、职工书屋、社区书屋、寺庙书屋等，建设借阅信息科学管理系统，将图书馆系统建设为各地阅读舆情观测站、群众阅读晴雨表；推动国民阅读调查的地方阅读调查延伸，以调查数据为依据，建设各地阅读监测体系，检测全民阅读工程、图书馆及农村书屋等公益性建设的年度达标程度。

建设城市阅读活动效果评估体系。嘉年华式的阅读推广活动确实能够推动阅读观念的普及，但切实改变居民的阅读习惯，需要符合各地文化特色、更为深入细致的阅读推广活动，这些活动需要各地政府的积极开拓创新，采用科学调查方法，对阅读推广活动的成效进行长期和短期的评估，更好地为政府科学规划推广阅读提供科学依据。

建设阅读研发产品产业链的质检体系。与内容产业、数字技术的联姻展现出阅读的巨大商业价值，但也与读者的身心健康密切相关。对从事阅读载体研发、经营阅读内容、研发阅读分级、阅读能力测试等相关的出版业、网站、硬件商建立准入标准，对研发产品进行严密的质量检测，例如加强对阅读器、电子书包的规范，加强对阅读网站上有害于青少年心理健康的内容的查处等。

发挥监测评估对全民阅读工作的导向作用，研究建立完善的全民阅读工作监测评估机制和体系，树立正确的导向。

建立实施全民阅读工作的监测评估机制。对全民阅读工作开展情况进行年度监测、中期评估和终期评估，对规划实施进度和实施效果开展全面评估，及时发现问题，研究解决对策。建立监测评估领导小组，负责组织领导监测评估工作，审批监测评估方案，审核监测评估报告等。建立全民阅读工作综合统计制度，规范和完善全民阅读各项统计指标，建立和完善国家、省、地三级阅读监测数据库。建立健全政府、出版、教育、文化行政部门、公益性文化单位、重大文化项目工作考核机制，建立科学合理的监测评估指标体系。

建立全民阅读工作评价指标体系。将群众满意度作为全民阅读服务考核评价的重要指标，将全民阅读指数纳入社会发展指标体系之中。通过开展评价工作，提高全民阅读工作实施的规范化、科学化水平。针对全民阅读重大工程的具体实施，设立专项评价指标体系，保障全民阅读工作的任务顺利开展和完成。

（十六）加大全民阅读工作的宣传机制

重视和充分发挥新闻媒体舆论引导和监督作用，突出重点和特色，加大宣传力度，营造开展全民阅读工作的良好氛围。充分利用广播、电视、报纸等新闻媒体，进一步加强舆论引导；通过召开会议、制作广告、悬挂标语、开辟宣传栏等方法，进一步加强社会宣传；通过网站、手机报、手机短信等形式，进一步加强网络和新兴媒体的宣传。广泛宣传规划实施中的典型经验和成效，广泛宣传推进全民阅读发展的各项活动，做好阅读推广人培训工作和阅读推广经验交流活动，营造有利于全民阅读发展的社会环境和舆论氛围。让广大民众认识到全民阅读的重要意义，并宣传和引导大众参与全民阅读事业发展。

域外全民阅读立法模式研究*

（赵　宸　南京师范大学）

摘要：在发达国家，阅读推广已不仅是民间组织的活动，而且是在国家层面受到高度重视的一项工作。基于提高公民素质的战略考量，一些国家或制定专门的法律，或在相关法律中植入阅读推广的条款，以立法的形式规定政府的责任，促进阅读推广活动的发展。我国已将全民阅读立法列入立法工作计划。了解有关国际组织和世界各主要国家的相关法律法规将有助于我国在立法过程中进行参考和借鉴。

关键词：全民阅读立法；阅读推广；政府责任

一、引言

进入知识社会与信息社会后，知识与技术的创新与普及成为提高一个国家综合国力的重要因素，而知识与技术的获取与国民阅读能力息息相关。据中国新闻出版研究院 2014 年统计，我国每年出版的图书已达 40 余万种，图书资源已不再短缺。但与之相对的是，2012 年我国的年人均阅读量仅为 6 本，明显低于欧美国家的 16 本以及北欧国家的 24 本，也低于日、韩等亚洲国家。[①] 为营造全社会的阅读习惯和阅读氛围，建设文化强国，“倡导全民阅读”被写入了 2014 年政府工作报告并被列入了国家立法工作计划。目前，国内有

* 本文部分内容经修改发表于《南京社会科学》2015年第4期。

① 参见《国民人均纸质图书阅读量仅为4.39本》，2013年5月2日《中国青年报》。

关全民阅读的立法实践和研究才刚刚起步。现有的研究主要以资料收集和文献综述为主，且多为阅读推广活动方面的一般性研究。国内虽有学者从图书管理学层面进行了一些理论性的探讨，但从法律角度进行制度层面分析的研究尚付阙如。促进全民阅读的立法目的通过何种机制加以实现？政府在这一机制中处于何种地位？这一机制又通过哪些环节加以实现？这些都是全民阅读立法需要解决的问题。主要发达国家如美国和英国以及相关国际组织非常重视从立法层面推进和推广全民阅读活动，并结合各国具体国情制定了切实可行的计划。本文通过对这些国家相关法律规范的分析，试图在相关问题上寻求可供我国借鉴的经验。

二、立法目的的实现机制

促进全民阅读的立法目的通过何种机制加以实现，这是立法所要解决的首要问题。在这一问题上的基本立场，反映出立法者的基本价值取向。[1] 全民阅读立法涉及多方主体的权利、义务，以及相互关系。公民作为阅读者，当然是这一立法所设计的主体之一。同时，国家通过立法形式将全民阅读提升为国家意志，政府当然也成为立法涉及的主体之一。此外，与全民阅读有关的社会组织，例如学校、图书馆、社区，也是立法所涉及的主体。确立立法目的实现机制的核心问题，就是合理地分配上述不同主体之间的权利义务关系，通过各方主体权利义务的合理配置来实现立法者的立法目的。

综观各国的相关立法及国际组织的有关规范，在阅读推广目的

---

① 参见郭道晖：《中国立法的价值取向》，载《法制现代化研究》，南京师范大学出版社 1996 年版，第 142 页。

的实现机制上，都采取了以保障公民阅读权利为核心价值取向，规定政府承担主要的责任、相关组织承担保障义务，并且辅之以鼓励社会团体积极参与的权利义务框架，体现了以阅读主体为本的基本价值取向。美国政府实际上是阅读推广活动强有力的领导者。自约翰逊总统起，美国的历任总统多大力提倡推广全民阅读。卡特、里根、克林顿、小布什等都签署过与阅读有关的法案，通过各项法案将阅读能力的培养和阅读资源的获取作为国家教育政策中的重要组成部分。而在日本和俄罗斯，国民阅读都被明确上升为国家战略。日本2001年颁布的《少年儿童读书活动推进法》、2005年颁布的《文字及印刷品文化振兴法》中均陈述其立法的价值取向是在明确国家及地方政府责任的基础上，通过对具体事项的规定，培养国民的读写能力，促进国民自觉进行读书活动。[①] 俄罗斯则颁布了《国民阅读扶持与发展纲要》，在信息化和全球化的背景中考察阅读，指出阅读能力的提升将会促进重大民生问题的解决和国家战略发展目标的实现。[②]

联合国教育、科学及文化组织（以下简称联合国教科文组织）于1995年做出了28C/3.18号决议，将每年的4月23日规定为"世界图书与版权日"（World Book and Copyright Day），要求各国政府在该日前后举办阅读推广活动。[③] 这一要求对于联合国教科文组织的成

---

① 参见王萍：《国外阅读推广活动经验剖析》，载《图书馆工作与研究》，2013年第10期，第107页。

② Национальная программа поддержки и развития чтения。

③ See United Nations Educational, Scientific and Cultural Organization, Records of General Conference, Twenty-eighth session, Vol. 1，http://unesdoc.unesco.org/images/0010/001018/101803e.pdf, 第56页，浏览时间：2014年3月20日。

员国具有约束力，各成员国需制定国内法或采取其他措施对联合国教科文组织的要求加以实现。

三、立法目的实现机制的主要义务主体

在明确了全民阅读实现机制的框架后，我们需要考察究竟应当如何分配各相关主体的权利与义务，以实现立法的目的。从对立法目的实现机制的分析可以看出各国并非简单地要求公民开展阅读活动，而是将政府作为推动全民阅读活动的主要义务主体，提高其自身的服务意识和服务能力。考察各国做法，政府责任主要体现在以下几个方面：

（一）建设公共图书馆，提供优质的全民阅读场所

作为国家发展战略的一部分，实现全民阅读首先要解决的问题，便是为全民提供有益的、方便的、无成本或低成本的阅读可能性。图书馆作为重要的阅读场所，是促进全民阅读的重要场地。由于公共图书馆原则上免费提供服务，世界各国及有关国际组织普遍规定建立公共图书馆是国家和地方政府的责任，且对应各级政府责任，明确经费来源，由国家和地方政府财政拨款。联合国教科文组织 1994 年颁布的《公共图书馆宣言》明确强调“建立公共图书馆是国家和地方政府的责任”①。英国更是早在 1850 年颁布的《公共图书馆法案》中就规定地方税收中每英镑税收提取 0.5 便士作为建设公共图书馆的经费。②其 1964 年修订的《公共图书馆和博物馆法案》也规定公共

① IFLA/UNESCO Public Library Manifesto 1994，http://www.ifla.org/publications/iflaunesco-public-library-manifesto-1994，浏览时间：2014 年 1 月 20 日。

② 参见周小平：《中外图书馆经费来源比较》，载《中国图书馆学报》，1996 年第 2 期，第 3 页。

图书馆的服务应由地方政府提供，并由地方政府筹措资金进行建设和购买馆藏资料。[①] 美国、日本、芬兰等国的图书馆法中也规定了国家可以或必须在预算内向公共图书馆拨款，用于图书馆设施、设备的购置。通过对图书馆建设经费上的规定，各国普遍将建设公共图书馆作为政府的责任，明确了公共图书馆建设的义务主体。[②]

（二）重视学校教育，促进公民阅读能力的提高

公民的阅读能力是实现全民阅读的重要条件。为此，各国普遍把提升公民的读写能力作为一项重要目标，列入有关法律法规中。尽管提升阅读能力是终身的目标，但在基础教育阶段打下良好的基础至关重要。各国在立法和实践中均强调对青少年阅读能力的培养。日本《少年儿童读书活动推进法》规定"事业者"（即有关个人、团体和法人）要努力提供有助于儿童健康成长的书籍，父母或其他监护人要给儿童提供读书的机会并培养儿童读书的习惯。[③] 日本《文字及印刷品文化振兴法》则要求充分考虑通过完整的课程教育，培养公民以阅读能力和读写能力为基础的和语言相关的能力。[④] 美国通过了《2000 年目标：美国教育法》《卓越阅读法案》《不让一个孩子掉队法案》等诸多法案，要求中小学重视对学生阅读能力的培养，并将中小学生的阅读能力列入中小学评级的考核指标中。

---

① See Public Libraries and Museums Act 1964，http://www.legislation.gov.uk/ukpga/1964/75/pdfs/ukpga_19640075_en.pdf，第 3 页，浏览时间：2014 年 6 月 15 日。

② 参见周小平：《中外图书馆经费来源比较》，载《中国图书馆学报》，1996 年第 2 期，第 3 页。

③ 参见"子どもの読书活动の推进に関する法律"，http://www.mext.go.jp/a_menu/sports/dokusyo/hourei/cont_001/001.htm，浏览时间 2014 年 6 月 20 日。

④ 参见"文字・活字文化振興法"，http://law.e-gov.go.jp/htmldata/H17/H17HO091.html，浏览时间：2014 年 6 月 20 日。

（三）引导阅读内容，提供优秀的阅读资源

读什么，是全民阅读立法另一个必须解决的问题。优秀的阅读资源既可提高人们的阅读兴趣，也可促进阅读能力的提升。因此，各国立法中也突出了对阅读资源的规定。各国立法多鼓励阅读资源实现多样化，并强调对本国语言文化的发展和宣传。俄罗斯《国民阅读扶持与发展纲要》中提出采取措施，推动不同载体（包括报纸、杂志、电子出版物等）内容出版发行，包括在国家订购的基础上筹备和出版社会必需的作品，在市立公共图书馆和中小学图书馆中定向发行，同时推动出版活动为各社会团体和各地区的不同阶层服务。① 日本《文字及印刷品文化振兴法》规定，国家要为民众提供尽可能多样的国家的文字、印刷文化，同时为促进国家文字、印刷文化向海外传播，应对小范围的外国出版物的日语翻译予以支持，并将日语出版物翻译成外语。② 美国《不让一个孩子掉队法案》提出，美国有 200 多万英语熟练程度有限（Limitcd English Proficient）的学生，各州将为提高英语流利水平设立目标，确保这些学生在三年内达到英语流利程度，没有达到标准的州将会失去一定的项目拨款。③

（四）提供财政支持并鼓励民间投入，保证充足的全民阅读经费

不论是阅读场所的建设还是阅读材料的获取都离不开资金的支持。综合相关立法，全民阅读活动的经费来源大致分为政府拨款和社会组织提供两个途径。其中政府拨款体现国家责任，是经费保障

---

① Национальная программа поддержки и развития чтения。

② 参见“文字・活字文化振興法”，http://law.e-gov.go.jp/htmldata/H17/H17HO091.html，浏览时间：2014 年 6 月 20 日。

③ See No Child Left Behind Act of 2001，http://www2.ed.gov/policy/elsec/leg/esea02/107-110.pdf，浏览时间：2014 年 5 月 12 日。

的主要方面。各国立法或通过直接拨款，或通过规定阅读经费占税收的比例来保证全民阅读活动资金的充足。美国的《卓越阅读法案》拨款2.6亿美元用于小学生阅读能力的培养与提高。[①] 韩国《图书馆及读书振兴法》规定："政府可以设立图书馆及读书振兴基金。基金由文化体育观光部部长管理和支配。""国家及地方自治团体，对读书振兴活动有功绩者和读书有业绩的优秀者，给予奖励和表彰，可以支付奖学金。"[②] 其他国家，如英国、芬兰等，则明确规定了从税收中支取一定的款项用于图书馆的建设。

除了政府自身保证资金投入，企业的捐款和行业协会的资助也是阅读活动的重要资金来源。各国立法普遍要求政府鼓励民间投入，并对非政府组织开展阅读推广活动给予奖励。日本的《推进少年儿童读书活动基本规划》和韩国《图书馆及读书振兴法》中都有类似规定。英国和美国则在税收政策上对民间团体在阅读推广上的投入给予优惠。

四、实现立法目的的其他环节

虽然政府是促进全民阅读的主要义务主体，但是仅仅通过政府的号召和鼓励并不能完全有效地营造全社会的阅读习惯和阅读氛围。因此，促进全民阅读还需要图书馆、学校、社会组织等主体发挥各自的积极作用。各国立法也对这些主体的权利义务进行了规定。

（一）公共图书馆的建设

作为促进全民阅读的基础设施，图书馆的建设与服务直接影响

---

① See Reading Excellence Act，http://www2.ed.gov/pubs/promisinginitiatives/rea.html，浏览时间：2014年5月20日。

② 王岩：《韩国的〈图书馆及读书振兴法〉》，载《图书馆学刊》，2001年增刊，第128页。

公民的阅读兴趣。为此，各国结合自身情况并参考世界图书馆界最具权威、最有影响的非政府的专业性国际组织——国际图书馆协会联合会（以下简称“国际图联”）的有关图书馆建设服务方面的标准，对公共图书馆的功能、服务标准、服务对象等进行了详细的规定。

1. 明确公共图书馆的基本功能。

各国对于公共图书馆的定义并不统一，但公共图书馆大多具有如下基本功能：原则上免费提供服务；提供知识、资讯服务；针对特定的公众群体服务，但群体的确定多以地域为依据而不受种族、国籍、年龄、性别、宗教信仰、语言、身心障碍、经济及就业状况和教育程度的限制。此外，公共图书馆也被要求为特殊群体提供特殊服务和资料。联合国教科文组织 1994 年修订的《公共图书馆宣言》规定：“公共图书馆是地区的信息中心，它向用户迅速提供各种知识和信息。每一个人都有平等享受公共图书馆服务的权利，不受年龄、种族、性别、宗教信仰、国籍、语言或社会地位的限制。对因故不能享用常规服务和资料的用户，例如少数民族用户、残疾人用户、医院病人或监狱囚犯，必须向其提供特殊服务和资料。各年龄群体的图书馆用户必须能够找到与其需求相关的资料。公共图书馆必须藏有并提供各种合适的载体和现代技术以及传统的书刊资料。最主要的是馆藏和图书馆服务是否具有高质量，是否确实满足地方需求、适合地方条件。馆藏资料必须反映当前趋势和社会发展过程，以及记载人类活动和想象的历史。馆藏资料和图书馆服务不应受到任何意识形态、政治或宗教审查制度的影响，也不应屈服于商业压力。”[①]

---

① IFLA/UNESCO Public Library Manifesto 1994，http://www.ifla.org/publications/iflaunesco-public-library-manifesto-1994，浏览时间：2014 年 1 月 20 日。

与《公共图书馆宣言》相呼应，各国也要求其公立图书馆免费为各类群体平等地提供服务，保障人民获取信息的权利。俄罗斯《国民阅读扶持与发展纲要》则指出："图书馆是唯一紧跟国家出版计划，收集品种齐全的国内出版物，主要供社会免费使用的社会机构。在公共机构区域化、社会成员购买力低的条件下（尤其是小城市和农村），在俄罗斯这样一个幅员辽阔的国家，图书馆成为保障人民获取信息的主要社会机构。"[①] 美国在1956年的《图书馆服务与建设法案》、1964年的《图书馆服务与建筑法案》和1996年的《图书馆服务与技术法案》中均对公共图书馆进行拨款，要求图书馆提供不同年龄层用户所需的图书资料、向居民传递各类信息和资源，以更好地服务于民众。此外，美国已有近40个州制定了地方性的公共图书馆服务/建设标准，对各地公共图书馆的各项业务进行原则性指导，并制定根据业务成绩申请经费的标准。具体标准中尤其强调为儿童、残疾人等弱势群体提供服务。[②] 日本有关公立图书馆的法律法规也对公立图书馆的任务、要件等内容进行了规定。[③]

2. 规定公共图书馆的馆藏。

各国对于公共图书馆留存的资料种类、馆藏标准、资源流通率等多进行规定。通常而言，图书馆馆藏资源需包括传统印刷型资源，如图书、期刊等纸质资源；非书资料，如磁带、光盘等音像资料；以及电子资源等。[④] 美国与英国的图书馆均规定将纸本图书、纸本期刊，及

---

① Национальная программа поддержки и развития чтения。

② 参见张广钦主编：《国外公共图书馆建设标准与规范概览》，国家图书馆出版社2009年版，第24—27页。

③ 同上书，第171—174页。

④ 同上书，第24—27页。

音像等其他非纸本资料纳入馆藏。俄罗斯《国民阅读扶持与发展纲要》则概括地指出，图书馆是“收集品种齐全的国内出版物的社会机构”，提出了图书馆馆藏资源丰富性的要求。①

国际图联也对人均拥有图书数量等指标提出了建议，如规定人均拥有公共图书馆藏书数量为 1.5—2 册。对于新建的图书馆，基本馆藏资源应该是 1 册，并力争 3 年后达到人均 2 册。② 这些规定虽不是强制性的，但对各国起着重要的指导作用。各国结合自身实际将具体的指标细化，并多将此与政府服务或公立图书馆建设评价指标挂钩，通过影响公立图书馆获得财政拨款的数额，引起地方政府的重视。美国各州关于人均拥有图书数量的标准不同，但一般而言，服务人口越少，标准越高。如威斯康星州要求图书馆最低印刷图书的数量为 8000 册。对于服务人口在 10 万以上的图书馆，人均图书拥有量为 2.6 册方达到基本要求，人均图书拥有量达到 4.3 册以上的为优秀。艾奥瓦州对服务人口在 5 万以上的图书馆规定人均图书拥有量约 1.9 册为最低标准，4 册以上为优秀。③ 日本图书馆协会规定：公共图书馆最低藏书规模为 5 万册（以出版 5 年之内的为主）；开架藏书所占比例 85% 以上；年新增资源应为开架藏书的 1/7—1/8。④

---

① Национальная программа поддержки и развития чтения。

② See The Public Library Service: IFLA/UNESCO Guidelines for Development，http://archive.ifla.org/VII/s8/proj/publ97.pdf，第 70 页，浏览时间：2014 年 6 月 20 日

③ 参见张广钦主编：《国外公共图书馆建设标准与规范概览》，国家图书馆出版社 2009 年版，第 57—59 页。

④ 参见日本図書館協会図書館政策特別委員会：《公立図書館の任務と目標解説》増補修訂版，日本図書館協会，2000 年版，第 31 页。

3. 规定公共图书馆的运作。

各国立法普遍强调公共图书馆需要通过合作伙伴，进行区域、全国或者国际性的合作。《公共图书馆宣言》指出："为确保全国各地的图书馆加强协作，法规与协作方案还必须规定并促进有统一服务标准的全国图书馆网的建立。"该宣言还要求"公共图书馆必须把国家图书馆、地区图书馆供研究与特殊需要使用的图书馆以及中小学和大专院校的图书馆都联系起来"[①]。以此为指导，各国对馆际之间的协同合作进行了相应的规定。日本《少年儿童读书活动推进法》规定："为顺利落实促进少年儿童阅读的相关政策，国家及地方公共团体应建立并完善必要机制，强化同学校、图书馆等相关机构以及民间团体之间的合作。"[②] 英国《未来的架构：迈向 2013 公共图书馆行动方案》要求整合广泛提供的学习机会和其他地方服务，以及广泛的文化、艺术和体育资源，提供符合所有地方民众需要的资源、书籍以及必要的资讯和资料。[③]

同时，各国也对公共图书馆的开放时间、设施建筑等具体运行内容进行了规定。英国文化、媒体和体育部 2001 年制定的《公共图书馆服务标准》中对流动图书馆提出了最低服务要求，要求每个停靠站点至少每 3 周停靠一次，每次不少于 10 分钟。[④] 日本 1950 年由文

---

① IFLA/UNESCO Public Library Manifesto 1994，http://www.ifla.org/publications/iflaunesco-public-library-manifesto-1994，浏览时间：2014 年 1 月 20 日。

② 参见"子どもの読书活动の推进に関する法律"，http://www.mext.go.jp/a_menu/sports/dokusyo/hourei/cont_001/001.htm，浏览时间：2014 年 6 月 20 日。

③ 参见曾淑贤：《各国图书馆发展政策及补助计划之探讨（上）》，载《台湾"国家图书馆"馆刊》，2013 年第 6 期，第 58 页。

④ 同上。

部省颁布的《图书馆法施行规则》规定服务人口在60万以下的公立图书馆建筑面积最少991.74平方米；服务人口在60万以上100万以下的公立图书馆建筑面积在991.74平方米基础上，按每10万人增加49.59平方米累加。[①]

4. 规定公共图书馆工作人员的数量、资格等。

《公共图书馆宣言》强调“图书馆员是图书馆用户和馆藏资源之间的能动中间人。图书馆员的专业培训和继续教育对保证服务质量非常重要”。[②]各国在立法与实践中突出了图书馆员的工作时间、空间以及对他们的培训，希望图书馆员能够为公众提供优质服务，保证民众对阅读资源的获取及阅读兴趣的培养。美国各州将图书馆服务人口与图书馆工作人员的数量和工作时间相关联。比如，艾奥瓦州服务人口在5万以上的图书馆至少配有14.6名全职人员，配有38.62人的为优秀标准。[③]日本和俄罗斯通过制定图书馆员的伦理标准或职业标准，明确馆员的职责与义务。这些标准虽不像律师、医生职业伦理标准那样具有法律上的约束力和制裁力，但是也已为职业团体所自觉遵守并接受社会的监督与建议，从而不断完善，最终形成一定的共识。[④]

---

① 参见张广钦主编：《国外公共图书馆建设标准与规范概览》，国家图书馆出版社2009年版，第171—174页。

② IFLA/UNESCO Public Library Manifesto 1994，http://www.ifla.org/publications/iflaunesco-public-library-manifesto-1994，浏览时间：2014年1月20日。

③ 参见张广钦主编：《国外公共图书馆建设标准与规范概览》，国家图书馆出版社2009年版，第57—59页。

④ 参见后藤畅：《日本〈图书馆员伦理纲领〉的核心理念与实施现状》（邹永利译），载《图书情报工作》，2004年第12期，第15页。

（二）提升公民的阅读能力

学校和家庭是培养公民阅读能力的两个主要场所，促进全民阅读必须注重这两个场所的重要作用。为此，各国立法通过拨款、制定考核标准等方式将学校和家庭发展成阅读活动的坚实阵地。美国《卓越阅读法案》规定该法案拨款支持的三项主要活动之一便是提高家庭读写能力。[①] 美国《不让一个孩子掉队法案》中明确提出：法案中的拨款，目的在于帮助州和地方教育机构建设有关阅读项目，保证儿童在三年级前具有阅读的能力；培训教师，包括从事特殊教育的教师，使他们能够确定学生遇到的阅读方面的困难，并有效地帮助他们解决问题，以提高学生的阅读能力；进行与阅读能力有关的评估、选择与管理；选择优秀的参考资料、项目、策略等以保证与阅读有关的目标可以实现；强化学校之间、早期读写教育、家庭读写教育之间的合作，提高全国儿童的阅读能力。[②] 日本则规定了 18 岁前不同年龄阶段所要求达到的阅读理解水平。日本还要求学校图书馆设立专门的指导学生阅读的人员，根据各年级学生所要达到的阅读能力标准确定推荐书目，组织读书活动。[③]

为鼓励社区、学校、图书馆等组织开展阅读推广活动，激发人们对阅读的兴趣，提高阅读能力，各国立法规定了相关的激励措施或对有关社会组织提出了要求。俄罗斯《国民阅读扶持与发展纲要》提

---

① See Reading Excellence Act，http://www2.ed.gov/pubs/promisinginitiatives/rea.html，浏览时间：2014 年 5 月 20 日。

② See No Child Left Behind Act of 2001，http://www2.ed.gov/policy/elsec/leg/esea02/107-110.pdf，浏览时间：2014 年 5 月 12 日。

③ 参见王薇：《日本儿童阅读状况和推广活动考察》，载《图书馆杂志》，2013 年第 3 期，第 72—73 页。

出在广播、电视、印刷类大众媒体上开辟阅读问题专栏，借助大众媒体开展专项阅读活动，提高人们对阅读的重视。[①]美国要求地方教育机构与社区组织、成人教育项目、早期幼儿组织、家庭读写组织、公共图书馆、学校等开展合作，改进阅读教学，提高儿童和家庭的阅读能力。相关组织和教育机构开展这些活动时可向州政府申请经费资助。[②]这些措施有效地促进了社会各界开展阅读活动的积极性，也丰富了阅读活动的形式。行业组织、企业、媒体等非政府组织积极参与到阅读活动中，通过书展、推荐、评选及为不同社会阶层的人们提供书籍等方式，使人们更方便快捷地获取图书资源，提高阅读能力。同时，也通过电视和网络报道以及宣传阅读活动，提高人们对阅读的重视。

（三）开展阅读推广活动

快速有效地实现全民阅读不能完全依靠政府，各种营利性、非营利性社会组织是推动具体活动实施的主要力量。世界各国通过倡导性立法，鼓励和支持各类社会团体积极参与和组织各种全国性、地方性的阅读推广活动。日本《文字及印刷品文化振兴法》规定：国家及地方公共团体为确保与振兴文字、印刷品文化相关的政策顺利实施，要加强与各机构及民间团体之间的必要合作。[③]美国则早在1977年就由卡特总统签署法案成立了一个专门引导阅读推广活动的机构——国会图书馆图书中心，指导和参与实施具体的全民阅读

---

① Национальная программа поддержки и развития чтения。

② See Reading Excellence Act，http://www2.ed.gov/pubs/promisinginitiatives/rea.html，浏览时间：2014年5月20日。

③ 参见“文字・活字文化振興法”，http://law.e-gov.go.jp/htmldata/H17/H17HO091.html，浏览时间：2014年6月20日。

推广活动，近几十年来美国大多数阅读活动中都离不开它的协调和支持。[①]

不过，也有少数国家赋予社会组织一定的义务，如英国《图书馆合法寄存法案》规定，出版者每出版一本书，都必须在出版的一个月内自费将书提交大英博物馆留存。提交的书必须质量完好，与正常出版的书无异。如果出版者一个月内未提交，博物馆可向法院申请强制执行。[②]类似地，俄罗斯《文献呈缴本法》也规定了呈缴本的种类、缴送者和接收者的类型、呈缴本缴送的期限、流程和违规责任等，将文献缴送作为形成俄罗斯图书馆信息资源库和发展国家书目系统的基础。[③]

五、结语

全民阅读水平是衡量一个国家社会文明程度的重要标志，民众的阅读能力直接影响国民素质水平，决定着国家的命运。我国推进全民阅读立法工作势在必行。考察各国立法，可以看出全民阅读立法涉及政府、公民、图书馆、学校等多方主体的权利、义务，以及相互关系。在立法价值取向上，各国均体现了保障公民阅读权利、以阅读主体为本的核心价值取向。在总的立法框架上各国均赋予了政府较多的义务，要求其承担阅读场所建设、阅读能力提升、阅读内容引导、

---

① See Public Law 95-129，http://www.gpo.gov/fdsys/pkg/STATUTE-91/pdf/STATUTE-91-Pg1151.pdf，浏览时间：2014 年 5 月 20 日。

② See The Legal Deposit Libraries Act 2003，http://www.legislation.gov.uk/ukpga/2003/28/section/3，浏览时间：2014 年 5 月 15 日。

③ 参见宋振佳：《俄罗斯图书馆法发展概况及其启示》，载《图书馆论坛》，2010 年第 4 期，第 45—46 页。

阅读经费保障这四个方面的责任。同时，各国也赋予学校、公共图书馆、社区等社会组织一定的保障义务，要求这些组织在全民阅读基础设施建设、公民阅读能力培养等方面提供条件与支持。此外，各国通过倡导性立法鼓励其他社会团体积极参与全民阅读的具体活动，以丰富的活动形式吸引人们参与。国家则对这些组织在场地、资金上予以支持。

他山之石，可以攻玉。综上所述，各国在全民阅读立法方面已经做出了很多有益的尝试，也在长期的实践和改进中积累了很多宝贵的经验。我国推广全民阅读的相关立法工作中，可以对这些经验和做法加以借鉴和吸收，采取保障阅读主体基本阅读权利为本的核心价值取向，明确与全民阅读有关的各相关主体的权利和义务，同时，在阅读场所建设、阅读能力培养、阅读内容指导、阅读经费保障等方面结合国情加以实践。

后记

在国家新闻出版广电总局的关心指导下，由中国新闻出版研究院和江苏省全民阅读办联合组织编撰的《国外全民阅读法律政策译介》，历经一年多的努力，与读者见面了。

本书收集、遴选、译介了16个国家全民阅读法律政策，涉及国家遍布五大洲，既有发达国家也有发展中国家，内容涵盖了法案、法规、纲要、规划、报告等重要文献，反映了其在推动全民阅读、规范政府责任等方面的经验做法。书中还附录了《江苏省人民代表大会常务委员会关于促进全民阅读的决定》及相关研究文章。

本书的编撰出版得到国家新闻出版广电总局副局长吴尚之，江苏省委常委、宣传部长王燕文，江苏省副省长曹卫星，中国出版协会常务副理事长邬书林等领导同志，以及总局出版管理司副司长王然、江苏省人大教科文卫委主任许洪祥的悉心指导和大力支持。中宣部政策法规研究室高青云处长为收集法国等6个国家的相关译文做了大量协调工作。中国新闻出版研究院兼职副研究员、青岛大学文学院副教授张文彦收集了韩国等2个国家的相关译文，撰写了15篇法律政策导读和1篇研究报告，并参与了书稿统筹工作。译林出版社相关人员承担了其他部分书稿的组稿、翻译工作。总局出版管理司洪勇刚（现中信出版社总编辑）、苏建国等同志为本书的编撰提供了许多帮助。在此向他们致以最诚挚的感谢。

本书疏漏之处在所难免，敬请专家学者和读者批评指正。

编　　者

2015年6月